NEW RICH ROAD

아시안하이웨이1

NEW RICH ROAD
아시안하이웨이1

• 매일경제 아시안하이웨이팀 지음 •

매일경제신문사

머리말

'베이징에서 본 중국 여피족의 여유, 광저우 농민공들의 낡은 옷, 베트남 쌀국수집 아줌마의 넉넉한 웃음, 캄보디아 콤퐁룽 마을 어린이들의 초롱초롱한 눈망울, 태국 여인의 기도하는 뒷모습, 미얀마 소수민족들의 해맑은 미소 그리고 이들 속에 함께 어울려 사는 한국인들….'

아시안하이웨이 취재팀이 만난 아시아의 얼굴들은 모두 정겹고 따스했다. 아직도 어제 만난 듯 기억이 생생하다. 글로벌 경제 속에서 아시아의 미래를 찾다가, 마음속의 고향을 찾는 느낌이라고나 할까? 아시아는 그렇게 '천의 얼굴'로 다가왔다.

21세기에 접어들면서 세계가 주목하는 아시아. 가장 넓은 땅과 인구를 보유한 아시아는 기나긴 인류 역사에서 늘 세계 그 자체였다. 문명의 발상지이면서 경제적인 우위와 패권을 놓친 적도 없다. 중국과 인도는 스스로 거대 경제권을 구축했고, 인도의 인더스강부터 지중해에 이르는 '오리엔트 지역'은 동서 문명의 징검다리 역할을 하면서 동시에 서양 문명의 젖줄이기도 했다. 유명한 라틴어 속담 '빛은 동방으로부터'라는 표현에서 과거 찬란했던 아시아의 역사를 쉽게 엿볼 수 있다.

아시아는 '신대륙 발견과 산업혁명'에 힘입은 유럽 세력이 부상하면서 침체의 길로 접어든다. 1500년 당시 세계 경제의 62.5%를 차지했던 아시아의 비중은 1950년에는 18.5%까지 떨어진다. 구대륙으로 불렸던 아시아 각국은 유럽 열강의 식민지로 전락하게 된다. 그러다 보니 세계 역사는 유럽인 중심으로 쓰였다. 아시아인들 스스로 영국, 프랑스, 독일 등 제국주의를 지향했던 유럽 각국의 역사는 잘 알지만, 찬란했던 중국, 인도, 동남아, 이란(페르시아), 터키(투르크) 등의 역사에는 무지몽매한 게 현실이다.

하지만 역사의 수레바퀴는 흥미롭다. 동서양을 막론하고 수많은 제국이 세워졌지만 예외 없이 '성장→번영→쇠퇴'의 길을 걸었다. 역사의 흐름을 특정 지역으로 확대해도 비슷한 결론이 나온다. 마찬가지로 유럽과 그들이 세운 세계최강 미국의 힘은 쇠퇴하고 아시아가 다시 부상하고 있다. 경제적·문화적으로 세계를 1세기가량 이끌어온 미국을 대체할 세력으로 아시아가 인정받고 있는 것이다. 경제사 분야의 세계적 권위자인 안드레 군더 프랑크는 오래전에 이러한 현상을 《리오리엔트(*ReOrient*)》라는 저서로 압축했다. '리오리엔트'는 '방향을 다시 잡다'와 '아시아로 되돌아오다'라는 이중적 의미를 지닌 단어다.

새로운 글로벌 경제의 축 아시아의 부상과 미국·유럽의 쇠퇴를 상징적으로 보여주는 최신 사건이 바로 '미국의 신용등급 강등'이다. 신용평가

회사인 S&P가 2011년 8월 5일 미국 국채의 신용등급을 70년 만에 'AAA'에서 'AA+'로 낮춘 것. 이는 기축통화인 달러화를 찍어내는 미국의 달러 패권에 금이 가는 상징적 사건이다. 각국 증시는 바로 직격탄을 맞았다. G7(선진7개국) 재무장관들의 긴급 대책회의도 별다른 소용이 없었다. 흥미로운 사실은 아시아 국가들은 충격을 스스로 이겨냈지만, 유럽 각국은 재정위기 등으로 인해 비실비실한 모습을 보였다는 점이다.

미국 경제의 위상 하락은 글로벌 경제의 재편을 의미한다. 세계 경제의 '힘의 축(헤게모니)'이 이동한다는 뜻이다. 실제로 아시아는 2010년 기준으로 세계 인구의 62%, 육지면적의 30%를 차지하고 전 세계 국내총생산(GDP)의 33%(구매력 기준으로 40.9%)를 책임지는 세계 최대의 경제권이다. G2(세계 2강)의 위상을 과시하는 중국은 '미국의 신용등급 강등에 대해서도 세계는 미국의 엉덩이를 걷어차 줘야 한다(환구시보)'나 '워싱턴의 말썽꾸러기들은 더 손해를 초래하기 전에 치킨게임을 그만둬야 한다(신화통신)'며 목소리를 높이고 있다. 원자바오 중국 총리는 직접적으로 "미국은 재정적자를 줄여라"고 조언하기까지 했다.

글로벌 경제가 이처럼 아시아를 중심으로 개편되면서 '수출 중심의 소규모 개방경제'로 대외의존도가 높은 한국의 글로벌전략도 당연히 바뀌어야 하는 상황이다. 미국·유럽으로 대표되는 서구 중심의 시각과 행동에서 탈피해야 한다는 것이다. '부(富)의 미래'가 아시아에 있는 만큼 한국인의 의식과 체질부터 아시아 중심적인 사고로 전환해야 한다는 뜻이다.

사고 전환의 필요성은 통계에서 간단하게 증명된다. 수출로 먹고 사는 한국에게 가장 고마운 지역이 바로 아시아다. 2011년 수출입통계를 보면 한국의 대아시아 수출은 전체의 56.6%(중동 제외)에 달한다.

눈여겨봐야 할 대목은 인도네시아·태국·베트남·필리핀·미얀마 등이 포함되는 아세안(총 10개국)이 중국에 이어 한국의 2번째 시장으로 급부상했다는 점이다. 전통적인 수출지역 미국, EU(유럽연합), 일본의 비중이 낮아지고 있는 사실과 대비되는 대목이다. 아세안은 2011년 한국 수출 중 12.9%를 차지하며 EU와 미국을 크게 제쳤다. 여기에 인도와 터키 등 다른 아시아 국가들도 한국의 중요한 수출지역으로 떠오르고 있다.

아시아의 중요성은 한국의 대외 투자에서도 쉽게 알 수 있다. 한국이 2010년 3분기까지 가장 많이 투자한 나라는 중국이다. 홍콩이 3위, 베트남은 4위, 인도네시아는 7위, 인도는 15위다. 전체 투자에서 아시아의 비중은 46%에 달해 북미와 유럽을 합친 액수보다도 많다.

매일경제는 일찍이 아시아가 세계 경제의 미래, 곧 '부(富)의 미래'로 발돋움하고 있는 점을 중시해 '아시아의 중요성'을 강조해왔다. 2010년에는 '원아시아(One Asia)', 2011년 '뉴 아시아 앤 코리아(New Asia & Korea)'를 모토로 내세우며 한국이 나아갈 길은 아시아에 있음을 제시했다.

매일경제가 '세계의 성장엔진' 아시아를 바라보면서 기획한 프로젝트가 바로 '아시안하이웨이(Asian Highway, AH) 대장정'이다. 도로는 사회기반시설의 핵심이고, 사람과 재화가 오가는 길이 구축돼야 나라와 사회가 발전하고 주민들의 삶이 향상되기 때문이다. 특히 아시아에 속해 있으며 미래 먹거리를 여기에서 찾아야 하는 한국에게는 아시아 각국의 정치·경제·사회·문화를 파악하고 아시아인들의 삶의 현장을 알아보는 게 매우 중요할 수밖에 없다.

매일경제가 달린 아시안하이웨이는 '길을 통해 아시아를 하나로 묶는다. 21세기의 실크로드가 될 아시아 도로망을 만들자'는 목표하에 구축된 네트워크다. 도로를 통해 아시아 국가 간 교류를 늘려 경제발전과 결속을 다지자는 목적이었다. AH는 아시아 32개국을 14만여㎞의 도로망으로 연결한다. 지구 둘레를 3바퀴 이상 도는 거리다.

매일경제는 이 가운데 가장 중요한 '아시안하이웨이 1번 도로(AH 1)'의 1·2차 90일 장정에 나섰다. AH 1은 상징적으로 일본 도쿄에서 출발하지만, 실제 출발지는 부산이다. 경유지로는 서울·평양에 이어 선양·베이징·우한·광저우(중국), 하노이·호찌민(베트남), 프놈펜(캄보디아), 방콕(태국), 양곤(미얀마), 다카(방글라데시), 콜카타·뉴델리(인도), 라호르·이슬라마바드(파키스탄), 카불(아프가니스탄), 테헤란(이란), 앙카라·이스탄불(터키) 등이 있다. 길이는 무려 2만 710㎞에 달한다.

매일경제 아시안하이웨이 취재팀은 일본과 한국을 뛰어넘고 '달릴 수 없는 북한땅'을 마음속에 그리면서 2011년 4월 11일 단둥을 향해 출발했다. 단둥에서 자동차로 베이징, 우한, 광저우, 하노이, 호찌민, 방콕을 거쳐 태국, 미얀마 국경까지 달린 기간은 38일. 그 후 일시 귀국했다가 미얀마로 들어가 12일을 움직였다. 1차 여정인 50일 동안 이동한 AH 1의 거리는 공식적으로 9,371㎞. 그러나 중간에 취재를 하면서 다닌 길까지 합치니 약 1만 5,000㎞가량을 달린 것으로 나타났다. 아시안하이웨이 취재팀은 일단 미얀마까지 5개국을 취재한 후 대장정의 1차 여정을 마무리했다. 2차 여정은 2011년 9월 말부터 방글라데시, 인도, 파키스탄, 이란, 터키를 대상으로 진행된다. 남은 40일 간의 2차 여정도 추후 책으로 엮을 예정이다.

이 책은 아시안하이웨이 취재팀이 '중국~베트남~캄보디아~태국~미얀마'까지 1만 5,000㎞를 자동차와 도보로 달린 기록이다. 정치·경제·사회·문화의 각 방면을 두루 살피면서 현지 상황을 직접 전하는 생생한 르포에 해당한다.

대장정을 무사히 마칠 수 있기까지 고마운 분들이 너무 많았다. 우선 아시아와 아시안하이웨이의 중요성을 예전부터 역설해온 장대환 매일경제신문·MBN 회장께 취재팀을 대표해 감사의 말씀을 전하고 싶다. 장 회장은 '원 아시아의 입문서'격인 《원 아시아 모멘텀》의 저자로서 '아시아는 세계의 미래이자 한국의 미래다'는 메시지를 대내외에 꾸준히 전달해오고 있으며, 아시안하이웨이 취재에도 전폭적인 지원을 보내주었다. 특히 취재팀에게 "취재보다는 안전이 더욱 중요하다"고 신신당부한 기억이 새롭다.

이유상 부사장, 장용성 전무, 김세형 논설실장, 박재현 편집국장, 전병준 부국장, 손현덕 부국장 등 매일경제신문 가족들의 아낌없는 후원과 지지도 취재팀에게 큰 힘이 됐다. 특히 손현덕 부국장은 아시안하이웨이 전체 기획을 조율하고 가다듬어 주었다.

무엇보다도 50일간의 여정을 무사히 마칠 수 있도록 애써준 팀원(이상훈·이승환·서유진 기자)들에게도 감사의 인사를 전한다. 취재 일정 중 현지에서 많은 도움을 준 분들께도 인사를 드리고 싶다. 지면 사정상 일일이 고마움을 표현할 수 없다는 게 안타까울 뿐이다.

아시안하이웨이 상반기 취재 기사는 매일경제신문에 2011년 4월 말부터 7월 초까지 22회간 연재됐다. 이 책은 연재된 내용에 새로운 콘텐츠를 합쳐 '정보와 재미'가 함께 느껴지도록 만들었다. 새롭게 추가된 분량이 연재된 내용 이상으로 많아 기사를 읽었던 매일경제신문 구독자들도 책에서 신선함을 느낄 수 있도록 노력했다. 아무쪼록 이 책이 아시아에서 미래 먹거리를 찾는 기업인에게는 생생한 정보를, 아시아에서 꿈을 찾는 젊은이들에게는 희망을, 아시아에 관심이 높은 분들에게는 재미를 전달하는 데 자그마한 역할이라도 하기를 바라는 마음이다.

매일경제 아시안하이웨이팀 팀장

김상민

• CONTENTS

AH1
1KM
AH16
DI TÍCH LỊCH SỬ
MIẾU THỜ BÀ
HUYỀN TRÂN
CÔNG CHÚA
HOÀNG KIỀN

A S I A N

HẢI PHÒNG - LẠNG SƠN
TRƯƠNG BẮC

I

아시안하이웨이

H I G H W A Y

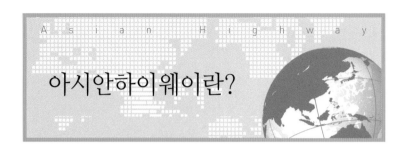

A s i a n H i g h w a y

아시안하이웨이란?

新 실크로드 아시안하이웨이의 의미

'62.5%(1500년)→18.5%(1950년)→40.9%(2010년).'

아시아가 세계 경제에서 차지하는 위상의 변천사다.

지구촌 사람 중 62%(43억 명)가 사는 아시아는 500년 전에는 세계 그 자체였다. 베이징(중국), 델리(인도), 이스탄불(터키)은 그 시절에도 세계 5대 도시였다. 당시 아시아는 네트워크로 촘촘히 짜여 있었다. 육지와 바닷길을 따라 상인, 학자, 사상, 종교, 상품, 식물이 이동했다. 아시아 교차로 중 하나로 무역도시였던 카불에서는 아랍어, 페르시아어, 투르크어, 무굴어, 힌디어, 아프간어, 파샤어, 파라지어, 비리어, 비르키어, 람가니어 등 11~12개 언어를 들을 수 있었다. 인도네시아 자바 해협에서 1000년 전 난파된 배에서는 중국의 은·철기·도자기, 인도 동부의 불교용품, 인도 서부의 면직물, 중동의 도자기·유리가 발견됐다. 광범위한 무역 네트워크의 증거다.

세계의 중심이었던 아시아는 근대화에 뒤처졌다. 서구 사회에 밀리며 쇠퇴를 거듭해 20세기에는 이류, 삼류가 됐다. 많은 나라가 식민지 신세가 돼 '구대륙'으로 불렸다. 열강들의 이해 관계에 얽히면서 네트워크도 와해됐다. 뭉치지 못하니 세계 사회에서 발언권도 거의 없었다.

아시아는 그러나 21세기 전환시대에 굴기했다. 네 마리 용(한국, 대만, 홍콩, 싱가포르)에 이어 중국, 인도가 깨어났다. '넓은 땅과 조밀한 인구'를 토대 삼아 신시장(New Market)으로 부각됐다. 세계 경제에서 차지하는 비중도 60년 전 5분의 1에서 이제 절반 가까이로 높아졌다. 서구 사회가 고령화로 늙어가면서 생동감을 잃고 고민하는 사이 어린이와 청년층으로 중무장해 '젊은 아시아'가 됐다. '세계가 어디로 가는지 알려면, 아시아를 보라'가 현실이다.

'아시안하이웨이(AH, Asian Highway)'는 아시아의 역동성을 보여주는 상징이다. 아시아 32개국을 14만여㎞로 그물망처럼 엮어 놓은 게 AH이다. 길은 사람·자원·정보가 흐르는 생명선의 역할을 한다. AH도 마찬가지다. AH를 계획·추진하는 아시아·태평양경제사회위원회(ESCAP)는 "경제적·문화적 교류라는 실리적 측면과 함께 성장하는 아시아의 힘을 보여주는 상징적인 의미도 지닌다"고 설명했다.

아시안하이웨이는 간선도로(AH 1~8번), 지선도로(AH 11~26, AH 30~34, AH 41~51 등)로 구분된다. 간선도로 가운데 가장 길며 정치·경제·사회·문화적으로 중요한 게 14개국을 통과하는 도로가 'AH 1'이다.

매일경제신문과 MBN이 달리고자 하는 곳이 바로 AH 1이다.

AH 1은 상징적으로 일본 도쿄에서 출발하지만, 실제 대륙의 출발지는 부산이다. AH 1은 서울, 평양에 이어 선양·베이징·우한·광저우(중국), 하노이·호찌민(베트남), 프놈펜(캄보디아), 방콕(태국), 양곤(미얀마), 콜카타·뉴델리(인도), 라호르·이슬라마바드(파키스탄), 카불(아프가니스탄), 테헤란(이란), 앙카라·이스탄불(터키)을 거친다. 길이가 무려 2만 710㎞에 달한다. 지구 절반을 도는 셈이다.

경유 국가 중 한국·북한·일본을 제외한 11개국은 세계의 성장 견인차다. 2006~2010년 5년간 평균 성장률이 연 8.5%였다. 세계 평균치(3.2%)의 거의 3배에 육박한다. 중국(연평균 10.8%), 인도(8.4%), 베트남(7%) 등이 포함된 덕분이다. 세계통화기금(IMF)의 2011년 전망치를 보면 중국 8.9%, 인도 8.7%, 베트남 6.5% 등이다.

AH 1이 통과하는 14개국의 인구는 34억 명으로 세계 인구의 절반이다. 워낙 많은 사람이 살다 보니 분단국가인 남북한을 제외하고 모두 말이 다르다. 음식·풍습·행동·종교 등도 제각각이다. 나라마다 쓰는 통화가 다르다 보니 국경을 넘는 여행객은 달라지는 환율에 헷갈린다. 미국 돈 1달러가 중국에서는 6.5위안 남짓인 반면 국경 너머 베트남에서는 달러당 2만 동이 넘는다. 10달러(한화로 대략 1만 1,000원)짜리 물건을 살 때 중국에서는 65위안을 내야 하는 데 비해 베트남에서는 20만 동을 훌쩍 넘어간다.

그렇지만 아시아는 공통점도 많다. AH 1의 출발점인 한국과 종착점인 터키는 언어학계에서 오랫동안 알타이어족 계통으로 인정돼 왔다.

대륙 반대편에 있으면서도 서로 '형제 국가'라고 부르며 돈독한 관계를 유지 중이다. 여기에 오랫동안 서구 열강의 침략과 식민지 생활에서 벗어나 '아시아적 가치'를 추구하고자 하는 열망이 있다. 새로운 밀레니엄에는 세계 어느 대륙도 넘볼 수 없는 지위를 구축하겠다는 희망과 비전이 넘치는 땅이 아시아다.

매일경제 아시안하이웨이팀은 1차 여정으로 AH 1 노선 1만 8,000여 ㎞를 달린다. 일본과 한국을 뛰어넘고 '달릴 수 없는 북한땅'을 마음속에 그리면서 중국 단둥에서 출발한다. 선양, 베이징, 우한, 광저우 등 중국 주요 도시를 지나 베트남 하노이, 다낭, 호찌민, 캄보디아 프놈펜, 태국, 방콕 등 도시를 지난다. 1차 여정을 마무리한 후 2차로 방글라데시, 인도, 파키스탄, 이란, 터키로 이어지는 나머지 AH 1 노선 1만 959㎞를 달릴 계획이다.

:: 아시안하이웨이 대장정 노선

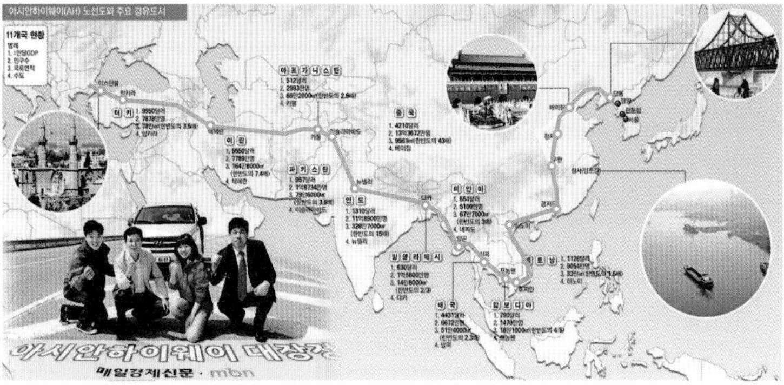

아시안하이웨이 개요

"길을 통해 아시아를 하나로 묶는다. 21세기의 실크로드가 될 아시아 도로망을 만들자."

유엔 아시아극동경제위원회(ESCAP, 현 아시아·태평양 경제사회위원회)는 1959년 유엔 본부에 야심찬 계획을 제안했다. 아시아를 하나로 묶는 도로망을 구축하자는 '아시안하이웨이(AH)' 네트워크였다.

뜻은 좋았지만 유엔 내 반응은 신통치 않았다. 중국은 '죽(竹)의 장막'에 가려 있었다. 북한과 북베트남도 폐쇄적인 사회주의 국가로 아무나 들어가기 어려웠다. 하지만 뜻이 있는 곳에 길이 생기는 법. 1970년대 구체적인 청사진이 마련됐고 1980년대 중반 이후 아시아 각국 경제력이 전반적으로 커지면서 네트워크 구축이 본격화했다.

특히 '아시안하이웨이 네트워크 정부 간 협정'이 각국 서명을 통해 2004년 발효되면서 AH가 정식으로 모습을 드러냈다. 협정은 노선망과 도로 선계기준을 담은 19개 조항과 3개 부속서로 구성돼 있다.

AH는 아시아 32개국을 14만여㎞의 도로망으로 연결한다. 지구 둘레를 세 바퀴 이상 도는 거리다. 도로망이 표시된 지도를 보면 흡사 그물망처럼 보인다. 2010년 기준으로 세계 인구의 62%, 육지 면적의 30%를 차지하고 전 세계 국내총생산(GDP)의 33%(구매력 기준으로 40.9%)를 책임지는 거대한 경제권으로 성장했다. 중국, 인도, 인도네시아, 러시아 등 나날이 성장하는 신흥국들을 거느린 도로망이기도 하다.

ESCAP는 "아시아 모든 국가를 관통해 유럽까지 연결되는 거대한 도로망이다. 경제적·문화적 교류라는 실리적 측면과 함께 성장하는 아시아의 힘을 보여주는 상징적인 의미도 지닌다"고 설명했다.

아시안하이웨이는 계획 초기에는 16개국을 연결하는 42개 노선이었지만 점차 중앙아시아, 남아시아 등에서 참여 국가와 노선이 확대돼 지금의 32개국 55개 노선이 됐다. 북한과 미얀마 등 일부 국가는 아시안하이웨이 대상 국가이기는 하지만 정부 간 협정에 서명하지 않아 공식적인 참여 국가는 29개국이다.

아시안하이웨이 노선은 대부분 각국 기존 도로를 연결시켜 구축됐다. 새로운 도로 건설은 아니지만 도로 사정이 열악한 곳이 여전히 남아 있다. 한국은 기존 경부고속도로와 국도 7호선을 이용해 아시안하이웨이를 구축해 새로운 도로를 건설하지는 않았다. 다만 협정 내용에 맞춰 도로를 정비했고 도로 안내표지판에 노선번호를 추가해야 했다. 경부고속도로를 지나다 보면 표시판에 'AH 1'이란 노선 이름이 쓰여 있다. 두 노선의 한국 내 총연장은 907㎞(AH 1: 500㎞, AH 6: 407㎞)다.

• 인터뷰: 아시안하이웨이의 미래

네팔 출신인 마단 B 레그미 씨는 방콕에 본부를 두고 있는 유엔 아시아·태평양 경제사회위원회(ESCAP)의 교통국 경제담당관이다. 10

년 이상 근무하면서 아시안하이웨이를 전담해 관리하고 있다. 넉넉한 풍모의 그는 자신의 나이를 40대 후반이라고 소개했다. 그러면서 아시안하이웨이 길을 달려야 넓은 아시아의 모습을 그나마 이해하는 데 큰 도움이 될 것이라고 강조했다. 여기서 잠시 그와의 인터뷰를 들어보자.

마단 B 레그미

Q. 아시안하이웨이(AH)는 아시아에 어떤 의미를 갖고 있는지?

A. 하나로 이어지는 도로를 통해 국가를 연결하고, 사람을 연결하고, 생각을 연결한다는 의미를 지닌다. 아시아 모든 사람들이 오가고 서로 발전하는 계기를 마련하는 길이 바로 아시안하이웨이다. 특히 내륙 국가가 12개국이나 되는 아시아 태평양 지역에서 아시안하이웨이는 '경제·사회·문화의 통로'라는 의미를 갖는다.

Q. 아시안하이웨이 1번 도로를 달리다 보니 상대적으로 낙후된 길이 많다.

A. 그렇다. 여전히 낙후된 곳이 많다. 한국, 일본, 중국 등의 도로는 정비가 매우 잘돼 있다. 베트남만 해도 상대적으로 좋은 도로다 (취재팀은 베트남의 낙후된 도로에서 워낙 고생을 많이 해 이 부

분은 그대로 동의하기 힘들었다). 미얀마, 방글라데시, 몽고 등의 도로는 차량이 달리기에 적합하지 않은 도로라서 개선해야 할 부분들이 많다.

Q. ESCAP가 아시안하이웨이 활성화를 위해 지금까지 어떤 일을 진행해왔는가?

A. 가장 대표적인 것이 도로 정비·투자다. 2005년부터 각국이 아시안하이웨이에 투자했거나 투자할 계획인 사업비가 250억 달러이다. 중국, 인도, 태국, 파키스탄, 네팔, 이란 등의 국가들이 도로 개선을 위해 투자를 했다. 방글라데시, 캄보디아 등은 아시아개발은행(ADB) 등의 도움을 받아 도로 정비를 했다.

하지만 ESCAP의 계산대로라면 여기에 포함되지 않은 구간의 개량사업비가 180억 달러 정도 필요하다. 아직도 많은 도로들이 낙후돼 있어 투자가 더 필요한 상황이다. 최소기준(2차선, 시속 30~60㎞)에 미달하는 구간이 아직도 1만 1,570㎞나 된다. 아시안하이웨이 총 구간의 8%에 이른다.

Q. 그동안에 올린 구체적인 성과를 설명한다면?

A. 단적인 성과 사례로 인도를 들 수 있다. 인도는 길이 매우 낙후된 곳이다. 고속도로 중간마다 길이 끊어진 곳이 수시로 나올 정도다. 그러나 최근에 인도의 북부(뉴델리), 동부(콜카타), 남부(첸나

이), 서부(뭄바이) 등을 마름모 모양으로 연결하는 간선도로의 건설이 진행되고 있다. 긴 국토를 갖고 있는 베트남의 경우 남북을 연결하는 도로를 정비하려는 계획을 마련한 상태다.

전체적으로 설명하면 프라이머리급 도로(4차선 이상, 시속 60~120㎞)의 비율이 2004년에는 13%였지만 2008년에는 15%로 늘었다. 4차선 이상으로 최대 시속 100㎞를 낼 수 있는 1등급은 같은 기간 7%에서 17%로 증가했다. 반면 낙후된 왕복 2차선 길(폭 6m, 시속 60㎞ 이하)은 같은 기간에 전체 36%에서 20%로 크게 줄었다.

Q. 낙후된 도로 사정 이외에 아시안하이웨이 활성화에 장애가 되는 요인들이 있다면?

A. 국가 간 육로를 통한 이동이 아직도 자유롭지 않은 나라들이 있다. 예컨대 태국이나 라오스 등에서는 미얀마 국경을 넘기가 매우 어렵다. 이웃국가들과 정치적인 문제가 있거나 국가 자체가 폐쇄적이기 때문인데 쉽게 해결되지 않고 있다. 아프가니스탄 같은 곳은 안전상의 문제까지 있다.

Q. 그렇다면 아시안하이웨이의 미래는 어떻게 보는가?

A. 한마디로 '더 넓게, 더 빠르게, 더 많은 교통량으로' 아시아가 연결될 것이다. 아직은 갈 길이 멀지만 가야 할 목표고, 반드시 이뤄질

것으로 본다.

아시아의 다양성

아시안하이웨이를 관통하는 키워드는 '다양성'이다. 민족·종교·언어는 물론 정부 형태까지 워낙 다양해 한마디로 규정짓기가 쉽지 않다. 문화도 복잡다기하다보니 아시아는 곧 '인류 문화의 보고'가 된다.

황하, 인더스, 메소포타미아 등 세계 주요 문명이 대부분 아시아에서 나왔고, 기독교, 불교, 이슬람교, 힌두교, 유교 등 주요 종교도 모두 아시아 태생이다. 같은 나라 안에도 다채로운 민족이 한데 어울려 제각기 다른 말을 쓴다.

세계 최대 인구를 자랑하는 중국은 90% 이상을 차지하는 한족(漢族)과 소수 민족으로 나뉜다. 동북 3성 가운데 최대 도시인 선양(瀋陽)에는 만주족, 창족(羌族), 마오난족(毛南族) 등 36개 민족이 산다. 선양의 시타제(西塔街)는 코리안타운으로 불리며 조선족이 특히 많다.

중국 난닝(南寧)은 광시좡족(廣西壯族)자치구의 성도다. 여기에는 좡족, 야오족, 후이족, 둥족 등 35개 민족이 어우러져 산다. 이곳에서는 보통화(만다린), 광둥어, 좡어 등 3가지 언어가 고루 사용된다.

베트남은 정부 공인 민족 수만 54개다. 최대 민족은 전체의 85% 이상인 킨족(京族)이다. 비엣족(越族)으로도 불린다. 베트남어도 넓게 보면 한자문화권이지만 성조를 표시하기 위해 로마자 체계를 도입했다.

한 종족이 이웃나라에도 퍼져 살면서 아시아가 하나임을 입증하는 예도 있다. 이웃나라 베트남에도 동남아시아에 포함되는 캄보디아의 크메르족 일부가 산다. 태국은 타이(태국어로 '자유'라는 뜻)족이 대부분인데 이들은 미얀마, 라오스, 캄보디아, 말레이시아에도 거주한다.

베트남, 캄보디아, 태국(泰國), 미얀마는 공통적으로 불교를 믿는다. 태국은 국민의 95% 이상이 불교신자로, 왕실에 대한 존경심이 강하다. 미얀마는 주민의 90% 이상이 소승불교를 믿고 있다. '다민족국가' 미얀마에는 135개 민족이 존재하며 버마족이 68%로 주류를 이루고 샨족, 꺼인족 등 소수민족이 산다. 몽골계 인종인 샨족은 중국, 태국 라오스에도 퍼져 산다. 미얀마에는 4개의 어족이 혼재돼 있다. 중국티베트어족(버마어, 카렌어 등), 따이까다이어족(샨어 등), 오스트로아시아어족, 인도유럽어족으로 언어의 스펙트럼도 다양하다.

방글라데시, 파키스탄, 아프가니스탄, 터키 등은 이슬람교를 믿는 이들이 많다. 전 세계적으로 이슬람권 문명에서는 수니파가 대다수다. 다만 이란은 예언자 무함마드의 혈통만이 이슬람 지도자인 칼리파(아랍어로 '뒤따르는 자'라는 뜻)가 될 수 있다고 믿는 시아파 국가다. 시아파는 바레인과 이라크 남부에 많이 산다.

방글라데시는 벵골어를 사용하는 벵골인이 인구의 98%를 점한다. 우르두어를 사용하는 비하르 등 비(非)벵갈인 이슬람교도가 나머지를 차지한다. 방글라데시는 이슬람교도가 89%로 무슬림 인구가 절대 다수다.

인도는 불교, 힌두교, 자이나교, 시크교 등 종교의 발상지이자 여러 언어를 쓰는 다문화국가로 언어의 집산지격이다. 인도에서 10만 명 이상이 사용 중인 언어만 216개, 헌법에 의거한 지정 언어만도 18개다. 가장 많이 쓰이는 언어는 힌디어로 40%가량이며 벵골어가 그 뒤를 잇는다. 인도는 역사의 유산인 카스트제도, 현재 정치의 산물인 지방자치제, 뿌리 깊은 부락공동체 등의 독특한 문화로 인해 그 문명을 이해한다는 것 자체가 불가능하다는 평가를 받는다.

인도와 합쳐졌다 독립한 파키스탄은 펀자브인이 40% 이상이며 파슈툰족이 그 뒤를 잇는다. 펀자브(Punjab)란 인도와 파키스탄의 국경에 걸쳐 있는 지역이다. 다섯 강(江)이란 의미가 있다. 파키스탄도 이슬람교가 주를 이루는데 수니파가 75%로 시아파보다 많다. 아프가니스탄은 파슈툰족과 타지크족 등이 살고 있다. 종교 면에서 수니파(85%)가 다수다.

이란은 인근 중동국가와 달리 아랍 문화권에 속하지 않는다. 언어 또한 페르시아어를 쓴다. 이란의 전체 인구에서 페르시아인이 50%가 넘는다. 페르시아어로 이란은 '고귀하다'라는 뜻을 지닌다. 타고난 상업 기질 덕에 페르시아 상인으로 잘 알려져 있다. 페르시아족은 인도유럽어족이며 백색 피부에 곱슬머리로 유럽인과 같은 체질을 가진 민족이다. 이들의 삶을 대표하는 키워드는 바로 '인샬라(모든 것은 신에게 달려있다)'라는 말이다.

인구가 3,000만 명을 넘는데도 국가를 가지지 못한 쿠르드족이 이란

서부, 터키 동부, 이라크 북부 산악지대에 거주한다. 쿠르드족은 전사적인 성격을 가진 독립성이 강한 민족이다.

터키는 튀르크족에서 비롯됐는데 이는 '강한'이라는 뜻을 담고 있다. 터키어를 알면 아제르바이잔어도 어느 정도 이해가 가능할 정도로 유사성이 높다.

아시안하이웨이 국가들은 정부 형태도 다양하다. 중국과 베트남은 둘 다 사회주의국가라는 공통점이 있다. 앙코르와트로 유명한 캄보디아, 태국은 입헌군주국이다. 미얀마는 연방제 공화국이다. 방글라데시는 인민공화정을, 인도는 연방공화정을 각각 채택하고 있다. 파키스탄과 터키는 대통령제 공화국이다. 아프가니스탄은 이슬람공화국, 이란은 종교가 정치 위에 군림하는 신정국가 형태의 공화정 국가다.

아시아의 통화 이야기

'아시안하이웨이 1번 도로(AH 1)'가 관통하는 국가들은 모두 다른 돈을 쓴다. 저마다의 특색을 지니고 있으며, 환율이 너무 달라 방문객의 머리를 헷갈리게 한다.

중국 위안화는 인민들의 돈이란 의미에서 인민폐(런민삐)로도 불린다. 1위안은 우리 돈 180원가량. 2000년대 초반만 하더라도 1위안당 120원이었던 중국 위안화는 경제성장에 따라 최근 제 몸값을 한껏 높이고 있다. 달러를 밀어내고 세계통화를 대표하는 기축통화가 될 것이란 관측이 나올 만큼 그 위상이 확고해지고 있다. 화교들이 많이 사는 동남아권에서도 통용되는 빈도가 높아지고 있다.

베트남은 동(Dong)을 사용한다. 100동이 한국 돈 5원으로 취재팀의 방문국 중에서는 화폐 가치가 가장 떨어진다. 1달러가 2만 동을 넘으니 식사 때마다 몇 십만 동을 내야한다. 자칫 액면이 낮은 동화를 요구했다가는 돈다발을 엄청나게 받아 간수하기가 어려워진다.

캄보디아는 리엘(Riel)을 사용한다. 100리엘은 27원 정도다. 캄보디아는 미국 달러를 주로 사용하는 몇 안 되는 국가다. 거스름돈이나 잔돈을 치를 때에나 리엘이 사용되는 식이다. 하지만 실제로는 달러가 거의 통용돼 리엘을 사용할 일은 거의 없다고 보면 된다. 최근에는 자국통화인 리엘의 활용도를 높이기 위해 2011년 말 개장하는 캄보디아 증권거래소에서 결제통화는 오직 리엘으로만 하는 방침을 정하기도 했다.

태국 바트(Baht)에는 국왕의 초상이 그려져 있다. 태국에서는 국왕의 초상을 훼손하게 되면 많게는 15년의 징역형에 처해질 수 있다는 경고가 있어 주의를 요한다.

미얀마 통화단위는 챠트(짯, Kyat)다. 최고 액면가는 5,000챠트로 암달러 시장에서 바꿔야 한다. 정부가 인정하는 환전소 등에서 바꾸면 달러당 450챠트 정도인데, 최대도시 양곤의 보족아웅산시장에 있는 암달러상에게서 바꾸면 달러당 750~780챠트 정도를 받을 수 있다. 2012년 외환시장이 자유화되면서 이젠 달러를 차트로 바꾸기가 한결 쉬워졌다.

인도의 통화단위 루피(Rupee)는 통화기호가 같은 이웃나라 파키스탄과 네팔, 스리랑카 루피를 비롯해 인도네시아 루피와도 구별이 어려워 혼란이 있었다. 인도는 이에 따라 2010년 7월 유로화를 반대로 그린 기호를 자국 통화 기호로 정식 채택해 차별화를 꾀했다.

전쟁으로 통화 운용에 어려움을 겪은 국가도 있었다. 아프가니스탄의 통화 아프가니는 탈레반의 지배 아래 인쇄되고 유통되는 아픔을 겪었다.

터키의 통화단위 리라(Lira)는 한때 세계에서 가장 가치가 낮은 화폐 단위였다. 1995~1996년과 1999년~2004년까지 기네스 기록을 세우는 불명예를 입었다. 실제 2001년 말 리라는 미국 1달러당 165만 리라에 거래될 지경에 이르렀다. 터키 재무장관이 "(화폐가치가 너무 낮아) 국가적 망신이다"고 한탄했을 정도다.

터키 정부는 2005년 화폐 평가절상(리디노미네이션, Redenomination, 화폐단위의 하향 조정)을 단행해 리라를 표시할 때 쓰이는 '0'을 6개나 떼어냈다. 1백만분의 1로 축소한 것. 이 와중에 물가불안도 거의 없었고, 경제는 괄목할 만한 성장세를 보여 화폐단위가 높은 한국에 큰 귀감이 됐다.

아시아가 한국에 주는 의미

'수출로 먹고 사는 나라' 한국에게 아시아는 현재의 땅이자 미래의 땅이다. 아시아를 제외하고 미래의 먹거리를 논하기가 힘들다. 부문을 단순화해 수출과 투자 부문에서만 보자. 한국의 2011년 상반기 수출은 전년 동기 대비 24.4% 증가한 2,754억 달러, 수입은 26.6% 늘어난 2,580억 달러였다. 무역수지는 174억 달러 흑자였다.

지역별로 2011년 상반기에 한국이 가장 수출을 많이 한 곳은 아시아로 전체의 55.6%였다. 아시아로의 수출은 2010년에 전체의 54.7%였으니 1년여 만에 1% 포인트가량 늘어난 셈이다. 한국이 만든 제품의 절반 이상은 아시아로 나가는 셈이다. 국가별로 보면 전체 수출에서 중국이 23.7%를 차지했고, 인도가 2.3%, 태국, 베트남 등이 포함된 아세안이 12.8%였다.

2010년 상반기 수입에서 아시아가 차지하는 비중은 45.2%다. 당연히 무역흑자가 크게 난다. 아시아 전체적으로 흑자규모가 300억 달러를 웃돌았다.

다만 아시아의 범주에는 석유 수입지역인 중동이 제외된다. 석유라는 특정 품목으로 인해 중동에서는 적자를 볼 수밖에 없는 구조이기 때문이다. 2010년 상반기 중 전체 수출에서 중동의 비중은 5.7%인 반면, 전체 수입에서 중동이 차지하는 비중은 22.3%(사우디아라비아는 7%)에 달해 무려 무역적자가 400억 달러를 넘었다.

아시아의 중요성은 한국의 대외 투자에서 쉽게 판별된다. 한국이 2010년 3분기까지 가장 많이 투자한 나라는 중국으로 2만 766건에 308억 달러였다. 홍콩은 98억 달러(1,323건)로 3위였으며, 베트남은 60억 달러(2,058건)로 4위, 인도네시아는 44억 달러(1,296건)로 7위, 인도는

:: **2011년 상반기 한국의 지역별 수출 비중** (단위 : %)

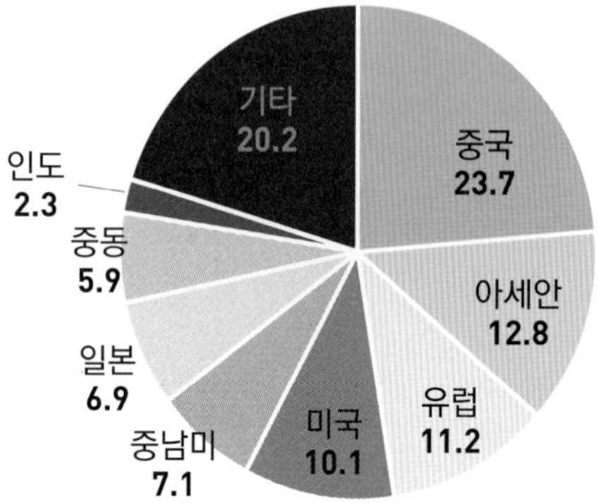

자료 : 지식경제부

19억 달러(479건)로 15위였다.

전체 투자에서 아시아의 비중은 46%에 달해 북미(23%)와 유럽(18%)을 합친 액수보다도 많다. 신시장으로 떠오르는 중남미(7%)는 비교도 되지 않는다.

유엔무역개발회의(UNCTAD)는 다국적 기업을 대상으로 2010~2012년 3년간 어디에 직접 투자를 많이 할 것인지에 대한 조사를 벌인 적이 있다. 여기에서 아시아 국가들이 상위 15개국 중 6개국이나 포함됐다. 중국(1위), 인도(2위), 베트남(8위), 인도네시아(9위), 태국(11위), 말레

미얀마 최대 도시인 양곤에 세워져 있는 삼성의 광고판.

이시아(15위) 등이 그들이다. 특히 투자 선호 순위가 앞선 중국, 인도, 베트남, 태국은 '아시안하이웨이 1번 도로'가 국토 중앙을 관통하는 나라들이다. 그런 측면에서도 이들 떠오르는 국가들의 대동맥인 '아시안하이웨이 1번 도로'의 중요성은 부각될 수밖에 없다.

C H

II

중국

I N A

중국

- **국명**: 중국(People's Republic of China)
- **면적**: 959만 6,960㎢
- **인구**: 14억 명(2011년)
- **기후**: 화북·동북지방은 냉대기후, 화중지방은 온대 몬순기후, 화남지방은 아열대성기후, 내륙지방은 사막 혹은 고산기후
- **연평균 기온** 13.8도(지역편차 큼)
- **연평균 강수량**: 랴오닝성(400mm), 쓰촨성(1,000mm), 광둥성(1,500mm) 정도로 지역편차 큼
- **지형**: 서고동저의 계단식 지형
- **표고차가 크고 지형이 다양하다**: 산지(33%), 고원(26%), 분지(19%), 평원(12%), 구릉(10%)
- **민족**: 56개 민족(한족과 55개 소수민족)
- **종교**: 유교, 도교, 불교, 샤머니즘, 무슬림
- **수도**: 베이징
- **화폐단위**: 위안(元, 달러당 6.33위안)
- **국내총생산**: 7조 4,500억 달러(2011년) 1인당 GDP: 5,450달러(2011년)
- **시차**: 한국보다 1시간 늦음
- **주요자원**: 희토류, 주석, 몰리브덴, 흑연, 석고, 마그네사이트 등은 매장량이 세계 1~2위임. 석탄, 수은, 인, 황, 석면 등은 세계 2~3위임. 광물자원의 잠재매장량은 세계 3위다.

  밀, 쌀, 옥수수, 감자, 수수 등이 주요 농산물임.

Asian Highway

단동 – 북한을 바라보며

01

단동가는 길

인천과 단동 사이에는 일주일에 3차례 배가 오간다. 페리선 이름은 동방명주(Oriental Pearl, 1만 2,000t급). 페리선이 출발하는 인천항국제여객터미널은 단동으로 출항하는 시각(오후 5시)이 다가오면 점차 사람들로 붐비기 시작한다. 제1국제여객터미널에서는 중국의 대련, 연태, 석도, 진황도, 영구, 단동 등 6곳으로 가는 배가 출항한다. 칭다오, 텐진, 위해, 연운항 등 4곳으로 가기 위해서는 인천 제2국제여객터미널을 찾아야 한다.

배를 타기 전에 잠시 남는 시간 동안 주요 페리선의 객실을 소개하는 전광판을 보면 재미있는 사실을 알 수 있다. 객실 구분이 희한하기 때문이다. 귀빈실, 호화실, 로열실, 스위트실, 특등실, 1등실 등 이름만 봐서는 등급을 알 수가 없다. 이때 방법은 가격표. 그랬더니 1등실이 가장 나빴다. 시골 마당이나 군대 내무반처럼 넓은 공간에 각자 나란히 누워 자는 공간만 주는 곳이 1등실이었던 것. 명칭과 현실 간 괴리가 너무 컸다.

전광판을 보고 있는데 뒤편에서 한 가족이 대화하는 목소리가 들린다. 딸인 듯한 여성이 조선족 어머니에게 사과를 권하고 있었다. 그랬더니 어머니가 "내레 두 알 깨고 왔다야"라고 얘기했다. 잠시 뒤에야 이미 사과 두 개를 먹고 왔다는 뜻임을 알게 됐다.

출국장으로 들어서니 승객들이 줄지어 서 있다. 그 모습이 나름 묘미가 있다. 소화하기 쉽지 않은 보라색 양복을 아래 위로 맞춰 입은 아저씨, LA 레이커스 농구단 유니폼을 입은 더벅머리 청년, 구레나룻을 턱까지 기른 중년아저씨 등. 사람들 손에는 두 손으로도 다 들지 못할 만큼 짐꾸러미로 가득하다. 스테인레스 믹서, 화장품, 라면 봉지, 과자 등 중국에서 돈이 될 듯한 물건이 가득 놓여 있다. 어디에 쓸지 모르겠지만 장독대까지 포장된 모습이 눈길을 끈다.

단동으로 가는 동방명주호의 1등실에서 잠을 자는 승객들.

안내 방송에서는 중국어와 한국어로 “다른 승객들의 건강과 안전을 위해 지정된 흡연장소를 이용해달라”는 말이 연신 흘러나오고 있다. 하지만 못 알아들은 건지 한 중국인 아저씨가 독한 담배 연기를 연신 뿜어대고 있다. 흡연실이 버젓이 있는데도 가지 않는 모습이란.

페리선을 타고 출국하는 만큼 검색대를 통과해야 한다. 재미있는 점은 화장실처럼 남자와 여자 검색대가 따로 표시돼 있었던 것. 검색대를 통과하니 조그마한 면세점이 나왔다. 조그마한 수퍼 형식으로 살 만한 물건이 별로 없다.

배를 탔더니 호텔처럼 체크인을 한다. 여승무원이 이름을 확인한 뒤 치약과 칫솔, 낡은 흰 수건 하나를 건넨다. 그 옆에 ‘1인 1알’이라고 표시된 멀미약이 놓여 있다. 선사 측의 자그마한 배려로 느껴지는 풍경이다.

16시간의 항해 시간을 보낼 방은 4인이 사용하는 곳이다. 문제는 4명에게 배당된 열쇠는 오직 하나뿐이라는 것. 결국 같은 방을 쓰는 룸메이트가 문을 잠근 후 돌아오지 않으면 방으로 들어가지 못하게 된다. 열쇠 문제 때문이라도 얼른 룸메이트끼리 인사를 해야 했다.

배정받은 침대는 2층 침대의 아래 칸. 몸을 겨우 누일 만한 공간에 보풀이 일지 않은 것으로 추정되는 낡은 이불과 베개가 있다. 머리맡에는 전등이 있어 다른 사람들을 방해하지 않고 책을 읽을 수 있다. 같은 방을 쓰는 사람들이 하나 둘씩 통화를 한다. “오늘 배 좋았어. 5시 정각에 출발했거든”이라고 하는 것을 들으면서 아마도 정각에 출발하는 일이 드문 것으로 생각됐다.

비좁은 침대 공간을 불평하다가 '과연 1등실은 어떤 곳일까'라는 궁금증에 찾아가 봤다. 그랬더니 불평은 호사스러움에서 나온다는 것을 느꼈다. 족히 100명은 될 듯한 사람들이 매트리스를 다닥다닥 붙여놓은 공간에 모여 있었던 것. 족발, 과자, 라면, 맥주, 백주 등 음식과 술이 난무한 가운데 포커판과 마작판이 벌어지고 있다. 저녁 겸 연회가 한창이다. 맨발인 사람도 있고 달랑 런닝셔츠만 걸친 사람도 있었지만 서로 개의치 않는 분위기다. 피난민 수용소와 야외 꽃놀이의 중간 정도라면 적당한 표현일까?

배에서 저녁식사시간은 6시부터 7시까지로 정해져 있다. 메뉴는 오직 하나로 쇠고기국밥이다. 한국 돈으로 5,000원, 중국 돈으로 34위안이다. 그래도 음식은 꽤 먹음직하다. 하기야 다른 선택이 없으니, 배를 곯지 않으려면 마음을 잡고 맛있게 먹는 수밖에 없을 듯하다. 식사를 끝내고 방으로 들어오니 7시 20분쯤 안내방송이 흘러나왔다. 선상비자를 받을 사람들은 신청하라는 멘트다. '중국을 단기로 가려면 선상비자를 이용해도 된다'는 사실을 처음 알게 되는 대목이다.

동방명주호는 인천항을 출발해 한참 남쪽 방향으로 향한다. 휴전선 때문에 곧바로 서해바다로 가지 않고 남하했다가 공해상으로 빠져서 다시 올라가기 때문이다. 바람을 쐬기 위해 갑판으로 나가려는데 백발이 성성한 할아버지가 계셨다. 여승무원에게 연신 창밖 풍경을 가리키며 여기가 북한 바다냐고 물었다. 나이 어린 여승무원이 몇 번이나 공해상이라고 말했지만 할아버지는 그 말을 믿고 싶지 않은 눈치다. 아마 실향민인 듯 싶다.

자판점 영업시간 종료를 알리는 안내방송이 나온다. 8시 30분에서 9시 사이엔 물건을 사야 한다는 것. 2만 원짜리 장지갑, 3만 원짜리 포도주, 여성용품, 아이스크림 등 다양하다. 중국집에서 흔히 볼 수 있는 이과두주는 1,000원이다.

무엇보다도 인기 있는 품목은 담배다. 10갑들이 1보루에 2만 5,000원 하는 담배를 1만 5,000원에 팔고 있다. 배를 자주 애용한다는 한 아저씨가 "아마 모든 면세점 중에서 가장 쌀 것"이라고 소개했다(참고로 일행 중 1명은 입국심사 전 담배 2보루를 5만 원에 샀다가 면세점이 싼 걸 보고 다시 2보루를 3만 2,000원에 구입했다. 그랬다가 배에서는 2보루에 2만 1,000원 하는 걸 보고 뒤늦게 땅을 치며 후회했다).

점차 사람들의 목소리가 잦아드는 가운데 창밖으로 어둠이 짙어진다. 불편한 잠자리를 느끼며 눈을 뜨니 새벽 5시 10분(중국시간 4시 10분)이다. 좁은 장소에서 더 이상 잠이 올 것 같지 않아 갑판으로 나왔다. 그랬더니 싱그러운 바닷바람이 부는 가운데 칠흑 같은 바다가 점차 열어지며 물결이 치는 게 보였다. 5시 25분경 희끄무레하게 여명이 시작됐다. 일출이 시작되는 징조다. 하지만 '일출의 아름다움'은 거저 얻을 수 없는 것이었다. 6시가 넘도록 해가 뜰 기미를 보이지 않은 것. 무려 1시간 동안 서성여야 했다.

그러다가 6시 13분경 붉은 빛이 비치기 시작한다. 빨간 달걀 같은 게 올라오는 것. 태양은 점차 둥그스름한 모습을 내비치더니 6시 17분경 마침내 완전한 형체를 드러냈다. 누군가 옆에서 "일출이 저렇게 예쁘게 이뤄지는 것을 보기는 쉽지 않아"라고 말한다. 날씨가 매우 좋았다는 얘기다.

일출을 봤다는 행복감을 안고 아침 7시경 식당으로 향했다. 여전히 메뉴는 한 가지 뿐으로 '반계탕'이다. 가격은 4,000원. 일출을 감상했다는 기쁨에 먹는 아침은 정말 꿀맛이었다.

아침 8시경 동쪽으로 멀리 북한 땅이 보이는 것 같았다. 그러더니 얕은 갯벌이 모습을 보였다. 압록강 하구에 있는 비단섬이다. 북한 땅이 보이기 시작한 것이다. 한참을 바라보고 있으려니 가슴 한편에서 왠지 아련함 같은 게 느껴진다.

점차 수로가 좁아지더니 멀리서 굴뚝같은 게 보인다. 단둥의 바닷쪽 관문인 둥강(東港)이다. 잠시 뒤 중국 국적기를 단 배가 다가왔다. 그제서야 "중국 땅에 왔구나. 16시간의 항해를 무사히 끝냈구나"라는 느낌이 들며, 기나긴 여정이 시작됐음을 실감할 수 있었다.

압록강 철교

하이웨이(고속도로)는 넓게 잘 닦인 길이다. 왕복 2차로도 아니고 오직 1차로만 있다면 그건 하이웨이가 아닐 것이다. 하지만 '아시안하이웨이 1번 도로(AH 1)' 가운데 이렇게 마음껏 달릴 수 없는 곳이 있다. 북한과 중국을 잇는 압록강 철교다.

외길이라서 오전에는 '중국에서 북한으로', 오후에는 '북한에서 중국으

압록강 위를 가로지르는 압록강 철교.

로' 차들이 통행한다. 그나마도 토요일과 일요일은 다니지 않는다. 봄기운이 완연한 4월의 압록강 철교. 오전 11시께 다리 위로 줄지어 북한으로 향하는 트럭이 눈에 띈다. 밀가루와 라면 등 각종 생필품을 싣고 가는 중이다. 단둥에 거주하는 한 한국 기업인은 "북한으로 들어가는 생필품 중 70~80%가 단둥을 통해 들어간다. 한마디로 북한의 생명길이라고 보면 된다"고 전했다.

오후 3시께 다시 압록강 철교에 들렀다. 이제는 북한에서 단둥으로 오는 트럭만 눈에 띈다. 삼엄한 경비 때문에 가까이 다가서 보기는 어려웠다. 그러나 컨테이너가 없는 게 한눈에 봐도 빈 트럭이라는 걸 느낄 수 있다. 북한에서 중국으로 내보낼 만한 상품이 거의 없는 탓으로 느껴졌다.

저녁 8시께 압록강변에서 다리를 바라봤다. 단둥 시내가 불야성을 이루는 가운데 압록강 철교는 아름다운 조명으로 수놓아져 있다. 맑은 강물에 불빛이 아롱지는 가운데 북한 땅까지 조명이 이어졌다. 하지만 그걸로 끝이다. 강 너머는 암흑 자체였다. 신의주라는 도시가 있다는 걸 전혀 실감할 수 없었다. 과거 1950~1960년대에는 신의주가 불을 밝혔고, 단둥은 '죽의 장막' 안 어둠 속에 묻혀 있었다. 그러나 중국이 눈부신 경제발전을 이루고, 북한은 김일성 부자의 독재체제에서 퇴보를 거듭한 결과가 압록강변을 경계로 적나라하게 그 모습을 드러내고 있는 셈이다.

'아시안하이웨이' 대장정의 첫 출발지점으로 찾은 단둥의 압록강 철교는 가슴 깊이 애잔함을 느끼게 했다. 조금이라도 수준이 있는 나라는 지방도로도 모두 왕복 2차로인데, 왜 국경을 넘나드는 압록강 철교는 오직 1차로밖에 없는 것일까?

압록강 철교는 평안북도 신의주와 중국 단둥을 잇는 곳으로 한반도와 대륙을 잇는 관문이다. 1911년 가설된 다리는 1950년 11월 6·25전쟁 당시 미군이 중국군을 넘어오지 못하도록 하기 위해 폭격해 부숴버렸다.

현재 남아 있는 다리는 1943년 가설된 다리로 길이는 944m에 달한다. 1990년 명칭이 바뀌어 북한에서는 조중우의교(朝中友誼橋), 중국에서는 중차오유이차오(中朝友誼橋)라고 부른다. 이곳은 오로지 단둥세관을 거쳐서만 오갈 수 있다.

단둥세관으로 들어가 봤다. 세관 입구에는 사이다에서부터 철강에 이르기까지 각종 물품에 붙는 관세들이 빼곡하게 기록돼 있다. 재봉틀, 약품, BYD자동차 등 온갖 물건들이 취급되고 있음을 알 수 있다. 넓은 세관 공터를 둘러봤더니 하얀 번호판에 '평북 83–2703, 평북 83–2811' 등으로 표기된 트럭들이 보인다. 북한에서 오는 차량은 '평북' 혹은 '평양' 번호판만 들어올 수 있음을 알려주듯, 다른 지방 번호판을 단 차량은 전혀 찾아볼 수 없다. 단둥에 사는 한 북한 출신 화교는 "세관에서 자세히 보면 알겠지만 중국에서 북한으로는 밀, 쌀 등 곡식과 음식물, 생필품들이 주로 들어가고, 북한에서는 철광석, 석탄 등이 많이 나온다"며 "실제로 북한에서 오는 차량은 비어있을 때가 많다"고 전했다.

중국은 단둥세관의 인원을 대폭 늘리고 보안도 강화했다. 마약탐지견도 활동 중이다. 북한에서 마약이 들어오는 것을 막기 위한 조치라고 한다. 북한이 어려워진 경제사정을 타개하기 위해 마약까지 손댄다는 방증이다. 실제로 북한은 '빙두(필로폰의 은어, '얼음'으로도 불림)'를 생산해서해 공해상이나 압록강·두만강 국경을 통해 중국으로 보내고 있다. 마약에 대해서는 엄격한 잣대를 적용하는 중국 입장에서는 절대 받아들일 수 없는 행위다. 그러한 중국의 입장이 단둥 세관의 보안강화로 이어졌다. 서로 '형제의 나라'라고 부르지만, 이해관계가 달라 메울 수 없는 간극이 있음을 느끼게 하는 대목이다.

단둥 시내의 항미원조기념탑과 기념관을 찾았다. 기념관에는 6·25전쟁 당시 중국이 북한을 도와 미국과 항전했다는 것을 기념하기 위해 각종 문서와 깃발, 사진물, 무기류, 운송수단 등 4만여 점을 전시해놓고 있다. 특히 항미원조기념탑은 곧게 뻗은 단둥시내 치징제(七境街) 너머로 신의주에서도 볼 수 있는 곳에 있다.

저녁 무렵 단둥 시민들이 즐겨 찾는 압록강 철교 옆 압록강 공원에서 푸른 강물을 보고 있을 때 북한 경비정 한 척이 지척으로 다가왔다. 북한 군인 2명이 앞에 타고 있고, 중년 2명이 뒤쪽에서 선 상태로 단둥 시민들을 향해 손을 흔들며 연방 "짜이찌엔(다시 봅시다)"이라고 외치고 있다. 비대한 몸집에 술을 한잔 걸친 듯한 얼굴이다. 아마 북한 고위층인 듯했다(북한에서 힘 있는 사람이 아니면 그처럼 경비정을 마음 놓고 탈 수 없다). 그의 표정에서 길(하이웨이)은 막아 놓은 채, 폐쇄된 장막 안에서 소수 특권계층만 호사를 누리고 살아가는 북한 사회의 모순을 느낄 수 있었다.

단둥의 개발 바람

단둥시 인구는 160만 명(단둥시내는 80만 명) 정도다. 이러한 단둥시에 최근 개발의 바람이 거세다. 중국~북한을 잇는 신압록강대교 건설예정지인 랑터우(浪頭) 일대는 온통 크레인으로 뒤

압록강 하구에 위치한 단둥항.

덮여 있었다. 신도시가 만들어지고 있는 중이다.

단둥시 인민정부는 이미 이곳으로 이사했고, 20~30층의 고층 아파트가 속속 세워지고 있다. 체육관으로 사용될 건물의 외곽 골조가 거의 마무리된 모습이다.

12·5 규획(제12차 5개년 경제개발계획, 2011~2015년) 기간 내 신도시 건설을 완료한다는 게 단둥시 계획이다. 그때가 되면 둥강(東港)을 포함한 단둥시 전체 인구는 240만 명까지 늘어날 것이라는 게 현지인들 설명이다.

단둥시의 발전은 부동산 가격에서 단적으로 드러난다. 압록강을 볼 수 있는 전망 좋은 아파트의 분양가격은 ㎡당 4,000위안(한화로 약 65만 원)

안팎으로 책정됐으며, 건설예정지 주변은 ㎡당 5,000위안까지 올라갔다. 단둥 옛 시가지의 집값과 땅값 오름세도 놀랄 정도다.

단둥으로 가는 배 위에서 만난 한 한국 기업인은 "국내 한 기업인이 현지 중국인을 앞세워 아파트를 건설했는데, 분양이 워낙 잘돼 시쳇말로 떼돈을 벌었다. 지금 이곳은 아파트를 사 놓으면 무조건 돈을 버는 것 같다"고 말했다.

단둥에서는 국내 대 기업 중 SK가 눈에 띈다. 단둥에 아파트를 건설했으며, 보세창고 등 물류사업도 1,450만 달러를 투자해 진행 중이다. 주유소와 LPG충전소가 함께 들어서는 복합주유소를 5곳 운영 중이다. 선양에서 만난 정해준 SK네트웍스(복합버스터미널) 총경리는 "단둥이 랴오닝성 등 동북3성의 배후 물류기지로 발전할 가능성이 높아 앞으로 사업을 더욱 확대해 나갈 예정"이라고 설명했다.

황금평 개발

단둥 관문인 둥강에서 단둥 시내로 들어갈 때 오른편에 있는 넓은 들판이 황금평이다. 북한이 경제개발을 한다고 할 때 단골 후보로 등장하는 지역이 바로 이곳이다.

황금평·위화도 등을 포함한 신의주특구 개발은 1990년대 초부터 꾸준히 얘기가 나왔다. 그렇지만 20년 동안 진척된 게 하나도 없었다. 그러다가 2010년 5월 김정일 위원장 방중 시 황금평·위화도 총 50㎢의 지역을

:: 북 황금평·나선 경제특구지역

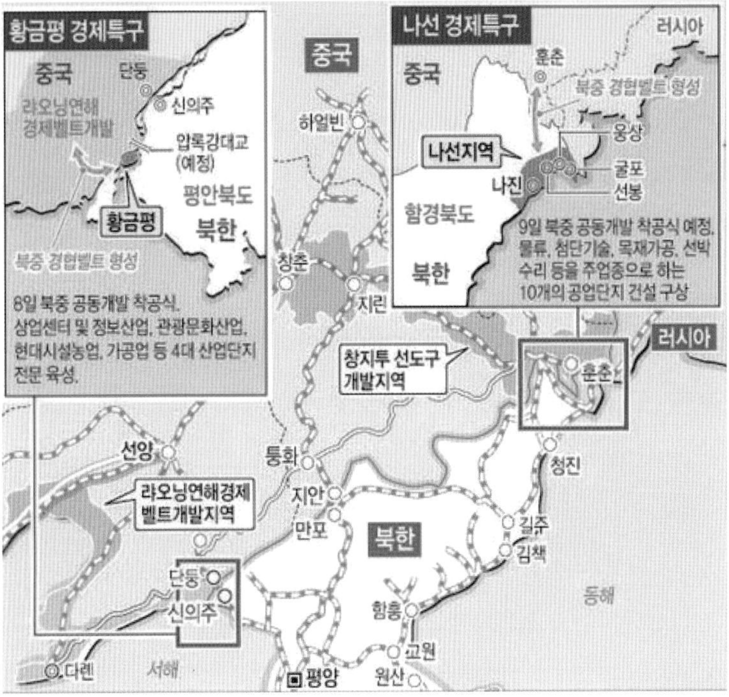

자료 : 연합뉴스

자유무역지구로 설정해 2곳의 중국 기업에 50년 개발권을 줬고 지금 양국이 두 섬을 종합개발하는 계획·설계 작업을 하고 있다는 얘기가 흘러나왔다. 그 후 1년이 흘러 2011년 6월 가시적인 모습이 반짝 보였다.

2011년 6월 8일 장성택 북한 노동당 행정부장과 천더밍(陣德銘) 중국 상무부장이 참석한 가운데 대규모 착공식을 거행한 것. 하지만 황금평의 경우 개발권을 쥔 중국 지방정부가 소극적이고, 개발 주체로 거론됐던 홍콩 기업이 이를 전면 부인하는 등 여전히 개발 일정은 안갯속이다.

예컨대 황금평 개발 착공식이 이뤄진 직후 홍콩의 신헝지(新恒基)그룹이 100억 달러(한화로 10조 7,000억 원)를 투자해 황금평을 개발하고, 손실 발생 시 중국 당국이 손실액의 80%를 보전해 준다는 얘기가 있었다. 이 소식은 신헝지그룹에서 가오징더(高敬德) 이사회 의장이 지금껏 북한을 방문한 적도, 김영남 북한 최고인민회의 상임위원장을 만난 적도 없으며 황금평 개발과 관련한 어떠한 협의도 한 적이 없다고 부인하면서 수그러들었다.

랴오닝성도 중국 기업들의 주목을 받지 못해 황금평 개발이 쉽지 않을 것으로 판단, 손실까지 보전하면서 황금평을 개발하지는 않겠다는 입장이다. 북한은 중국 정부가 황금평 개발에 나서길 바라지만 랴오닝성은 민간 기업에 전적으로 맡기겠다는 입장이어서 합의점을 찾기가 쉽지 않다는 것. 특히 랴오닝성은 개발할 토지가 널려 있어 황금평 개발에 매력을 느끼지 않는 상황이다.

북한의 풍광

압록강은 795㎞를 흐른다. 백두산 천지의 동남쪽에서 발원해 황해로 흘러 들어간다. 연암 박지원은 조선시대 기행문학의 정수《열하일기》의

'도강록(渡江錄, 압록강을 건너는 기록)' 부분에서 '강물 색깔이 오리 머리처럼 푸르르매 압록강이라 이름지었다'라고 소개했다. 이미륵의 자전적 소설《압록강은 흐른다》에서도 강물은 늘 싱그러운 푸른색이었다. 사시사철 맑고 수량도 풍부했기에 중국인들도 황하 이북의 강물 중에서 '강(江)'이라 이름붙인 곳은 압록강밖에 없다며 높이 평가했다.

하지만 중국·북한의 국경선을 따라 살펴본 압록강 너머 풍경은 스산했다. 단둥 신도시 건너편에 위치한 황금평(黃金坪). 애초 북한에 속한 압록강의 섬이었으나 중국과 경계를 이루던 물줄기에 퇴적물이 쌓이면서 중국과 땅이 맞닿았다. 4월의 황금평에는 봄기운이 완연한 가운데 농부들이 땅 고르기를 하고 있다. 황금평 너머로 지난 2004년 4월 김정일 북한 국방위원장의 암살미수사건으로 불린 '용천역 폭발사고'의 현장인 용천

철조망 너머로 보이는 황금평 들녘.

압록강 섬 위에 위치한 방산마을의 김일성 찬양 간판.

이 보인다.

이렇듯 지척에 있는 북한 땅이지만 국경선은 높은 철조망으로 막혀 있어 양국이 뚜렷이 구분된다. 하얀 푯말은 북한, 초록색 푯말은 중국을 의미하는 가운데 철조망은 총 10㎞에 걸쳐 이어진다. 10m 간격으로 콘크리트 기둥을 세운 뒤 4m가량 높이에 격자 창살이 촘촘했고, 상단에는 예리하게 날이 선 철조망이 얹혀져 있다. 과거에는 3m 높이로 엉성했다는데, 이제는 도저히 넘어올 수 없을 만큼 튼튼해 보였다. 이러한 철조망은 단둥 북쪽의 후(虎)산성에도 세워져 있었다. 경제난과 정치적 불안이 가중되는 북한의 우발사태 시, 북한 주민들이 넘어오지 못하도록 하려는 조치로 보였다.

압록강 철교 상류쪽에 있는 위화도 건너편을 들렀다. 북한이 체제 선전을 위해 지은 2~3층짜리 가옥이 낡고 허름하게 서 있다. 단둥이 워낙 발전하다보니 과거의 선전용 건물이 이제는 북한의 궁핍을 단적으로 보여주는 상징물이 되는 듯 했다.

북한을 자세히 살펴보기 위해 후산성보다 더 상류에 있는 텐이(천일) 선착장에서 모터보트를 탔다. 강바람이 쌀쌀하게 부는 가운데 강 중간으로 나가니 무차별적 벌목을 한 탓에 나무가 거의 없이 헐벗은 북한의 산과 언덕이 눈에 들어온다. 강변 북한초소 근처까지 접근했다. 군인들의 모습은 보였지만 조용하다. 압록강의 섬에 위치한 방산마을 앞까지 가봤다. '위대한 수령 김일성 동지의 혁명사상 만세'라는 큰 간판이 붉은 바탕에 흰 글씨로 새겨져 있다. 빨랫줄에는 노란색, 초록색의 옷가지들이 선명하게 나부끼고 있다.

조금 시간을 지체하다 보니 방산마을 주민들이 섬에서 나오기 위해 배를 타고 있다. 엔진도 없이 노로 젓는 거룻배였다. 그 앞에서 중국인 관광객들이 연신 셔터를 눌러대니 한 북한 주민이 "간나새끼, 사진 찍지 말라우"라며 격한 반응을 보였다.

다시 북한 강변으로 접근하니 중국인 관광객 1명이 북한 주민에게 담배 한 갑을 건네주는 모습이 보인다. 그는 고맙다는 표시로 손을 흔들었다. 햇빛에 검게 그을린 얼굴, 허름한 낡은 옷과는 대조적으로 웃는 모습에서 순수함이 느껴졌다.

중국 새신랑도 행복한 결혼생활을 위해서는 힘이 세야 하는 모양이다. 단둥시 금강산공원에서 신랑이 신부를 업은 채 계단을 오르고 있다.

기가 막혀!

중국은 흡연자의 천국

중국인들의 담배 사랑은 유별나다. 자동차 안과 호텔 로비는 기본이다. 심지어는 비좁은 엘리베이터에서도 담배를 끄지 않고 타면서 연기를 뿜어댄다. 모든 장소에서 옆 사람의 눈치에 아랑곳하지 않고 담배를 피워대는 중국인들. 흡연인구가 3억 명 이상에 매년 100만 명 이상이 흡연으로 숨진다는 얘기가 빈말이 아닌 듯 했다. 아무리 높은 산이나 사람이 거의 찾지 않는 문화유적지에도 중국인이 다녀가면 2가지 흔적이 남는다고 한다. 담배꽁초와 그들이 느긋하게 심심풀이로 먹는 꽈즈(해바라기씨)의 껍질이 그것이다.

랴오닝성과 동북 3성

Asian Highway 02

단둥에서 선양까지

단둥에서 랴오닝(遼寧)성 성도인 선양까지 거리는 274㎞. 2008년 베이징올림픽을 앞두고 왕복 4차선 고속도로를 깔아놓은 덕분에 자동차는 시속 110㎞를 넘나들며 달린다. 산과 들이 적절히 어우러진 길이 계속 이어져 있어 한국과 크게 다르지 않아 보였다.

한참을 달리다 보니 '번시'라는 표지판이 보인다. 문득 번시에서 주몽이 고구려를 개국한 졸본성이 멀지 않다는 생각이 든다. 졸본성은 현재 랴오닝성 환런현(桓仁滿族自治縣)의 약 800m 산지에 축성된 오녀산성으로 추정된다는 설이 있다. 오녀산성은 남북 약 1,000m, 동서 너비 약 300m의 비교적 규모가 큰 성으로 부근에는 적석총(돌을 쌓아 만든 무덤) 등 많은 고분군이 있다. 하지만 일정상 들를 수 없어 안타까움만 느껴야 했다.

선양의 중심업무지역인 금융상무개발구.

단둥을 출발한지 2시간 20분가량이 지나자 멀리 빌딩들이 보이기 시작한다. 랴오닝, 지린, 헤이룽장 등 동북 3성의 최대 도시인 선양이다.

연암 박지원은 《열하일기》의 '성경잡지'편에서 선양에 대해 이렇게 얘기했다.

"7월 10일 선양에 들어서다 멀리 요양성 밖을 돌아보니 수풀이 아주 울창한데 새벽 까마귀떼가 들 가운데 흩어져 날고 한줄기 아침 연기가 하늘가에 짙게 낀데다 붉은 해가 솟으며 아롱진 안개가 곱게 피어오른다. 사방을 둘러본즉 넓디넓은 벌에 아무런 거칠 것이 없다. 아아 이곳이 옛 영웅들이 수없이 싸우던 터전이구나. 범이 달리고 용이 날제 높고 낮음은 내 마음에 달렸다는 옛말도 있겠지만, 그러나 천하의 안위는 늘 이 요양의 넓은 들에 달렸으니 이곳이 편안하면 천하의 풍진이 자고, 이곳이 한번 시끄러워지면 천하의 싸움 북이 소란히 울려댄다. 선양은 본시 우리나라 땅이다. 혹은 이르기를, 한나라가 4군을 두었을 때는 이곳이 낙랑의 군청이더니, 후위·수·당 때 고구려에 속했다. 지금은 성경이라 일컫는다."

선양 톨게이트를 들어서니 통행료가 100위안(한화로 약 1만 6,500원)이다. 처음 내는 통행료였는데 한국보다 더 비쌌다. 중국인들이 어지간하면 통행료를 아끼기 위해 국도를 이용한다는 얘기가 실감나는 순간이다.

톨게이트를 빠져나오자마자 제일 먼저 반기는 이들이 있다. 길이 복잡한 대도시에 가면 나타난다는 샹다오(向道)들이다. 이들은 도시를 처음 방문해 길을 모르는 운전자들에게 동승해 길을 가르쳐주고 수고료를 받는다. 곧이어 LG라는 간판이 보였다. LG전자의 LCD TV 생산공장이다. LG전자 공장을 지나니 바로 SR개발이라는 간판이 달린 아파트 건물들이 눈에 띄었다. SR개발이 공급한 5,000가구가 넘는 아파트들이다.

톨게이트를 지나 선양 시내로 들어가는 대로의 이름은 칭넨따제(青年大街). 이 길은 진낭(金囊, 금주머니)이라는 별명이 붙을 정도로 큰 사업기회가 열리는 곳이다. '진낭'이라는 별명 자체가 21세기 들어 새롭게 발전하는 선양의 모습과 썩 어울리는 듯 했다

선양의 발전상

선양(瀋陽)에는 790만 명(시내인구는 560만 명)이 산다. 랴오닝·지린·

헤이룽장 등 동북 3성의 최대 도시다. 과거 봉천(奉天)·묵덴(Mukden·만주어)·성경(盛京, 《열하일기》에 언급됨)·심주(瀋州) 등으로 불린 이곳은 중국 내에서 새로운 발전거점으로 크게 각광받고 있다.

선양 한국영사관의 조백상 총영사는 "선양에는 원래 3,000~4,000여 개의 중소 기업이 있었지만 중점 도시로 발전 방향을 잡으면서 대 기업들의 선호를 받기 시작했다. 상하이, 광저우 등의 인건비·물가 등이 오르면서 동북 3성에 대한 관심이 높아지게 된 것이다. 예전부터 중공업으로 유명했고, 넓은 만주벌판과 석유산지 등을 갖고 있어 새롭게 관심을 받고 있다"고 설명한다.

SK네트웍스가 운영하는 선양객운참.

동북 3성의 총인구는 약 1억 1,000만 명. 선양은 이러한 동북 3성 가운데 상주인구와 유동인구가 가장 많으며 각종 소비재의 동북지역 유통센터 기능까지 수행한다. 24개 주요 도매시장이 존재하고 있으며 우아이(五愛)시장은 전국 2위의 의류·잡화 제품 도매시장이다. 동북 육로교통의 중심지로 국가급 간선철도 5개, 고속도로 4개가 선양을 통과한다. 반경 150㎞ 이내에 안산(鞍山), 푸순(撫順), 번시(本溪), 푸신(阜新), 판진(盤錦), 랴오양(遼陽), 톄링(鐵嶺) 등 주요 공업도시가 연계해 인구 2,400만 명에 달하는 랴오닝 중부 경제권을 형성하고 있다.

선양은 기계·장비제조·부품 등 중공업이 발달했지만 기업들이 노후화됐고 분지 형태의 지형인 관계로 2002년 세계 10대 오염 도시로 선정될 정도로 환경문제가 심각했다. '계획경제 최후의 보루'라는 별명을 지니고 있을 정도로 계획경제의 혜택을 많이 받으면서 개혁개방의 흐름에 뒤처졌다.

그러나 1990년대에 대외 개방이 이뤄지고 2003년 동북진흥정책이 시작되면서 현대화된 산업도시로 빠르게 부상 중이다. 톄시 공업구는 대대적인 구조조정을 통해 2020년까지 세계 최고 공작기계 산업기지로 탈바꿈될 것이라는 계획이 서 있다. 다둥구(大東區) 자동차시티 건설 사업은 자동차 생산량과 생산액을 각 100만 대, 1,000억 위안 달성이라는 목표하에 진행되고 있다. 전체 도시환경도 급속히 정비돼 한층 맑아진 도시가 됐다.

선양의 부상은 최근 5년간 평균 15.7%에 이르는 성장세가 잘 말해준다

(2010년 선양의 1인당 GDP도 9,400달러 수준이었다). LG전자 선양판매법인의 이동선 법인장은 "동북 3성의 GRDP(지역총생산)는 5,000억 달러에 육박하고, 1인당 GDP도 중국 전체 평균보다 훨씬 높다. 2010년의 경우 가전시장이 전년대비 20%가량 성장했으며, 55인치, 70인치 TV를 들여놓을 정도로 구매력이 있는 프리미엄 고객들이 많다"고 전했다.

LG전자는 1994년 일찌감치 선양에 진출해 1996년부터 TV를 만들기 시작했으며, 2011년 2월부터는 LCD TV 양산에 들어갔다. 연간 생산할 수 있는 능력이 70만 대에 이른다. 이곳에서 만들어진 물건은 황하 이북지역의 시장에 풀린다. 난징에 있는 생산공장이 중국 중남부를 맡는다면, 선양 공장은 중국 북부시장을 담당하는 셈이다.

선양이 물류 중심지임을 감안해 여기에 집중하고 있는 한국 기업으로는 2005년 진출한 SK네트웍스가 있다. SK네트웍스 중국 본사가 선양남역 앞에 있다. 선양남역은 향후 베이징까지 2시간(2011년 기준 4시간) 만에 주파하는 고속철의 역이 들어서게 된다.

SK네트웍스가 하는 대표적인 사업은 버스시외터미널(객운참) 사업. 정해준 객운참 총경리는 "2011년 연말까지는 현재 운행 중인 노선 70개 중에서 68개를 서비스하는 것을 목표로 하고 있다. 버스터미널사업은 새로운 서비스사업을 수반하는데 주유소, 충전소, 부동산 개발 등도 이곳을 거점으로 이뤄질 것"이라고 전했다. 실제로 SK가 자체로 지었던 건물의 가치는 해마다 급상승해, 현재 당초 투자액(한화로 약 2,000억 원)의 2배 가까이 뛴 것으로 평가되고 있다.

그밖에 한국 기업으로는 농심, 잠실 롯데월드 2배 크기의 놀이공원사업에 2조 원가량을 투자하는 롯데, 포스코 등이 있으며 2009년 이후 숫자가 급증하고 있다. 병자호란의 치욕을 안긴 청나라(당시 후금)의 수도였던 선양이 이젠 한국 기업의 새로운 성장거점이 되고 있음을 의미한다.

하나은행 북경현지법인 선양 분행(지점)의 김진섭 부행장은 "선양시가 2010년 14.6%가량 성장했다는데 해마다 성장속도가 너무 빨라 미처 따라가지 못할 정도다. '중국 금융생태도시'로 지정됐고, 금융개발구를 중심으로 인구 790만 명의 선양에 804개의 은행 점포가 있지만 아무래도 산업발전속도보다 느린 듯하다"고 설명했다.

선양의 발전을 보여주는 다른 사례는 인프라의 급격한 확충. 2013년 열리는 중국 전국체육대회를 앞두고 지하철 1호선이 이미 운행 중이고 2호선도 공사에 들어갔다. 선양의 하늘관문인 타오셴(桃仙) 국제공항의 경우 34억 위안(한화로 약 6,000억 원)을 들여 기존 여객터미널보다 3배가 큰 20만 ㎡ 규모의 여객 터미널을 새로 짓고 종전 10대에 불과했던 주기장(駐機場) 수용 능력도 30대로 확대하는 공사가 진행 중이다. 그렇게 되면 하루 160여 회에 그쳤던 항공기 운항 횟수가 600여 회로 늘게 돼 연간 공항 이용객이 600만 명에서 2,500만 명으로 4배가량 증가하게 된다. 실제로 국제공항을 가보니 여객터미널 왼편으로 새로운 건물들을 짓는 공사가 한창 진행 중이었다.

동북 3성의 자원

랴오닝·지린·헤이룽장 등 동북 3성은 우리에게 만주벌판으로 널리 알려져 있다. 3성의 총면적은 80.6만 ㎢. 남한의 8배 크기를 자랑한다. 이 가운데 랴오닝성 다롄부터 창춘과 하얼빈으로 이어지는 평원은 동북평원으로 중국 내 4대 평원 가운데 가장 넓은 경작지를 보유하고 있는 들판이라는 평가를 받는다.

특히 헤이룽장성은 중국에서도 토지자원의 대성(大省)으로 꼽힌다. '북대황(北大荒)'이라 부르는 광대한 평원지대는 흑토가 비옥하여 농경지로 개간될 수 있는 잠재력이 크다. 절반 가까운 경작지가 1950년대 이후에 개발됐다.

만주벌판의 대표적인 작물은 옥수수. 여름이면 온통 푸른 옥수수로 뒤덮인다. 4월에 만주벌판을 달린 관계로 그 장관을 보지 못한 게 못내 아쉽다. 중국은 전 세계 옥수수의 절반가량을 생산하고, 동북평원이 중국 내 생산량의 70~80%를 차지한다. 결국 세계 생산량의 40% 가까이가 나오는 셈이다. 옥수수는 식용·가축 사료·에탄올 원료 등으로 쓰인다.

동북 3성이 자랑하는 자원은 석유·석탄·목재. 석유는 따칭(大慶)과 판진(盤錦) 등에서 나온다. 따칭이라는 이름은 석유가 생산돼 크게 경사롭다는 의미에서 이름이 붙여진 것. 실제로 취재팀이 판진의 가오셩요우취(高昇油區)로 불리는 곳을 찾았더니 중국 국영 기업인 중국석유(페트로차이나)가 원유를 뽑아내고 있었다. 멀리서 바라보면 허허벌판 공터로 보

랴오닝성 판진 고승촌의 유전지구.

이지만 자세히 들여다보면 시추하는 기계장비가 50여 개도 넘게 아래위로 움직이는 모습이 보였다. 가오셩요우취가 있는 랴오허강(遼河) 유전은 중국 3대 석유가스 유전으로, 석유와 천연가스 매장량이 중국에서 각각 15%와 10%를 차지한다.

그밖에 동북 3성이 자랑하는 자원은 삼림이다. 백두산으로 중심으로 따씽안링, 샤오씽안링지역은 울창한 삼림을 형성하고 있으며, 다양한 임산자원의 공급지로 자리매김하고 있다.

잃어버린 땅, 만주

선양에서 진저우로 가는 길에 만나는 강이 랴오허(遼河)다. 봄철로 비가 거의 없는 계절 탓인지 물은 많지 않다. 이처럼 크지 않은 랴오허지만 한국 역사에서 차지하는 의미는 크다. 한민족이 활동했던 요동지방을 말할 때 랴오허를 기준으로 하기 때문이다.

민족사학자인 신채호, 최남선, 안재홍, 정인보 등은 단군왕검이 건국한 고조선이 요동지방에 존재했다고 강조한다. 실제로 청동기 시대 고조선의 유물인 비파형 동검, 적석총, 고인돌, 다뉴세문경, 미송리형 토기 등이 요서·요동 등에서 광범위하게 발굴되고 있다. 한나라 무제가 위만조선을 세웠다는 한사군(낙랑·임둔·현도·진번) 등도 요동에 위치했다는 설이 설득력을 얻고 있다.

최근 역사·고고학계에서 관심을 끄는 사항은 네이멍구와 랴오닝성 접경에서 발견되는 홍산문화다. 홍산문화란 기원전 4500~3000년에 존재한 것으로 파악되고 있으며, 이 문화가 한민족과 연결된다는 것이다. 특히 랴오허 일대 유물인 빗살무늬 토기, 세석기, 적석총, 석관묘, 비파형 동검, 고인돌 등은 중국 본류인 중원과는 전혀 상관없이 만주와 한반도에서만 나타나고 있다.

랴오허가 흐르는 동북 3성은 한국 역사에서 고구려가 활동했던 무대다. 지린성에는 광개토대왕비와 고구려 유적이 많다. 광개토대왕비에는 고구려 건국신화와 동명성왕 내용, 광개토대왕의 정벌 내용 등이 담겨 있다. 랴오닝성의 오녀산성은 고구려 발원지인 졸본성으로 추정된다. 헤이룽장성 닝안시에는 발해의 수도였던 상경용천부의 왕궁 터 유적이 남아 있다.

한편 랴오닝성을 다니다 보면 만주족 마을을 자주 만나게 된다. 만주족(옛 여진족)은 지붕을 평평하게 만들기 때문에 쉽게 눈에 띈다. 그들은 청나라를 세워 중국을 270년가량 지배했다. 하지만 지금은 1,068만 명(2000년 기준)이 동북 3성을 중심으로 살고 있다. 개고기를 먹지 않는 풍습을 갖고 있는 그들은 민족 고유의 만주어를 잃은 채 거의 중국어를 사용하고 있다. 만주어는 현재 20여 명의 만주족 노인들만 사용하는 것으로 알려져 있다. 언어는 민족의 정체성을 보여주는 중요한 지표임을 감안하면, 만주족도 화려했던 역사의 뒤안길에 사라질 날이 얼마 남지 않았음을 느끼게 하는 대목이다.

시타제, 선양의 코리아타운

선양(瀋陽)에는 코리아타운으로 불리는 '시타제(西塔街)'가 있다. 선양은 과거 동서남북 방향에 탑이 하나씩 있었다. 그 가운데 '서쪽에 있는 탑의 거리'라는 뜻을 그대로 가져와 서탑가라는 이름이 붙었다. 이곳은 일제시대 독립 지사의 부인들이 가게를 열어 독립운동 자금을 지원했던 뜻 깊은 곳이기도 하다. 네온사인 불빛이 하나 둘 밤거리를 밝히는 저녁 7시께 가장 큰 변화가 중 하나인 시타제에도 어둠을 배경 삼아 간판들이 서

선양의 코리아타운 시타제.

서히 모습을 드러낸다. 전문 빵집 프랜차이즈, 신초원정, 한국요리, 화로구이, 매일슈퍼, 배달가능…. 익숙한 한국어 간판이다.

시타제에 위치한 가게 대부분이 조선족이 운영하는 상점이나 음식점, 호텔, 의류점 등이다. 이곳에는 조선족이 다니는 학교, 병원, 은행, 교회 등이 밀집해 있다.

한 식당에서는 불고기, 김치찌개에서 홍어까지 다양한 한국 음식을 팔고 있다. 가게에서는 아이유의 노래가 흘러나올 정도로 최신 유행을 따르고 있다.

한 교민은 "선양은 4월부터 10월까지 야외운동이 가능하고 그 뒤부터는 영하 20도 밑으로 떨어지는 추위 탓에 실내에서 운동할 수 있는 스크린골프장이 인기"라고 귀띔했다. 선양의 한국인 교민 수는 유학생 2,000

여 명을 포함해 대략 3만 5,000명으로 추정된다. 이 중 1만 5,000명이 시타제 인근에 거주하는 것으로 파악된다.

시타제는 20만여 ㎡로 중국에서 가장 오래된 코리아타운 중 하나지만 건물들이 대부분 노후해 이전부터 재개발 필요성이 제기돼 온 곳이다.

시타제 주변에서 지난 2년간 근무하고 있는 한국 주재원은 "시타제에도 재건축 사업이 추진될 전망이라는 기대감이 한때 불었지만 아직까지 본격적인 움직임은 적어 보인다"고 전했다. 당초 시타제가 위치한 허핑구(和平區) 정부는 2010년 홍콩 부동산 개발업자와 함께 '시타제 개조 프로젝트' 의향서를 조인했다고 밝힌 바 있다. 실제로 선양시와 허핑구 정부는 2011년 초 10억 위안의 원주민 이주비를 책정했으며 2011년 하반기부터 이주와 철거 작업에 착수할 계획이다.

시타제 재개발의 1차 개발지역은 옌벤(延邊)가와 난징(南京)가 등 시타 동쪽 일대 약 6만 9,000㎡ 규모. 한인타운이 재개발되면 5성급 호텔, 오피스텔, 대형 쇼핑몰을 비롯해 유치원 등 주민 생활을 위한 각종 시설들이 들어설 것이란 전망이 나온 바 있다.

하지만 대부분 노후한 건물 사이에 각종 가게들이 즐비하고 이해관계가 많이 얽혀 있어 실제 실행까지는 적지 않은 진통이 뒤따를 것이라는 얘기도 나온다.

한편 동북 3성에 터전을 잡고 살던 우리 민족(조선족)은 갈수록 숫자가 줄어 안타까움을 더하고 있다. 예컨대 하얼빈에서 남동쪽으로 110㎞가량 떨어진 우창(五常) 조선족민락향은 한때 1,400가구가 모여 살던 대표적인 조선족 마을인데 지금은 200가구 정도만 남아 있다. 조선족들이 돈을 벌기 위해 한국으로 떠나면서 5,700여 명이던 주민이 500명 이하로 줄었다.

하얼빈에서 20㎞ 떨어진 아청(阿城)구의 조선족 마을 홍신춘(紅新村)도 등록 인구 1,500여 명 가운데 남아있는 주민은 200여 명으로, 한국으로 간 이들이 900여 명에 이른다고 한다.

국제농업개발원 보고서에 따르면 1992년 한·중 수교 당시 중국 동북 3성의 조선족 인구는 192만 5,000명에 달하고 35가구 이상의 마을도 2,678개나 존재했다. 그러나 18년 뒤인 2010년 등록 인구는 160만 1,000명인 반면 실제 거주 인구는 85만 1,000명으로 크게 감소했다. 최대 조선족 공동체인 연변조선족자치주에 등록된 1,470여 개 소규모 마을은 서류상에만 존재하는 것으로 조사되는 등 조선족 사회가 해체 위기에 직면해 있다. 사람이 떠나면서 만주벌판을 영원히 잃어버릴 가능성이 더욱 높아지고 있다.

황사는 1년에 두 번 분다

랴오닝성 바로 북쪽에 위치한 네이멍구(내몽고)자치구는 면적이 118.3만 ㎢로 중국 내 최대 천연목장이다. 동시에 봄철이면 한반도를 엄습하며 사람들을 짜증나게 하는 황사의 본고장이기도 하다. 그렇다면 네이멍구 사람들은 황사를 어떻게 받아들일까?

"황사는 1년에 두 번 찾아온다. 다만 한 차례 올 때마다 6개월씩 불어댄다." 결국 1년 내내 황사의 영향권에 놓여 있다는 얘기다.

실제로 네이멍구 동쪽에 위치한 선양의 하늘은 현지 주민들이 맑은 날씨라고 했는데도 여전히 칙칙했다. 선양을 떠나 남서쪽 진저우(錦州)를 가는 고속도로에서도 황사는 여전히 기승을 부린다. 황사를 동반한 강한 바람이 내내 불어대면서 하늘은 오후 2시에도 햇빛 없이 뿌옇게 흐려 있다. 목이 금세 칼칼해지고 귓속까지 미세한 먼지와 모래가 채워지는 듯해 답답했다. 손톱 밑이 쉬이 까맣게 변하고 코도 자주 막히는 느낌은 좀처럼 가셔지지 않는다. 강한 바람을 맞다보니 눈도 뻑뻑해져 피로감이 들었다. 차량 가시거리도 그다지 길지 못했다.

흩날리는 먼지 속에서 이방인들의 눈에 띈 것은 황사를 피하기 위한 사람들의 기상천외한 아이디어. 한 아주머니는 벌에 쏘이지 않으려는 양봉업자처럼 얇은 노란 머플러로 얼굴 전체를 휘감은채 길을 재촉하고 있다. 아기에게 마스크를 씌우고 자신도 선글라스를 쓴 어머니는 스쿠터로 발길을 재촉한다.

중국 북방지역에서는 늘 황사가 곁에 있다. 특히 건조한 3~5월이면 황사를 몰고 오는 강풍이 사람들을 괴롭힌다. 이때를 '큰 바람이 부는 계절'이라는 의미로 '과다펑지제(刮大風季節)'라고 한다.

2011년의 경우 3월 12일 처음으로 중국 북부에 황사바람으로 인한 피해가 관찰됐다. 신장(新疆)과 네이멍구(內蒙古) 등지에는 중앙기상대가 황사 남색경보를 발령하기도 했다. 황사와 뒤섞인 강풍 탓에 4월인데도

선양에서 베이징을 갈 때 만난 황사의 모습.

랴오닝(遼寧)성 선양(瀋陽)은 일교차가 20도 이상 나면서 주민들이 외출에 어려움을 겪는 일도 벌어졌다.

해마다 지독했지만 2011년에 특히 황사가 심해진 원인은 2010년 극심했던 중국의 겨울 가뭄 때문으로 분석된다. 여기에 무리한 개간과 방목까지 겹치다보니 초원은 황폐화됐다. 한국에 있어서도 중국 황사는 결코 남의 일이 아니다. 예컨대 한국에 부는 황사의 69%는 네이멍구의 고비·쿠부치사막에서, 21%는 동북 3성에서, 나머지 10%는 황토고원에서 발생한다. 특히 동북 3성에서 불어오는 황사는 한국까지의 거리가 불과 500~1,000㎞에 불과해 6~12시간이면 우리나라에 상륙한다. 황사가 한 번 발생하면 동아시아 상공에 떠도는 미세먼지 규모는 100만 t 안팎에 이른다. 한반도에는 이 가운데 5~8%가 쌓이는 것으로 추산된다. 한·중·

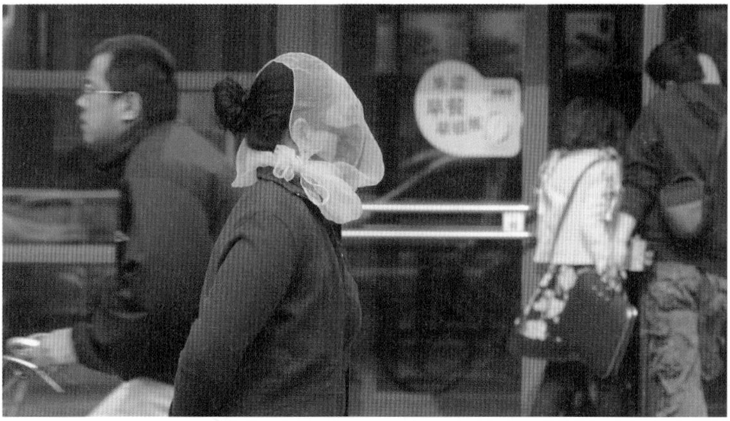

황사를 피하기 위해 안면 마스크를 쓴 중국의 중년 여성.

일로 얘기되는 동아시아는 황사라는 자연현상으로 단단히 연결돼 있는 셈이다.

우리는 앞으로 봄마다 어김없이 황사소식을 듣게 될 전망이다. 중국에서 여전히 사막화 위협이 계속되고 있기 때문이다. 실제로 중국의 건조한 북부지역 몽고사막은 빠른 속도로 선양을 향해 확대되고 있으며, 선양과 사막 사이의 거리는 2000년 100㎞에서 지금은 50㎞ 내외로 가까워졌다는 평가가 나오고 있다. 매년 1,500㎢(4억 5,000만 평)이 사막화되고 있다는 통계도 있다.

중국 당국도 현재 사막화 지역을 복구하는 데 300년이 걸릴 것이란 조사를 발표한 바 있다. 중국 임업국 주례커(祝列克) 부국장은 2011년 초 열린 사막화 방지 행사에서 “중국에는 2011년 173만 ㎢의 사막화 지역이 있고 복구 속도에 비춰보면 약 300년은 소요될 것"이라고 밝혔다. 2011년 중국의 사막화 지역은 전체 국토 면적의 18%이며 남한 면적의 17배다.

중국은 이와 관련 다양한 사막화 방지대책을 펼치고 있다. 북방 보호림 체제공사, 전국 사막화방지공사, 경작지역을 임야로 바꾸는 공사 등이 그것이다. 대상 면적도 중국 전체면적의 42%인 406만 ㎢에 달한다.

지역매체인 랴오션 완보는 2011년 4월 14일 지면보도를 통해 "랴오닝성의 10분의 1면적이 5년 내로 초록빛을 되찾게 될 것(返青)"이라고 설명했다. 랴오닝성 조림연구소 측은 "추위를 이기고 생산을 풍부히 하고 가뭄을 견뎌내는 것이 숲을 조성함으로써 가능해진다"고 덧붙였다.

황사를 막아보려는 중국 정부가 택한 수단 중 하나는 인공강우다. 황사도 어느 정도 잦아들게 만들 수 있고 황사의 원인으로 지적되는 가뭄해갈에도 도움이 된다는 이유에서다. 실제로 중국 내 최근 강수량 가운데 인공강우 비중은 16~17%로 집계되고 있다. 인공강우는 대기 중의 습기가 뭉쳐 눈과 비로 형성되도록 촉매제를 살포하는 방식이다.

하지만 지구온난화로 인한 이상기후와 극심한 가뭄의 연속 등은 중국 당국의 노력을 수포로 돌아가게 만들 수 있다. 바짝 마른대지에 조림사업을 하더라도 좋은 결과를 얻어내기 어려운 탓이다. 한편 황사가 가져온 중국인들의 생활상 변화의 하나로 공조제품의 인기를 들 수 있다. 중국인들이 웰빙과 건강에 대한 관심을 높이면서 황사를 막아주고 청정한 실내공기를 유지해준다는 공조제품 구입에 주저하지 않고 있기 때문이다.

기가 막혀!

그릇도, 냅킨도 돈을 받다니

중국 현지 식당을 갈 때마다 의문점이 들 때가 있다. 식사비 청구서에 잡다한 항목으로 요금이 붙어 있는 것. 자세히 보니 그릇과 냅킨 값이다. 한국에서는 식사용 그릇에 돈을 받지 않는데 중국에서는 1위안씩 사람 숫자대로 수저와 찻잔, 접시에 돈을 매긴다. 그릇은 모두 비닐로 포장이 된 채 나온다. 청결공사라는 곳들에서 그릇 1세트를 미리 포장해 음식점에 이를 납품하고 음식점은 이것을 사와 손님들에게 제공하기 때문으로 보인다. 그래도 먹는 사람은 여전히 그 돈이 아깝다. 식사를 마치고 입을 닦는 데 쓰는 냅킨도 1~2원씩 돈을 내야 한다. 처음에 "찬진즈(식사용 냅킨)"란 중국어를 써먹으려고 말하니 종업원이 얼른 갖다줘서 좋아했지만, 나중에 알고 보니 이것도 돈을 내야 해서 약간 배신감이 들기도 했다. 하기야 14억 명에 육박하는 중국인이 모두 공짜로 주는 냅킨을 팍팍 써버린다면 얼마나 많은 나무를 잘라내야 할까?

중국 구문구장성 인근의 허름한 식당에서 점심 식사를 하는 취재팀.

• 선양고궁 •

선양고궁은 랴오닝성 성도(省都)인 선양에 있는 청나라 때의 고궁(故宮)이다. 청나라 초대 황제인 누르하치(奴兒哈赤)와 2대 황제 태종(太宗)이 지은 궁궐로 1625년에 착공해서 병자호란이 일어났던 1636년 완공됐다(이곳에서 조선 침략을 지시했다는 것을 느끼니, 마냥 즐거운 기분만 드는 것은 아니다).

고궁 면적은 약 6만 ㎡다. 72만 ㎡인 자금성(紫禁城)에 비하면 규모가 12분의 1 수준이다. 자금성과 비교해 크기도 작고 인파도 한산하다. 그 덕분인지 오히려 아늑한 분위기마저 느껴진다.

황궁으로 건립된 곳이지만 청나라가 중국 본토를 점령하면서 3대 황제 성종(成宗) 때 베이징으로 천도한 뒤로는 황제가 둥베이(東北) 지역을 순회할 때 잠시 머무는 곳으로 사용됐다. 1644년 순치제 때 베이징으로 천도한 후에는 봉천행궁으로 불렸다. 이곳은 1955년 선양고궁박물관(瀋陽故宮博物館)이 됐고, 2004년 베이징 고궁박물원에 포함돼 유네스코의 세계문화유산으로 등재되기도 했다.

궁전 내부는 크게 동로(東路), 중로(中路), 서로(西路)로 나뉜다. 크기는 작지만 90채의 건물과 20개의 정원 등으로 알차게 속이 차 있다.

동로에는 황제와 신하들이 정사를 논의하던 대정전(大政殿)이 있다. 특히 대정전 앞으로는 조그마한 전각들이 양 옆으로 줄지어 서 있

청나라가 베이징으로 수도를 옮기기 전에 왕궁으로 사용한 선양고궁.

는데, 이는 과거 만주족 내 각 부족들을 의미한다. 중로에는 선양고궁의 정문인 대청문을 비롯해서 숭정전(崇政殿), 봉황루(鳳凰樓), 청녕궁(淸寧宮), 동소(東所), 서소(西所), 태묘(太廟) 등이 있다.

서소에는 중국 백과사전의 일종인 사고전서(四庫全書)가 소장된 문소각(文溯閣)이 있다. 선양고궁은 전통과 규칙을 중시하는 한족(漢族)의 건축물과는 달라서 북방 기마민족으로 자유분방한 만주족(滿洲族)의 특성이 함께 반영돼 있다.

Asian Highway

03 중국 정치와 베이다이허

베이다이허는 여름 베이징

베이다이허(北戴河)는 베이징에서 동쪽으로 280㎞ 떨어진 보하이만에 접한 휴양지다. 세계적인 관조지(觀鳥地)이자 철새보호구역이기도 하다. 도시명은 다이허(戴河) 북쪽에 위치한다는 뜻이며, 남쪽은 난다이허다. 베이다이허의 70%는 삼림에 덮여 있고 여름 평균기온은 24.5도 정도다. 연간 600만 명이 넘는 관광객이 찾는다.

친황다오에서 허베이다제(河北大街)를 따라 베이다이허로 들어서니 러시아어, 영어, 일본어 등으로 쓰인 간판들이 눈에 뜨인다. 청나라 말기 열강들이 번갈아 베이다이허를 차지하면서 자연스럽게 외국 문화들이 녹아든 결과다. 당시 베이징과 텐진의 서양 선교사나 무역상들이 여기서 피서를 즐겼다고 한다.

해변으로 나서니 다소 쌀쌀한 바닷바람에도 불구하고 많은 사람들

중국의 '여름 베이징'이라 불리는 베이다이허를 알려주는 표석.

이 산책을 즐기고 있다. 해변을 따라 동쪽으로 걸어가니 외교인원빈관(Guest House for Diplomatic Missions)이라는 푯말이 보였다. 조금 더 가니 큰 바위에 붉은 글씨로 '북대하(北戴河)'라고 쓰여 있다. 글자 크기가 1m는 족히 넘는 듯하다.

바위 뒤 소나무에 조그마한 푯말이 붙어 있어 살펴보니 국가명목(國家名木) 유송(油松)이라고 적혀 있다(유송이 잣나무임을 나중에야 알았다). 숲 뒤로는 중국 고위 간부들의 수련원이나 별장 등으로 보이는 2~3층 집들이 외부인의 접근을 차단한 채 운치 있게 세워져 있다. 지나가는 시민에게 물으니 7~8월께 베이다이허에서 공산당 주요 지도자들이 회의를 할 때는 변방대라고 하는 국가기관에서 비상계엄령을 연상시키듯 그 일대 도로 약 2㎞를 통제한다고 설명했다.

흔히 중국의 중요한 정책은 베이다이허에서 결정된다고 한다. 5년마다 열리는 공산당 전국대표대회를 앞두고 지도부 개편이 소리 없이 이뤄지는 곳도 여기다. 그래서 이곳은 '여름 베이징'이란 별명이 붙었다.

주요 정책과 인사를 결정하는 치열한 권력투쟁의 공간이지만 그런 압박감 속에서도 휴식을 잊지 않는다는 발상이 재미있다. 마오쩌둥과 덩샤오핑 등 중국 최고지도자들은 말년에 자신이 건강하며, 정치적으로도 건재하다는 것을 과시하려고 베이다이허에서 수영을 했다는 이야기도 전해진다.

베이다이허 회의는 거의 비밀리에 진행된다. 당과 정부, 군사 최고지도자들이 1953년부터 이곳에서 국가 중대사를 결정했다. 회의는 이변이 없는 한 거의 매년 7~8월에 열렸다.

통상 베이다이허 회의라 불리는 비공식 회의 시작은 1958년 8월에 열린 회의로 거슬러 올라간다. 당시 마오쩌둥 주석과 저우언라이 총리는 베이다이허에서 공산당 중앙정치국 확대회의를 열어 대약진운동을 전면적으로 실시할 것을 결정한다. 농촌에 인민공사(人民公社)를 설립하는 것도 이 당시 결의됐다.

1990년 덩샤오핑 주석이 보수파의 저항을 이겨내고 개혁·개방 정책의 기반을 다진 곳도 베이다이허 회의다. 1996년 대만과의 평화통일도 베이다이허에서 결정됐다. 대만을 무력이 아닌 평화적인 방식으로 통일하며 이를 위해 양안 대화를 견지해 나가자는 중대 결정이다. 양안 긴장 국면도 베이다이허에서는 변화를 맞게 된 것이다.

하지만 2003년 여름 사스(SARS, 중증급성호흡기증후군)가 창궐했을 때 베이다이허 회의는 일시 중단됐다. 인민의 고통을 배려하고 경비를 절감한다는 이유에서였지만 공산당 원로들의 간섭을 배제하려는 후진타오 주석의 속내도 깔려 있었던 것으로 알려졌다. 2004년 장쩌민 전 주석이 후진타오 주석에게 권력을 이양하고 은퇴를 결심했던 곳도 베이다이허다.

따라서 매년 7~8월만 되면 베이다이허에는 언론의 이목이 쏠린다. 베이다이허 회의에서는 권력 서열 1~9위인 공산당 정치국 상무위원들이 참여해 의견을 조율한다. 중국 권력체제의 최대 특징은 집단지도체제다. 따라서 제아무리 주석이라 할지라도 안건을 일방적으로 결정하지 못한다. 대통령제 등과는 달리 국민에게 선출 받지 못한 권력이므로 내부적 조율이 더더욱 무게를 갖는다.

2011년 9명인 당 중앙정치국 상무위원은 동일하게 국가지도자 대우를 받는다. 권력 서열은 1위 후진타오 당 중앙위원회 총서기부터 9위 저우융캉 중앙정법위원회 서기까지 구분돼 있지만 정책이나 인사를 위해 토론하거나 표결할 때는 1인 1표씩 동등한 권리를 행사한다. 물론 배후의 권력에서는 서열에 따라 큰 차이가 난다. 그렇다고 베이다이허에서 모든 안건을 표결로 결정한다는 것은 아니다. 그보다는 이야기하며 어떤 주제에 대한 대략적인 결론을 내리는 과정이라고 보면 된다.

베이다이허 회의 결정 사항은 10월 열리는 공산당 중앙위원회 전체회의에서 중국 공산당 이념으로 굳어진다. 다만 2003년 이후 후진타오 주석과 원자바오 총리가 서민과의 위화감 조성 등을 이유로 때로는 회의를 열지 않아, 정례적이었던 회의가 점차 퇴색되어 가는 분위기도 감지되고 있다.

중국의 정책 결정

중국의 주요 정책은 연중 네 차례의 주요 회의를 통해 결정된다. 워낙 중요한 회의인 만큼 그 전후에는 주요 인사 면담도 쉽지 않다.

첫 번째는 매년 3월 초에 열리는 중국 전국인민대표회의(전인대·정기 국회 성격)다. 주요 법률 제·개정, 연도별 구체적인 경제·재정 운용 계획, 주요 부처 업무계획 승인 등이 이뤄진다. 전인대가 없을 때는 전인대 상무위원회가 수시로 열려 주요 사안을 심의한다. 전국정치협상회의와 겹치므로 흔히 '양회(兩會)'로 불린다.

두 번째 주요 회의는 베이다이허 회의다. 법률상 공식회의는 아니며, 10월에 열리는 공산당 중앙위 전체회의 의제를 사전에 조율한다.

하지만 공산당 내 권력투쟁의 결과물인 정치와 인사 등 핵심 의제가 사실상 결정된다는 측면에서 가장 중요하다고 볼 수 있다. 특히 2012년 10월 중국공산당 18기 1중전회에서 5세대 지도부가 구성될 예정으로 2012년 베이다이허 회의는 세계 각국의 지대한 관심을 불러모을 것으로 예상된다. 5세대 지도부란 문화대혁명 이후 대학에 입학했고 개혁·개방을 경험한 지도자를 말한다.

세 번째로 10월 중순에 열리는 공산당 중앙위원회 전체회의는 정치·경제 방향과 지도부 인사를 결정하는 공산당 최대 연례행사다. 경제 분야는 5개년 규획, 연도별 경제 운용계획 등이 개략적으로 논의된다. 2010년에는 포용적 성장과 빈부 격차 축소 등이 논의됐고, 2011년 3월 양회에서 최종적으로 결정됐다.

네 번째로 12월 초 열리는 중앙경제공작회의에서는 당·정·의회 지도자가 참석해 당해연도 경제 성과를 평가하고 다음해 경제를 전망하며 거시경제 정책의 대강을 결정하게 된다.

탕산 대지진

전 세계를 놀라게 한 '일본 대지진'을 생각하며 탕산(唐山)을 찾았다. 베이징 인근의 공업도시 탕산은 35년 전 비극의 참혹한 현장이었기 때문이다.

시간은 1976년 7월 28일 수요일 오전 3시 42분 56초로 모두 잠든 상태였다. 그때 규모 7.8의 강진이 23초간 덮치면서 24만 2,419명의 목숨을 앗아갔다. 진앙이 탕산 시내 한복판인 지샹로(吉祥路) 일대였고 아무도 피할 수 없는 한밤중이었기에 피해는 엄청났다. 건물 손실률이 무려 94.6%에 달했다. 찌는 듯한 무더위 속에서 도시는 먼지와 악취로 뒤덮였다.

번성했던 탕산은 지진으로 모든 걸 잃는다. 마치 로마제국의 폼페이가 화산 폭발로 한순간에 잿더미에 묻힌 것처럼. 24만여 명의 사망자 외에 중상자가 16만여 명에 달했고, 완파된 가옥도 7,000여 채에 이르렀다.

당시의 비극을 영원히 간직하기 위해 지진 현장 위에 세운 탕산지진 기념관에 가보면 그때의 아픔을 그대로 느끼게 된다. 영원히 보지 못한 두 장의 영화표도 이 박물관에 있다. 정문에 들어섰더니 '1978년 7월 28일 3

1976년 발생한 탕산 대지진의 처참함을 보여주는 무너진 건물.

시 42분'이라고 쓰인 상징물이 눈길을 끌었다. 15m가량의 대형 비석에는 2880명의 사망자 이름이 새겨져 있으며, 그런 비석이 12개나 줄지어 서 있었다.

이름이 잘못 표기된 비석에 사람들이 붓글씨로 정성스럽게 이름을 고친 흔적이 보였다. 아기를 잃은 부모는 앳된 얼굴을 한 아기 흑백사진을 옆에 붙여 놓았다. 아내와 5명의 자녀를 잃은 할아버지는 지금도 잊히지 않는 이름을 적어 국화꽃과 함께 놓았다.

비석 한편에는 골조만 남은 건물 흔적이 보인다. 길이 150m, 너비 18m, 높이 15.61m 크기의 공장이었는데 당시 지진을 잊지 않기 위해 무너진 그대로 놓아둔다는 설명이 붙어 있었다.

그러나 탕산인들은 커다란 슬픔을 딛고 지진에서 일어서기 시작했다. 지진 나흘 뒤인 8월 1일부터 차가 다시 다니기 시작했다. 8월 4일엔 가게

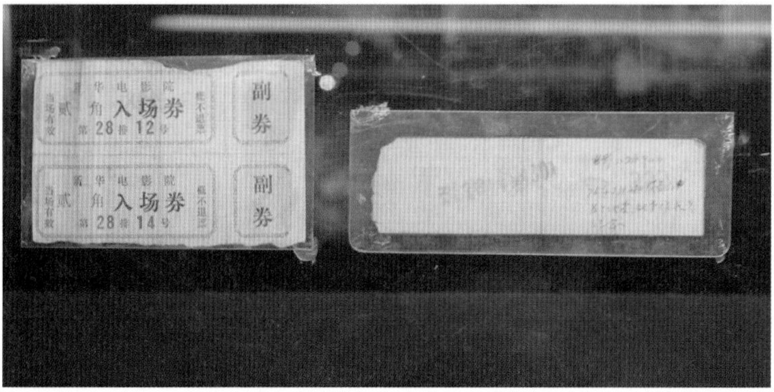

탕산 대지진이 일어난 날짜의 영화표. 새벽에 발생한 지진으로 영원히 사용할 수 없는 슬픔을 간직하고 있다.

들이 문을 열었고 탕산노동일보도 복간됐다. 8월 12일에는 우편과 통신이 복구되고 9월 초부터는 아이들도 학교에 다니게 됐다.

중국 정부는 탕산 재건을 위해 총 43억 위안을 들여 1979년부터 1,800만 ㎡에 달하는 일대의 중건 작업에 들어갔다. 1975년 탕산 지역 생산액은 21억 6,000위안에서 1976년 17억9,700위안으로 떨어졌다. 그 뒤 10년이 지난 1986년 67억 4,400위안, 1996년 607억 2,800위안, 2006년 2,362억 1,400위안으로 급속히 발전했다.

지금의 탕산시는 2016년 중국 전체 원예박람회를 유치할 만큼 성장했다. 둥펑기아차, 물자유한공사, 현대굴삭기가 이곳에 들어왔다.

기가 막혀!

잘못된 한국어 표기

'올라가지 마시오'를 '상승하지'로 표기해 놓은 중국 악양루의 담장.

중국에 가면 한글이 타국에서 고생을 하는 모습을 쉽게 찾을 수 있다. 탕산지진기념관에 들렀을 때 여성의 흰 티셔츠 목 뒤에 '송성훈 꼬마'라는 글자가 쓰여 있었다. 그 뜻이 무엇인지 알고 쓰는 건지. 잠시 후 지나가는 아기의 티셔츠를 보니 '자지껄왁'이라고 적혀 있는 게 아닌가. 왁자지껄의 순서를 잘못 기입한 것으로 짐작은 했지만, 점잖치 못한 표현이라서 쓴 웃음만 나왔다. '호텔에서 미끄러우니 조심하시오'라는 문구에는 '방활 조심하세요'라고 되어 있었는데, 무슨 말인지 도통 알 수가 없다. 전혀 의미를 알 수 없는 '차가운 음악학교'라는 광고판도 있었다.

후난성 동정호에 있는 악양루를 올라가는 길에 있는 한국어 간판이 있어 무척 반가웠다. 그런데 그 간판에 정체불명의 단어가 적혀있다. '상승하지'라고 되어 있다. 마치 일 보고 뒤를 안 닦은 듯한 기분이 든다. 원래는 중국어로 '올라가지 마시오(請勿攀登)'라고 된 것을 해석하려다가 잘못 기재한 듯하다. 그렇지 않아도 중국어를 듣느라고 머리가 아픈데, 설상가상격이다.

· 산해관 ·

'아시안하이웨이 1번 도로(AH 1)'가 중국 랴오닝성을 벗어나 허베이성으로 들어갈 때 처음 만나는 곳이 산하이관(山海關)이다. 만리장성의 시작이자 첫 관문으로 베이징과 동북 3성을 연결하는 요서회랑의 요충지에 있다. 북쪽으로 옌산(燕山), 남쪽으로 보하이(渤海)를 바라본다고 해서 산과 바다의 관문이란 이름을 갖게 됐다. 수(隋)나라 때는 임유관이라고 불렸다. 산하이관에서 남쪽으로 4㎞가 되는 곳이 난하이커우관(南海口關). 난하이커우관은 용의 머리를 닮았다고 해서 라오롱토우(老龍頭)라는 별명도 있다.

《열하일기》의 '일신수필'편에 보면 연암 박지원이 산해관을 묘사한 글이 있다.

"산해관은 옛날의 유관인데 왕응린(송나라 학자)의 '지리통석'에 보면 '우의 하양, 조의 상당, 위의 안읍, 연의 유관, 오의 서릉, 촉의 한락은 모두 그 지세로 봐서도 꼭 웅거해야 하고 그 성으로 보더라도 꼭 지켜야 한다'고 쓰여 있다. 명의 홍무 17년(1384년)에 대장군 서달이 유관을 이곳에 옮겨 다섯 겹의 성을 쌓고 이름을 산해관이라 하였다. 태항산(太行山)이 북으로 달려가 의무려산이 되었는데, 순이 열두 산을 봉할 때 유주의 진산으로 삼았다. 그 산이 중국의 동북을 가로막아 중국과 외국의 경계가 되었으며 관에 이르러서는 크게 잘려서 평지가 되어 앞으로 요동

벌을 바라보고 오른쪽으로 창해를 낀 듯하다. 봉우리마다 돈대가 있고 평지에 들어와서 관을 둔 것이다. 장성을 따라 다시 15리를 가서 남으로 바다에 들어서 쇠를 녹여 터를 닦아 성을 쌓고는 그 위에 삼첨 큰 다락을 세워서 망해정(望海亭)이라 하니 모두 서중산(서달)이 지은 것이다. 이 관의 첫째 관은 옹성(甕城)이어서 다락이 없고, 옹성의 남·북·동을 뚫어서 문을 내고 쇠로 만든 문위의 홍예(虹霓) 이마에는 '위진화이(威振華夷)'라 새겼고, 둘째 관에는 4층의 적루(敵樓)로 되었는데 홍예 이마에 '산해관'이라 새겼고, 셋째 관은 삼청 높은 다락에다 '천하제일관'이라는 현판을 붙였다. 십자가에 성을 둘렀는데 사면에 둥근 문을 내고, 그 위에 삼첨 높은 다락을 세웠으며, '상애부상'이란 현판을 붙였으니 옹정황제의 글씨다. (중략) 서중산이 이 관을 쌓아 되를 막고자 하였으나, 오삼계는 관문을 열고서 적을 맞아들이기에 급급하였다."

산하이관 대표 지점은 앞서 언급된 천하제일관(天下第一關)이다. 30m가량의 두께를 자랑하는 성문 위에서 장엄한 위용을 자랑한다. '천하제일관'의 영문으로 'First Pass Under The Heaven(하늘 아래 가장 처음 지나게 되는 곳)'이라고 쓰여진 것이 이채롭다.

중국에서 산하이관을 쌓은 이유는 과거 북방민족이던 거란·여진·몽고 등의 침입을 막기 위해서였다. 군사적 요충지다 보니 예로부터 줄곧 싸움터가 돼왔다. 598년 고구려 영양왕 때의 장군 강이식이 수나라 문제의 오만한 국서에 반발해 공격했던 임유관 전투의 배경이기도 하다. 현재의

산해관을 상징하는 천하제일관.

위치에 산하이관이 자리 잡게 된 것은 중국 명대(明代)인 1381년이다.

산하이관을 역사상 유명하게 만든 사건은 명나라 말(末) 이자성과 오삼계(吳三桂) 사이에서 생겨났다. 명나라 장수였던 오삼계는 만주족 누르하치가 건국한 후금(나중에 청나라)의 침입을 방어하며 산하이관을 난공불락의 요새로 지켜오고 있었다.

하지만 1644년 농민반란군으로 명을 멸망시킨 이자성(李自成)이 베이징을 함락하자 오삼계는 청나라에 협조한다. 베이징에 있던 자신의 애첩을 빼앗긴 원한(?)을 갚기 위해서였다는 얘기가 전해진다. 덕분에 청나라는 베이징을 차지하고 중국의 주인이 되며, 청나라 군대의 길잡이가 된 오삼계는 그 공으로 번왕에 봉해진다.

번은 청나라의 울타리를 의미하며 광둥의 상가희(尙可喜), 푸저우(福州)의 경중명(耿仲明)과 함께 삼번(三藩)이라 불렸다. 오삼계는

1659년 윈난성(雲南城)을 점령하고 막강한 군사력을 무기 삼아 광산개발, 무역 등으로 재산을 모은다. 하지만 그를 눈엣가시로 여긴 강희제가 한족을 탄압하는 정책을 실시하자, 오삼계는 운남에 명나라를 다시 건국한다는 명분을 세워 반란를 일으킨다. 다른 삼번 멤버인 상가희의 아들 상지신(尙之信)과 경중명의 손자 경정충(耿精忠)도 오삼계의 반란에 가담해 소위 삼번의 난이 일어났다. 하지만 같은 해 오삼계는 병사했고 그의 손자가 뒤를 이어 싸움을 이어갔지만 청군에 포위돼 자살하면서 비극적인 역사는 막을 내린다.

조선시대 실학자 홍대용은 나중에 산하이관을 보고는 "성을 쌓은 것이 아니라 원망을 쌓았다"고 평가했다. 그 뒤 시간은 흘러 1933년 일본 관동군이 산하이관을 점령해 베이징 공략의 길이 열리기도 했다.

2011년 4월 산하이관은 관광객들이 드나드는 여행지로 변모했다. 천하제일관 서쪽으로 펼쳐진 마을 한가운데에 위치한 종고루(鐘鼓樓). 이곳에서 산하이관의 조망이 한눈에 내려다보인다. 종과 북으로 위급할 때 멀리서도 잘 들을 수 있게 위험을 알리던 북을 놓은 누각이었을 것이다. 봉황의 모습을 한 산해관의 등뼈 부분에 위치한 종고루에는 약 400여 년이 지난 지금, 시험합격을 기원하는 '장원북'이 놓여 있다. '3번 칠 때마다 10위안을 내면 합격할 수 있다'는 문구에서, 역사의 현장이 장사치들의 이문 챙기기 수단으로 변한 모습에서 왠지 씁쓸한 기분이 들었다.

· 구문구장성 ·

베이징을 방문한 사람이 여유가 생기면 한 번쯤은 만리장성을 간다. 하지만 같은 만리장성이라도 출발지점은 서로 다르다. 보통 팔달령(중국어로는 빠다링이라고 읽는데, 혹자는 과자 이름 같다고 농담한다)이 만리장성의 일반적인 출발지다. 모전욕도 개방된 만리장성 중 하나다.

만리장성 중 한국인들에게 잘 소개되지 않는 곳이 구문구장성(지우먼코우)이다. 외국 여행정보업체인 론리플래닛 중국편에 간략히 몇 줄 소개되고 넘어갈 정도다. 구문구장성 입장권은 60위안인데, 티켓을 보면 세계문화유적지, 전국중점문물보호단위라고 되어 있다. 외국인들의 발길은 많지 않고 현지사람들이 주로 찾는다.

구문구장성은 중국 허베이성(河北省) 친황다오(秦皇島)에 위치해 있다. 랴오닝성과 허베이성의 분기점에 위치해 있다고 보면 된다. 내성(內城)의 관문이 9개여서 구문구라는 명칭이 붙었다.

이곳은 별명이 몇 가지 있다. 우선 '이피엔스(一片石)'라고도 불린다. 지형이 험준하고 돌이 많기 때문인 듯하다. 주장허(九江河)가 장성 밑으로 흘러가므로 성이 물 위를 달리고, 물은 성 안을 흐른다는 의미로 수상장성(水上長城)이라고도 불린다.

이곳은 명나라의 중요한 관문 중 하나였다. 명나라 이전에 이피엔스는 교통로로 활용됐다. 북방 유목민족이 골짜기를 따라 보하이만 쪽으로

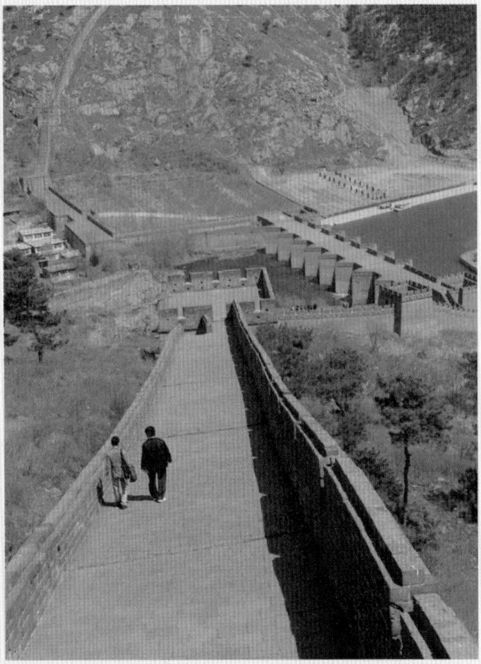
유일하게 물 위에 건설된 만리장성인 구문구장성.

내려왔던 것. 그러다가 명나라 홍무 13년(1380년)에 이르러 서달 장군이 민병을 이끌고 이곳에 장성을 쌓기 시작했다. 이곳은 교통로일 뿐 아니라 군사 요새로도 활용됐다. 특히 서달 장군은 바위 속에 동굴을 뚫어 군인들이 주둔하게 했다. 명나라 말기 이자성과 오삼계가 전투를 치른 곳도 이곳이다. 명(明)나라 태조 때인 1381년에 개축했고, 경태제와 만력제 때 수리했다.

구문구장성을 뺑 둘러싸고 실제로 물이 흐른다. 험준한 바위들이 가득히 있고 중국에서는 보기 드물게 산들이 모습을 드러낸다. 후방에는 높은 산이 있고, 전방에는 대지가 평평한 산골짜기가 있기 때문에 성곽이자 요새로서 손색이 없었던 것 같다. 취재팀이 구문구장성을 찾을 당시는 벚꽃이 만개한 봄이었다. 가족 단위로 여행온 중국인들이 많았다. 오삼계가 그의 애첩 진원원을 데리고 도망 다닐 때 맛있게 먹었다는 고사가 전해지는 천겹파이(얇은 층이 쌓인 과자)를 파는 가게도 있었다.

Asian Highway

04 베이징에서 본 중국 자동차산업

중국도 마이카 시대

중국은 흔히 '인다(人多)·지대(地大)·물박(物博)'으로 얘기된다. 사람 많고, 땅이 넓고, 물자가 풍부하다는 뜻이다. 앞으로는 여기에 수량과 종류 개념이 더해진 '차다(車多)'를 덧붙여야 할듯싶다. 생산·소비시장 규모가 세계 최대인 데다 브랜드도 '춘추전국'을 연상시킬 만큼 다양하기 때문이다. 최고급 벤츠부터 짝퉁 미니자동차까지 온갖 종류의 자동차들이 굴러다니는 게 중국이다. 브랜드 숫자를 헤아리는 게 무의미하다고 할 정도다.

자동차는 급기야 중국인들의 생활과 문화까지 바꾸는 형국이다.

탕산을 떠나 베이징으로 들어서 베이징 동남부 퉁저우(通州) 인근을 흐르는 차오바이허(潮白河)를 찾았다. 건조한 베이징의 기후 탓인지 봄철에는 거의 물이 흐르지 않는 강이 차오바이허다. 그 결과 강물이 깊은 곳은 연못으로 변모하고, 상대적으로 높은 지역이어서 메마른 땅은 자연스럽게 아웃도어(옥외) 경주장이 된다.

마른 땅을 보니 여기저기 자동차 타이어 자국이 선명하다. 바퀴 자국을 따라가 보니 빨간색, 노란색, 초록색 깃발이 꽂혀 있다. 경주용 도로를 표시한 것이다.

차를 세워두고 연못에서 낚시를 하던 한 50대 남성은 "주말 저녁 5~6시께면 20~30대의 자동차가 일제히 몰려와 경주 비슷하게 차를 몬다"고 전했다. 오프로드에서 드라이빙의 즐거움을 만끽하는 자동차 애호가들의 놀이터이며, 동시에 서구 선진국의 자동차 문화가 그대로 재현되는 현장인 셈이다(취재팀도 오프로드를 즐기려고 들어갔다가 모래밭에 빠져 10여 분 동안 차를 밀어내는 고생을 해야 했다).

차오바이허에는 가족과 함께 차를 몰고 와 즐기는 사람도 많다. 텐트를 치고 바비큐를 즐기면서 심심하면 차를 몰고 언덕을 오르내리기도 한다. 자동차 브랜드를 보니 현대 쏘나타, 둥펑 기아차, 폭스바겐, 혼다 어코드, 랭글러, 현대 아반떼, 길리, BYD 등 가지가지다. 자동차마다 스티커와 시트커버 장식 캐릭터 등도 다르다다. 경제성장으로 소득수준이 높아진 중국에 바야흐로 '마이카 시대'가 활짝 열리고 있음을 상징적으로 보여주는 현장이 바로 차오바이허였다.

중국은 여러모로 세계를 놀라게 하지만, 자동차시장은 더욱 상징적이다. 자동차 전문가들은 2007년 당시 자동차시장에서 중국이 미국을 제치는 시점을 2015년으로 예상했다. 하지만 미국이 금융위기로 휘청거리는

차오바이허에서 주말을 즐기는 중국 여피족.

사이 중국은 급성장하면서 8년 걸린다던 기간이 2년으로 줄었다.

30년 전 중국에서 생산된 자동차는 연간 5,000대. 사실상 자동차산업 자체가 없었다고 봐도 된다. 그러던 게 2010년 자동차 생산량은 1,826만 대가 됐다(2011년은 1,841만 대). 판매량도 1,806만 대(승용차는 1,112만 대)였다. 2009년과 비교할 때 생산량은 32.44%, 판매량은 32.37% 늘어난 수준이다. 베이징에서만 2010년 한 해 동안 89만 대가 팔려 나갔다.

자동차시장은 관련 규제가 대폭 완화된 2002년 이후 2010년까지 연평균 24%에 달하는 성장세를 보였다. 자동차시장이 본격적으로 확대된 이후에 1,000만 대 돌파까지 걸린 시간도 미국의 6분의 1수준인 7년밖에 걸리지 않았다. 세계 어느 나라에서도 이처럼 단기간에 많은 차가 생산되고 보급된 적이 없다.

성장속도가 너무 빠르다 보니 업체들도 미처 생산시설을 갖추지 못하고 있다. 폭스바겐이 처음 중국에 진출했을 때 시장점유율은 70% 수준이었다. 2002년 그 비율은 50%였고, 2010년에는 17%가 됐다. 판매량이 급증해도 시장이 더 빨리 커지니 시장점유율은 계속 줄어드는 상황이 된 것이다.

중국 승용차시장은 배기량 1600cc 이하의 세금우대정책 폐지와 성장속도 둔화로 전년 대비 14%(1,270만 대) 늘어날 것으로 예상되지만, 그나마도 시간이 지나가 봐야 알 수 있다는 분석이다.

노재만 베이징현대 사장의 전망을 들어보자.

"수치를 보수적으로 보는 중국 자동차수요예측기관 SIC조차 2015년 중국 승용차 연간 생산·판매량이 2,000만 대, 2020년에는 연간 3,000만 대가 될 것으로 예상한다. 상용차까지 포함할 때 10년 후에는 전 세계 차량의 절반이 중국에서 생산되고 팔려나갈 것 같다."

시장 성장속도가 빠르다 보니 많은 업체가 뛰어들었다. 중국에서는 28개의 합자 업체, 지방정부가 소유한 21개 업체, 민간업체 9곳이 경쟁하고 있다. 여기에 지역별 군소업체까지 합치면 100개가 넘는다.

중국에서 팔리는 승용차 모델도 300개 안팎에 이른다. 주행거리가 40㎞ 이하인 전기차부터 최고급 슈퍼카까지 다양하게 공존한다.

지역별로 자동차시장 특성도 다르다. 우한·충칭 등 서부 내륙시장은 승용차와 화물차 양용에 가격이 싼 제품이 각광을 받는다. 베이징과 상하이처럼 고급차가 잘 팔리는 곳이 아니다.

취재팀은 고속도로를 달리면서 휴게소에 들를 때마다 운전자들을 살펴봤다. 승용차 운전자 중 많은 이가 젊은이거나 젊은 부부다. 중국은 대체로 맞벌이가 많기 때문에 젊은 부부들이 큰 무리를 하지 않고도 자동차를 산다는 얘기가 들어맞는 듯했다.

흔히 1인당 국민소득이 5,000달러를 넘으면 마이카 시대가 시작된다고 한다(한국도 1989년 5,000달러에 도달했고, 그 후 급속하게 자동차 시장이 커졌다). 중국에서 신차 구입이 가능한 소득 4만 위안(미화로 약 6,000달러) 이상의 중산층 비중은 2005년 9.4%에서 2010년 12.5%(2015년이면 21.2%로 전망)로 늘었다.

13억 인구의 12.5%라면 무려 1억 6,000만 명이다. 취재팀이 들른 고속도로나 도시마다 차량이 넘쳐 길이 막히기 일쑤인데, '이건 시작에 불과

:: **중국 승용차시장 판매량 전망**

연도	차량 수
2010년	1,112만 대
2011년	1,270만 대
2012년	1,430만 대
2013년	1,621만 대
2014년	1,793만 대
2015년	1,960만 대
2016년	2,129만 대
2017년	2,302만 대
2018년	2,488만 대
2019년	2,667만 대
2020년	2,844만 대

자료 : SIC

:: **1,000명당 자동차 보유대수**

(단위 : 대)

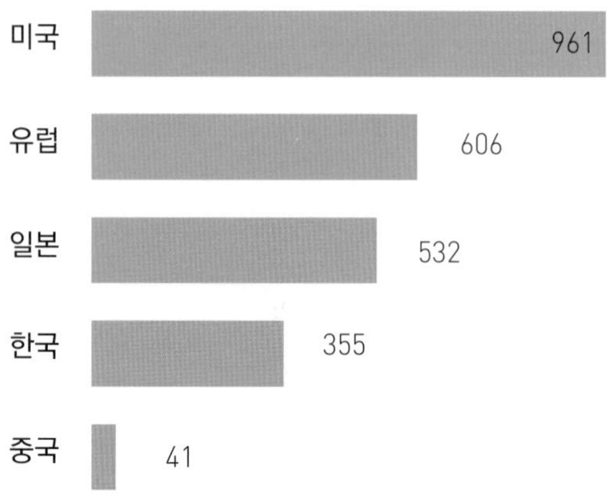

※ 2010년 기준

:: **중국시장 그룹별 자동차 점유율**

(단위 : %)

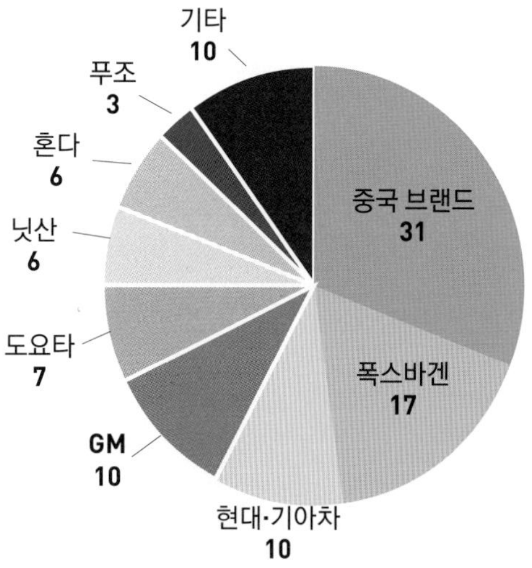

※ 2010년 기준

하고 2020년이면 지금의 3~4배에 달할 것'이라고 생각하니 더욱 혼란스러워지기만 했다.

자동차산업 발전의 그늘

중국에는 2010년 말 약 8,000만 대의 자동차가 굴러다니는 것으로 분석된다. 승용차만 5,300만 대에 이른다. 그러다 보니 교통과 관련해 다양한 문제가 발생한다.

수도인 베이징은 2011년 초 주차료를 시간당 3~4위안에서 8~10위안(한화로 약 1,300~1,650원) 수준으로 올렸다. 시내 교통혼잡을 막기 위해서다.

차량 5부제는 예전부터 실시됐고, 통행증이 없는 지방 차량은 진입 자체도 불허한다. 그래도 교통 혼잡은 여전히 해결되지 않고 있다. 주차료 인상으로 인해 생계형 자동차 운전자들이 타격을 입고 있다는 얘기도 나온다.

중국은 대륙 전역을 잇는 고속도로의 통행료가 높다. 베이징에서 전국시대 조나라 수도였던 한단까지 405㎞를 달렸을 때 낸 통행료가 145위안(한화로 약 2만 4,000원)이었다. 서울~부산 거리(395.1㎞, 통행료는 한화로 1만 8,000원대)와 비슷한데 통행료는 30%가량 비싼 셈이다. 중국 물가 수준을 감안하면 한국보다 2배 이상 높다는 해석이 나온다.

고속도로 통행료가 비싸다 보니 과적 문제가 발생한다. 한꺼번에 많이

소형 트럭을 가득 싣고 가는 자동차 운반트럭.

실어 물류비를 아끼려는 것이다. 실제로 승용차 운반 차량이 싣고 가야 하는 차량은 6대가 기본인데, 취재팀 눈에도 14대 심지어 20대 가까이 싣고 가는 차량이 눈에 자주 띄었다. 양이나 돼지를 싣고 가는 차량에서 공간은 전혀 없었고 화물칸 밖으로 동물들의 다리가 삐죽 나오기 일쑤였다.

중국 고속도로는 대개 2008년 베이징올림픽을 개최할 때 완성됐는데 과적 차량으로 인해 중간에 파손된 곳이 많다. 베이징에서 한단까지 405㎞를 차량이 없을 때 시속 110㎞ 정도로 달렸는데도 5시간 30분이나 걸린 것은 바로 보수공사 때문이었다.

그렇다고 과적 차량을 무작정 단속하기도 어렵다. 과적 차량을 막을 경우 물류비용이 자연스럽게 높아지고 이는 물가상승으로 이어지기 때문이다. 땅이 넓은 중국은 어느 나라보다 물류·운송 수요가 많으며, 물류망의 최대 단점으로 값싸고 빠른 전국망이 없다는 점이 꼽힌다. 정부로서도 이러지도 저러지도 못하는 어려움이 있다.

중국의 자동차 운전은 흔히 '무질서 속의 질서'라고 얘기된다. 아무데서나 중앙차로를 넘어 유턴하고, 길이 비좁아질 때는 차 앞부분을 먼저 들이미는 사람이 우선권이 있다. 이런 상황에서 차량 판매가 급증하고 자연스럽게 초보운전자가 많아지니 사고가 빈번하게 발생한다.

문제는 보험에서부터 사고 수리에 이르기까지 시장이 여전히 후진적이라는 사실이다. 중국의 자동차 관련 문제는 여전히 이해와 해결을 위해 갈 길이 먼 난제인 셈이다.

현대·기아차의 위상

현대자동차그룹에서 2010년 조그만 사건(?)이 벌어졌다. 중국시장 판매량이 한국시장을 처음으로 앞선 것. 중국에서는 현대(70만 대), 기아(43만 대), 수입(6만 대) 등 119만 대가 팔렸다. 한국에서는 현대(67만 대), 기아(42~43만 대) 등 110만 대 가량이 판매됐다.

중국의 현대자동차 공장은 지금 베이징 순위구에 위치해 있다. 여기에는 1·2공장이 있는데 2008년 준공된 제2공장은 자동화설비가 중국 내 어느 업체보다 뛰어난 것으로 이름이 높다. 2시간마다 부품이 필요한 만큼 공급되는 '저스트인타임(Just In Time)' 방식인 만큼 내부는 깨끗하다. 공장을 같이 둘러본 한 중국인은 "선양의 황하이자동차공장을 견학한 적이 있는데 거기는 사람이 바글바글했다. 그런데 여기는 전혀 다르다"고 얘기했다.

직원들은 많지 않은데도 가동률은 100%를 유지해 시간당 68대의 자동차를 만들어내고 있다. 때때로 가동률이 102%에 도달한 기록도 눈에 띄었는데, 최고 수치는 107%인 적도 있다는 게 현장 직원의 얘기. 널다란 공장부지를 차로 돌아보니 현대차 협력업체인 성우하이텍, 한일이화, SL, 하이스코, 현대모비스, KCC 등이 보였다.

2011년 현재 베이징현대가 제 1·2공장에서 생산하는 차량은 11종에 61만 대. 2010년 기공식을 가진 제3공장(40만 대 규모)이 완공되면 현지 생산량은 100만 대를 뛰어넘게 된다. 차량 모델 중 2010년 23만 3,344대가 팔린 엘란트라 위에뚱과 NFc링썅의 이름이 궁금해 물었더니 '위에둥(悅動)은 기쁨이 움직인다'는 의미이며 '링샹(領翔은 영도하다 혹은 비상한다'는 뜻이라는 설명이 뒤따랐다.

2002년 법인설립 때부터 일했던 노재만 베이징현대 사장은 "2003년 첫 해에 EF소나타 5만 대를 생산했는데, 이제는 100만 대 양산체제가 멀지 않았다. 2010년 70만 대를 판매했고 2011년에는 72만 대가 목표지만 중국에서는 늘 목표를 10% 초과 달성한 만큼 75만 대까지 욕심을 내볼 생각"이라고 자신감을 보였다.

현대·기아차의 생산거점은 총 9개국의 30곳으로 중국 비중은 18% 정도. 하지만 앞으로 50%까지 높아질 수 있을 것으로 전망된다. 10만 명 이

베이징에 있는 현대자동차 제2공장 내부의 모습.

상을 지닌 도시만 667개에 달하는 중국의 잠재력이 무궁무진하기 때문이다. 노재만 사장은 "2011년 4월 판매부터 A/S(애프터서비스), 고객관리까지 함께 해주는 딜러가 608개인데 2011년 말까지 700개로 늘릴 계획"이라고 전했다.

현대차는 중국인들의 80% 이상이 일시불 현금으로 자동차를 사는 패턴을 주목하고 있다. 노 사장은 "한국에서는 80~90%가 은행·캐피탈을 통한 할부금융인데, 중국은 그 비율이 10%대다. 이런 부분을 눈여겨보고 있다"고 말했다. 앞으로 중국 내 자동차 할부금융시장이 활성화되면 중국 자동차시장은 더욱 커질 수 있다는 얘기다.

가슴이 뭉클

청소하는 요일도 카펫에 적어놓네?

중국의 웬만한 빌딩에서는 하루에 한 번씩 엘리베이터에 깔린 카펫 청소를 한다. 어떻게 이를 확인할 수 있을까? 답은 간단하다. 중국 건물 엘리베이터 바닥에는 월요일이면 월요일(星期一), 화요일이면 화요일(星期二)이라고 쓰인 카펫이 깔리기 때문이다. 청소를 열심히 하는지 안하는지가 즉석에서 판별되는 셈이다. 우리나라 빌딩에도 이런 시스템을 도입해보면 어떨까?

기가 막혀!

아찔했던 자동차 사고

양쯔강을 지나는 과정에서 하루 종일 고속도로에서 시달리는 경험을 했다. 오전 10시경 길을 재촉하는데 앞차를 보니 가관이다. 차가 냉각이 안 되니 뒤에 엔진이 훤히 보이게 문을 열어버린 버스가 달리고 있었던 것. 먼지가 많이 들어가 더 고장이 잘날 것 같다는 걱정이 들었다.

하지만 이 정도는 약과였다. 오전 10시 30분경이 됐을 때 거대한 화물 트럭 하나가 옆으로 누워버린 사고현장을 목격했다. 덜컥 겁이 나는데 갑자기 앞 화물차들이 일제히 속도를 줄인다. 무슨 일인가 싶어 차에서 내려 도로경찰에게 다가갔다. 알아보니 기름을 실어 나르는 유조차가 엎어진 탓에 미리 도로를 차단한다는 경찰의 설명이었다. 흘러내린 기름 냄새가 고속도로를 진동한다.

그러다가 교통경찰이 고속도로의 1차선을 열어줬다. 그랬더니 서로 먼저 빠져나가려는 차량들이 마구 머리를 들이미는 통에 금세 길이 막혀 버렸다. 어떤 승용차는 조금이라도 먼저 가려 새치기를 하다가 화물차 두 대 사이에 끼여 옴짝달싹을 못한다. 차례차례 지나가면 모두 평안할텐데 왜 그러는지.

Asian Highway

05 화북평원의 밀밭

중국에서 밀의 중요성

베이징에서 허난(河南)성 신양(信陽)까지 거리는 958㎞. 중국에서 G4(베이징~광둥)로 표기되는 이 도로는 '아시안하이웨이 1번'에 해당하며 바오딩(保定)·스자좡(石家莊)·한단(邯鄲)·정저우(鄭州)를 거친다. 화북평원(華北平原)에 위치한 이 도시들을 지나칠 때 주변 풍경은 극히 단조롭다.

간간이 녹색통로(綠色通路)라는 간판이 보이는 가운데 길 옆으로 20~30m 너비의 포플러 나무숲이 조성돼 있다. 그 뒤편은 오직 푸른 밀밭뿐이다. 2,400리(약 942㎞)나 이어지는 세계적인 밀 산지를 달리는 것은 정말 지루함과의 싸움 그 자체였다. 그러다가 황허가 나오고 정저우 시내를 보니 얼마나 반갑든지.

정저우에서 찾은 곳은 밀 도매시장이다. 하지만 시민들에게 물어봐도 모르겠다는 답변뿐이다. 내비게이션으로 찾을 수도 없어 한참을 헤매다가 간

농부들이 일하는 밀밭.

신히 '정저우식량도매시장'이라는 명칭이 있음을 알게 됐다. 중국어로 식량은 양식(糧食)으로 표기된다는 것을 알고 찾으니 신(新)상업중심구에 위치해 있었다. 건물 간판을 보니 '정저우양식도매시장(鄭州糧食批發市場)'이라는 표기가 있고 주룽지(朱鎔基·전 총리)라고 쓰여 있다. 2층에 올라가니 컴퓨터가 놓인 가운데 테이블을 중심으로 경매를 하는 듯한 곳이 보였다.

안내 데스크에 있는 여직원에게 물었더니 "여기서는 격주로 수요일에 경매가 이뤄지는데 다른 도매시장과 번갈아 열린다. 내일이 수요일(4월 20일)인데 여기서는 시장이 열리지 않고 다른 곳에서 오전 8시 30분에 열린다"고 전했다. 책상 위를 보니 〈량유스창바오(糧油市場報·GRAIN NEWS)〉라는 신문이 있고, 8쪽에 걸쳐 관련 뉴스들이 실려 있다.

다음날 아침 다른 도매시장을 찾으니 '정저우상품교역소(鄭州商品交易所) 장쩌민(江澤民·전 중국 공산당 총서기)'이라는 간판이 보였다. 상

화북평원을 가로지르는 황허와 밀밭 전경.

품교역소는 6층에 있었는데 2층부터 출입증을 조사해 들어갈 수는 없다. 신분을 정확히 밝힌다고 해도 사전 허락을 받지 않는 한 출입이 불가능했다. 1층에서 보니 경매인인 듯한 사람들이 '026', '268' 등 숫자가 쓰인 빨간 조끼를 입고 올라가는 모습이 보인다. 입구에는 〈치훠르바오(期貨日報·Futures Daily)〉신문이 놓여 있다.

허난성 성도인 정저우는 동쪽으로 송나라 수도였던 카이펑(開封), 서쪽으로 주나라·한나라의 수도였던 뤄양(洛陽), 남쪽으로 삼국시대 조조가 도읍으로 삼은 쉬창(許昌), 북쪽으로 은나라 유적이 발굴된 안양(安陽)을 두고 있다. 역사적인 유물은 많지 않지만 교통의 요지이자 서쪽 구릉지대와 동부 평야가 만나는 곳으로 각종 농산물의 집산지가 되었다. 그 결과 상품거래소가 자리를 잡았고, 중국 최고지도자들이 지대한 관심을 갖는 도시가 됐다. 13억 명이 넘는 인구를 먹여 살리는 문제는 중국 정치인들의 최대 과제이기 때문이다.

여기서 거래되는 농산물은 밀, 옥수수, 목화, 콩, 쌀, 땅콩, 식용유 등 다양하다. 중국 전역의 곡물도매상들이 모여 농산물을 사고판다. 시카고상품거래소(CBOT)처럼 전산화가 된 이곳에서 도매상은 어떤 곡식을 사고 팔 것인지를 입력하고 생산연도, 수량, 최소 거래량 등을 적어낸다. 거래소를 통해 원하는 가격조건끼리 짝을 지어주면 거래가 성립된다.

정저우를 찾은 것은 세계곡물시장에서 중국이 차지하는 중요성 때문이다. 중국은 지금까지 주로 콩을 많이 수입했고, 쌀·밀·옥수수 등은 국내생산으로 수요를 충당해왔다. 하지만 2010년 말부터 겨울 가뭄이 계속되면서 각종 곡물의 가격이 전년 같은 기간에 비해 많이 올랐다. 그러자 중국은 수입량을 늘렸고, 이는 국제곡물시장에 큰 파장을 불러왔다. 그만큼 정저우도매시장의 중요성도 커졌다.

2011년 4월 〈량유스창바오〉에 따르면 2011년 3월 밀 평균 도매가격은 t당 약 2,093위안으로 2010년 같은 기간에 비해 가격이 5.44% 올랐다. 옥수수(8.47%), 대두(5.84%) 등도 올랐으며, 특히 콩기름(25.55%)과 땅콩기름(10.82%)의 상승폭이 두드러졌다. 이는 소비자들이 사먹는 제품가격에도 전가됐다. 밀가루 1포대 가격은 70위안에서 80위안으로 15%가량 급등했다. 광둥(廣東)성 광저우(廣州)의 패스트푸드점과 교자(餃子)점에서는 면 요리와 만두 등 음식값을 20%가량 인상했다(다만 중국 신문을 보면 물가상승은 좋지 않은 기사여서 그런지 조그맣게 처리되는 점이 눈에 띄었다).

밀은 특히 정치적으로 민감한 곡물로 인식된다. 전 세계 소비량이 6억

:: 화북평원도 위치도

바오딩, 스자좡, 정저우를 잇는 화북평원. 943 km(2400리)가 온통 밀밭이다.

6,300만 t으로 쌀 소비량(4억 5,000만 t)보다 많고 밀을 주식으로 하는 지역도 세계 전체에 퍼져 있다. 중국은 세계 최대의 밀생산국가(2009년 1억 1,495만 t)이며 이 중 3분의 2가 화북평원에서 생산된다. 유엔식량농업기구(FAO)도 이와 관련해 중국 화북평원 가뭄사태를 매우 심각한 문제로 규정하며 세계 곡물가격 급등 가능성을 경고한 바 있다.

인플레이션 압력에 따라 곡물 수입을 늘리면서 중국은 2010년부터 미국 농산품의 최대 수입국이 됐다. 중국은 미국 전체 농산품 수출액의 15.1%를 사들였으며 주 수입품은 대두였다. 미국의 2010년 대두 수출액은 186억 달러로 사상 최고치였으며 이 중 58%가 중국으로 수출됐다.

:: **세계 주요국 밀 생산량** (단위 : 만 t)

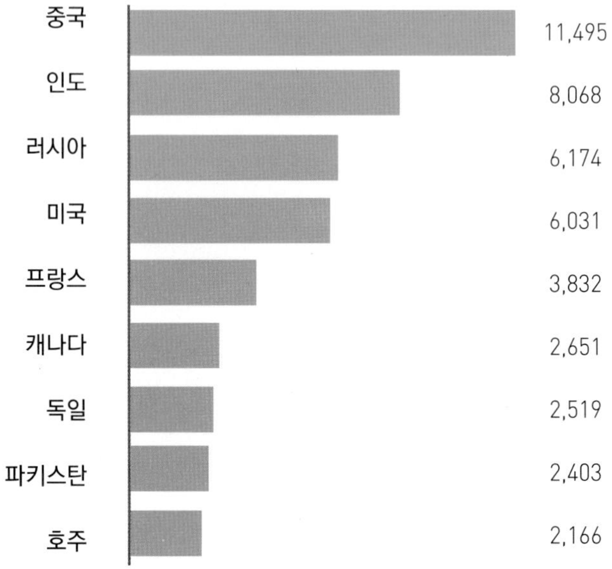

※ 2009년 기준, 자료: FAO

옥수수의 경우 중국은 지난해 15년간 이어온 옥수수 순수출국에서 순수입국으로 전환됐다. 가뭄으로 인해 옥수수 농사가 큰 타격을 입었기 때문이다.

중국 정부는 식량 위기에 대한 우려를 불식시키고자 하는 분위기다. 장핑(張平) 국가발전개혁위원회 주임은 2011년 들어 식량위기 가능성이 제기되자, 중국의 밀 비축량이 1년 전체 생산량과 맞먹는 1억 t에 달

세계 밀 가격에 큰 영향을 주는 정저우상품교역소.

한다고 밝혔다. 그는 한 국가의 곡물 비축은 연소비량의 17~18% 수준이면 충분하지만 2011년 현재 중국은 연소비량의 40%를 확보하고 있다고 강조했다. 식량문제에 중국 정부가 특히 신경을 쓰고 있음을 보여주는 대목이다.

남수북조 프로젝트

'물을 다스리는 자가 천하를 지배한다.'

고대 중국 정치의 핵심은 '치수(治水)'였다. 물은 백성들의 생명줄이자

기가 막혀!

완벽하게 허술하다

한단지몽(邯鄲之夢) 고사가 나온 허베이성 한단에서 있었던 일이다. 한단지몽이란 노생(盧生)이 한단의 장터에서 도사 여옹(呂翁)의 베개를 베고 잠들어 있는 동안 일생의 경력을 모두 꿈꾼 고사에서 나온 말로 인간 일생의 영고성쇠(榮枯盛衰)는 한바탕 꿈에 지나지 않음을 비유한 말이다.

보통 호텔에서는 카드키를 하나만 주는데 이곳에서는 각기 다른 2개를 내밀었다. 특별히 호텔 카운터에서 방으로 가는 엘리베이터 사이에 유리문이 있고 그 문을 여는 키까지 주는 것이란 설명이 있었다. '나름 보안에 신경을 많이 썼구나'라고 대견해하면서 빨간색 카드키를 댔다. 엘리베이터로 가는 순간, 이게 웬일? 엘리베이터 옆으로 건물 옆쪽과 통하는 유리문은 버젓이 열려 있다. 제지하는 사람도 없이 외부인들이 마구 드나들고 있었다. 정말 완벽하게 허술한 보안이었다.

이들을 먹여 살리는 농업과 직결된다. 오죽했으면 '중국인은 먹는 것을 하늘로 삼고, 먹는 것 중에서는 물이 으뜸'이라는 말이 나왔을까?

태평성대였던 요순시대에도 물을 다스리는 일은 골칫거리였다. 7년간 가뭄이 계속됐고, 9년간 홍수가 반복됐기 때문이다. 요임금은 순(舜)을 기용해 하천, 연못 등 치수사업을 맡겼다. 치수에 성공한 순은 요임금으로부터 천자의 지위를 물려받았다. 순임금도 물과 토지를 다스리는 일을 우(禹)에게 맡겼다. 우는 9개 산과, 9개 호수, 9개 하천을 다스려 13년 만에 물길을 바로 잡았다. 치수사업으로 능력을 인정받은 우는 자리를 이양

받아 하(夏)왕조의 시조가 된다.

치수사업은 4,000년이 지난 지금도 중국에서 다시 가장 중요한 사업이다. 중국 국무원은 2011년 초 상무회의를 열고 중국 공산당의 '중앙 1호 문건'의 초점을 수리(水利)시설 건설로 정했다. 1호 문건은 매년 초 국무원에서 처음으로 발표하는 문서로 중국의 최우선 정책과제가 제시된다. 문건 첫 문장은 "물은 생명의 근원이며, 생산의 요체이며, 생태의 기본이다"라고 시작된다. 1호 문건은 "수리를 발전시키고 수해를 예방하는 것은 인류생존, 경제발전, 사회진보, 치국(治國)과 나라안정을 위한 큰 일"이라고 요순시대부터 시작된 치수의 중요성을 거듭 확인했다.

중국이 물 문제를 내건 것은 수해로 인한 손실이 크기 때문이다. 문건에 따르면 물과 관련돼 연간 중국경제가 입는 손실은 GDP를 0.7% 이상 낮추는 것으로 나타났다. 특히 2010년에는 가뭄 등으로 중국 전체 수확량의 3분의 1을 차지하는 여름 수확이 전년 동기대비 0.3% 줄었다. 이는 물가 상승으로 이어져 중국 경제의 불안요인이 됐다. 아시아개발은행(ADB)도 중국 660개 도시 중 3분의 2 이상이 물 부족에 시달리고 있으며 이것이 중국 GDP를 5.5% 깎아먹을 것이라 분석했다.

중국의 수자원 총량은 사실 2조 8,000억 ㎥로 세계 6위권이다. 그러나 대부분 물줄기가 남방에 치중된 것이 치수를 어렵게 한다. 양쯔강 유역을 비롯한 남부가 중국 하천 유량의 80%인데 반해 황허 등 북부는 10%대다. 컨설팅 기업 맥킨지는 2030년 중국의 물 수요량이 8,180억 t이지만 공급량은 6,190억 t에 불과할 것으로 내다봤다.

이런 불균형을 해소하려는 대표 수리 프로젝트가 남수북조(南水北調)다. 1952년 마오쩌둥이 “물이 풍부한 남방에서 북방에 물을 보내보자”라고 한 말에서 시작됐다. 양쯔강의 물을 황허로 끌어들이는 이 사업은 총 사업비가 5,000억 위안에 달한다. 동선과 중선, 서선 총 3개 수로가 2050년 완공을 목표로 건설된다. 동선과 중선은 2002년 착공해 2010년까지 총 1,150억 위안이 투입됐다. 이 중 중선 터널은 세계 최대 하저터널로 황허 밑으로 뚫려 정저우(鄭州)에 닿는다.

중국 정부는 실제로 막대한 돈을 수리에 쏟아 붓고 있다. 중국 정부는 향후 10년간 매년 2010년 수리사업비인 2,000억 위안의 두 배를 투입키로 했다. 10년간 약 4조 위안(한화로 677조 원)이 수리에 쓰인단 얘기다. 2011년 수리투자액은 3,000억 위안이 될 전망이다. 이 중 농민들과 연관된 수리 투자액은 1,800억 위안이다. 2010년 겨울부터 2011년 봄에 집행된 농민 관련 수리투자액은 2010년 동기대비 22% 늘었다. 천시원 중앙농촌공작 영도 소조 부조장은 “소맥같이 물이 적게 필요한 품종도 최소한 4차례의 관개가 필요하다”고 지적했다. 매년 국유토지 불하금의 10%도 꾸준히 수리사업에 쓸 예정이다. 중국의 연간 국유토지 불하금의 10%는 700억 위안(한화 11조 8,000억 원)규모로 추산된다.

수리투자는 늘리는 한편 물 사용은 억제하는 정책도 동시에 사용된다. 중국은 1호 문건을 통해 사용량에 따라 물 가격을 상향 조정하는 누진세를 도입하고 국민 연간 물 소비량 상한선을 6,700억 ㎥로 제한키로 했다.

강과 하의 이야기

단둥을 출발해 양쯔강 남쪽 후난(湖南)성를 통과할 때까지 2주 동안 전혀 비를 만나지 못했다. 봄철 가뭄이 계속되고 있음을 보여주는 현장이다. 신양에서 후베이성 성도인 우한으로 갈 때 잠깐 비가 뿌리더니 곧 그쳤다. 중국의 유명한 호수 둥팅호(洞庭湖)는 2011년 봄에 수위가 많이 낮아졌는데, 이는 샹장(湘江) 등 지류가 위치한 후난(湖南)성 등에 비가 적게 내렸기 때문이다.

고속도로 주변을 흐르는 강물은 온통 메말라 있다. 한단 남쪽을 지날 때 사허(沙河)와 낙허(洛河)라고 쓰여진 강을 보니 물은 흐르지 않고 온통 모래밭뿐이었다. 극심했던 겨울 가뭄의 결과인 듯하다. 황허의 경우 긴 물줄기 탓인지 물은 흐르고 있었으나 수량은 많지 않았다. 다리 밑을 보니 부부인 듯한 농부가 양수기를 이용해 황허 물을 퍼올리는 모습도 보였다.

고속도로를 달리면서 발견한 재미있는 사실은 압록강을 떠나 장강(양쯔강)에 이르기까지 모든 강에 한국인에게 익숙한 '강(江)' 대신 '하(河)'가 쓰인다는 것. 자료를 찾아보니 강(江)이란 물이 일 년 열두 달 한결같이 흐르는 물줄기를 말하며, 물줄기(水流) 위치도 세월에 따라 변함이 없는 곳을 뜻한다고 되어 있다. 중국에서는 양쯔강을 장강(長江)이라고 하는데 그와 비슷한 모습을 보이는 곳이 강이라는 얘기다. 반면 여름에는 홍수가 와서 강이 넘치다가도 가뭄이 드는 가을부터 봄철까지는 강바닥을 훤히 드러내고, 물줄기 위치도 변덕이 죽 끓듯이 수시로 변하는 곳을 하(河)라고 표기된다.

중국의 '강'과 '하'는 물줄기의 대소장단이나 동서남북의 위치에 구분되는 것이 아니라 '안정이냐, 변화냐'라는 특성에 따라 구분된다는 의미다. 결국 선양이 있는 동북평원과 베이징 정조우 등이 위치한 화북평원은 늘 가뭄에 시달리고 강우량이 예측불허의 변동을 보여 왔음을 강 이름에서 찾을 수 있었다.

중국인들은 이처럼 제멋대로인 하(河)들을 다스리기 위해 긴 세월을 단결하고 분투해왔다. 그러면서 지혜가 쌓였고 문명도 탄생시켰다.

기가 막혀!

외국인이라 방 못 구해요

정저우에서 있던 일이다. 외관은 멀쩡한데 방값이 100위안 남짓에 불과하다는 호텔이 눈에 띄었다. 취재진은 기회를 놓치지 않으려 호텔 투숙 등록을 하러 들어갔다. 인터넷도 연결되고 가격도 괜찮아 일석이조의 기분. 그런데 여권을 꺼내는 순간 종업원이 눈살을 찌푸린다. 후자오(여권)는 안 되고 신분증만 된단다. 어쩔 수 없이 다른 곳에서 방을 잡았다. 허난성 신양에서는 호텔 등기부에 영어로 이름을 적는데 종업원이 손을 내젓는다. "워 부동 쩌거 위옌(나 이 언어 몰라요)." 영어로 이름을 쓰면 안 된다고 하기에 할 수 없이 한문 이름을 적었다. 이 호텔에 묵었던 외국인은 러시아인 2명을 제외하고는 취재진이 두 번째란다.

· 소림사 ·

이소룡과 이연걸 등 쿵푸 스타들로 유명해진 소림사. 이곳은 중국은 물론 전 세계인들을 불러 모으는 인기 좋은 관광지다. 입장권은 100위안인데, 사찰 소속 가이드만 100여 명 안팎에 이른다.

소림사는 중국 허난성(河南省) 덩펑시(登封市) 쑹산(嵩山)에 있는 사찰이다. 쑹산은 중원·오악 중 중악에 해당하는 곳이다. 임제종(臨濟宗)의 대가람(大伽藍)으로 496년에 북위(北魏)의 효문제(孝文帝)가 발타선사를 위해 창건했다고 전한다. 달마(達磨)가 530년부터 9년간 여기서 면벽참선한 사실로 유명하다. 전은 송(宋)나라 때(1125년) 건물인데, 본전의 내부에 있는 인왕(仁王)이나 용 등을 부각한 석주(石柱)를 보러 많이 온다. 당·송 이후의 석비(石碑)들이 소림사에 남아 장관을 이루고 있다.

소림사 측은 선(禪), 무(武), 의(醫)의 문화가 고르게 접목된 곳이라고 스스로를 소개한다. 그런 연유로 소림사에는 무술을 연마하는 어린 학생들이 사는 기숙학교가 곳곳에 위치해 있다. 기숙학교들도 등급이 다르다. 무예에 재주가 있는 아이들은 소림사 경내에 위치한 학교를 다닌다. 그렇지 못한 소위 2군 아이들은 소림사에 들어가기 전 도로변에 위치한 무술학교에서 땀을 흘린다. 부모님의 곁을 떠나 화려한 내일을 꿈꾸며 무술을 연마하는 그들의 모습에서 때로는 연민마저 느껴진다.

소림사 사찰에서 달마대사가 면벽수도했다는 달마동으로 오르는 계단 길.

소림사에 수익원 중 하나는 소림사표 약과 의술이다. 서양인들이 소림사의 동양적인 선과 그 분위기에 매료돼 이곳으로 기 치료를 받기 위해 오는 경우가 적지 않기 때문이다. 물도 소림사에서 사마시면 다르다는 인식이 있을 정도다. 중국인들은 기회를 놓치지 않고 귀여운 동자승 캐릭터를 내세워 많은 건강식품들을 대방출했다.

소림사를 찾는 관광객들이 잘 가지 않는 곳에 달마동이 있다. 달마대사가 면벽참선을 했다는 곳으로 높은 산 위에 자리해 있다. 입구의 표지판에는 한글로도 쓰여 있는데 여기서부터 4,000m라고 되어 있다. 4㎞씩이나? 하지만 그게 중국인들의 특유의 과장화법이라는 것을 나중에 알게 되었다. 실제로 가파르고 계단이 많기는 했지만 걸어서 올라가니 약 2.5㎞ 남짓한 거리였다. 가는 도중에 보니 바위로 된 계단을 오르는 기인들도 보인다. 남자친구가 소림사에서 수련을 하고 있어 면회(?)를 온 듯한 커플도 눈길을 끌었다. 9cm는 될 듯한 킬힐을 신고 깔깔대며 산을 내려오는 아주머니의 내공에 감탄했다. 10kg은 족히 넘을 듯한 무거운 짐을 지고 올라가다가 잠시 쉬는 아저씨는 이런 생활에 익숙한 듯 숨소리조차 고르다. 이들이야말로 진정한 소림인은 아니었을까?

달마동은 조그마한 석굴 형태인데 내부는 사진촬영을 하지 못하도록 금지해 놨다. 잠시 숨을 고른 후 더 올라가니 정상에 누각이 하나 서 있다. 그곳에서 소림사를 내려다보고, 멀리 동쪽으로 산줄기를 바라보니

'소림사의 진정한 멋은 이곳에 있구나'하는 것을 느끼게 되었다. 다만 올라오는 데 너무 힘이 들어 다음에 소림사에 들르게 되면 달마동은 아예 사양하고 싶다는 생각이 들었다.

소림사 무술 소년들의
시범공연 모습.

A s i a n H i g h w a y

06 중국과 고속철도

고속철, 초고속 성장의 아이콘

고속철은 중국이 전 세계를 놀라게 한 분야다. 중국 대륙을 종횡으로 누비며 시속 300㎞ 이상으로 운행함으로써 속도뿐만 아니라 기술력에서도 높은 평가를 받았다.

중국 고속철의 심장은 베이징 남역(南驛)이다. 100년이 넘는 역사를 지닌 융딩먼역을 개조해 2008년 8월 문을 열었다. 중국 정부가 330억 달러(한화로 약 36조 원)를 쏟아 부어 2011년 6월 개통한 베이징~상하이 간 고속철의 출발점도 이곳이다. 국제공항을 연상케 하는 베이징 남역은 50만 ㎡(인천국제공항 터미널 연면적은 51만여 ㎡)의 대지에 지상 2층, 지하 3층 규모다. 대지면적이 서울역(9,600㎡)의 50배로 세계 최대 역사다. 승강장을 내려다보니 최고 시속 350㎞를 자랑하는 고속열차 '허셰(和諧)호'가 드나들고 있다.

베이징 남역에 도착한 고속철에서 승객들이 내리고 있다.

허난성 정저우에서 황허(黃河)를 보러 갔더니 강을 가로질러 높은 다리가 푸른 평원 저 멀리 아득히 뻗어 있다. 주변 중국인에게 물으니 "베이징~정저우 구간 고속철 공사현장"이라고 답했다.

눈으로만 봤던 고속철을 체험해봐야겠다는 생각을 하다가 우한에서 기회를 얻을 수 있었다. 우한(武漢)에서 오후 2시 42분에 출발하는 우한~웨양둥(岳陽東)역 고속철 G1079호를 이용한 것. 우한역사는 베이징 남역처럼 비행장을 방불케 하는 으리으리한 청사로 돼 있다. 취재팀은 2시 20분께, 우한 다음 역인 웨양둥역까지 1인당 104위안 하는 2등 기차표를 끊었다. 외국인의 경우 여권이 필요했다. 푸른색 티켓에는 QR코드가 새겨져 있다. 티켓 뒤에는 비행기와 마찬가지로 20㎏ 이내 물건(아동은 10㎏), 너비와 높이가 1.6m를 넘지 않는 물건은 휴대할 수

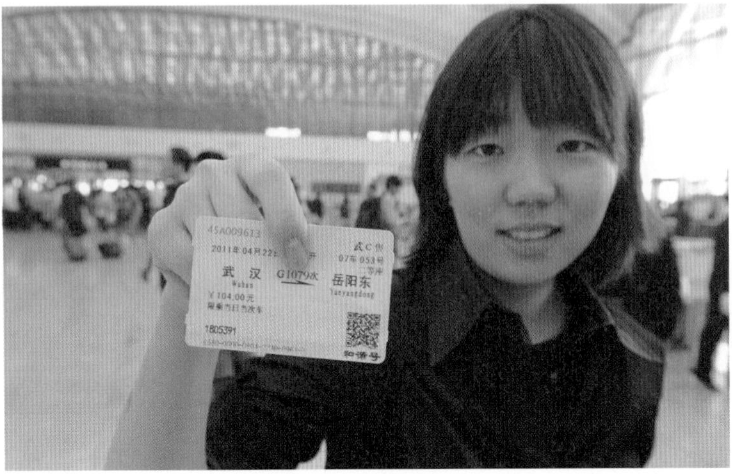

우한역에서 웨양동으로 가는 고속철 티켓 104위안.

있다고 돼 있다.

기차 안으로 들어서니 차량 내부는 KTX와 비슷하다. 다만 내부 장식은 약간 산만한 느낌이 들었고, KTX와 달리 좌석등받이에 LCD 모니터가 없다. 영화, 음악 등을 즐길 수 없으니 약간 답답하다. 중국인 승객들은 저마다 휴대전화로 통화를 하거나 mp3 이어폰을 귀에 꽂고 있다. 좌석은 한 열에 2인석과 3인석으로 나뉘어져 있다.

고속철은 2시 41분께 출발했다. 1분 만에 시속 136㎞를 넘은 고속철은 3분 만에 245㎞까지 속도를 올리더니 6분이 지나자 시속 300㎞를 돌파했다. 출발한지 8분 만인 2시 49분에는 최고 속도를 337㎞까지 올린다. 창 밖으로는 밀밭과 다리 등이 지나가는데 워낙 빨라 풍경을 감상할 틈이 없

중국 고속철의 중심인 베이징 남역 외관. 거대한 모습이 공항터미널을 연상케 한다.

다. 통과하는 데 40초가량 걸리는 터널구간도 있었는데 그 시간에는 이동전화가 되지 않았다.

3시 20분께 웨양둥역에 도착한다는 안내방송이 흘러나왔다. 한 칸에 80명 정원인 곳에서 10여 명이 내릴 준비를 하고 있다. 옆에서 어린아이의 손을 잡은 어머니가 "안에 있는 사람이 먼저 내리고 밖에 있는 사람은 나중에 타야지(先下後上)"라고 말하는 소리가 들린다. 취재팀은 역사 밖으로 나와 우한에서 낮 12시 10분께 출발했던 취재차량에 전화를 걸었다. 그랬더니 아직 웨양 도착 전이다. 우한 시내에서 1시간 30분가량 길이 막힌 탓에 총길이 203㎞인 우한~웨양 구간을 오는 데 3시간 40분가량이 걸린 것. 고속철이 중국인들의 이동을 편리하게 하고, 생활권을 크게 바꾸고 있음을 실감한 셈이다.

:: 중국 중장기 철로망 계획도

(단위 : %)

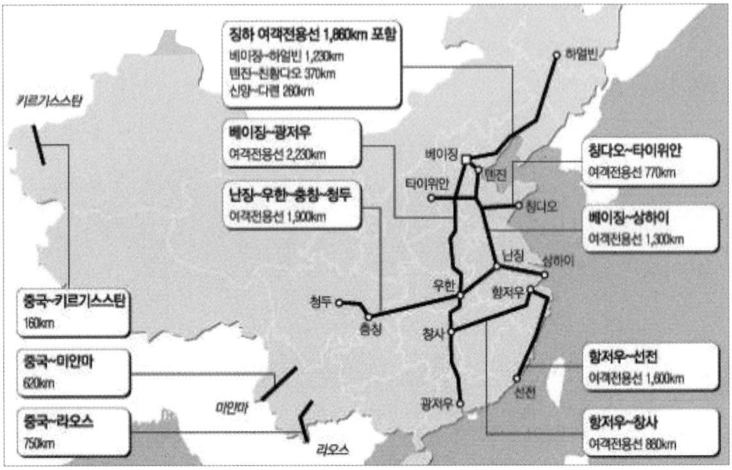

※ 2020년 까지. 자료 : 한국철도공사 연구원

중국의 고속철 도입은 경제성장 속도보다 훨씬 빠르다. 산업 발전 단계를 몇 단계씩 한꺼번에 뛰어넘는 '중국 특유의 방식'이 고속철에도 그대로 적용됐다. 특히 넓은 대륙의 여객 운송 수요는 고속철을 활용하고, 화물 운송은 일반 철도를 이용한다는 전략이 추진되면서 세계 각국이 부러워할 만큼 발전했다.

중국 정부의 고속철 계획은 대륙을 각각 4개의 종단·횡단 노선으로 연결하는 '사종사횡(四縱四橫)'으로 얘기된다. 투입비용은 3조 위안(한화로 약 510조 원)으로 총거리는 1만 6,000㎞. 전 세계 고속철로의 절반이 중국에 깔리며 베이징·상하이(동남부)·하얼빈(동북부)·광저우(남부) 등이 일일생활권으로 묶인다.

사종사횡 고속철 중 종단은 2011년 6월 개통된 '베이징~상하이'를 포함해 '베이징~선전', '베이징~다롄', '상하이~선전' 등 4개 구간을 의미한다. 횡단은 '쉬저우~란저우', '항저우~쿤밍', '칭다오~타이위안', '난징~청두' 노선이다. 모두 건설되면 24시간 걸리던 '베이징~홍콩'구간은 10시간으로 단축된다. 20시간이 걸리는 '상하이~홍콩' 구간도 8시간으로 단축된다. 이렇게 되면 '3대 경제권'이라 불리는 창장삼각주, 주장삼각주, 환보하이 등 중국 내 주요 경제·인구 밀집 도시들이 연결되는 운송 체계가 완성된다.

중국 고속철의 해외진출

중국은 사종사횡 고속철망 완성으로 중국 내 성(省)과 중·대도시 간 경제 통합 효과를 기대한다. 벌써부터 고속철이 지나는 시안, 창사, 우한, 정저우 등이 '신(新)시장 후보지'로 급부상하고 있다. 일본에서도 1964년 고속철 '신칸센'이 건설된 뒤 철로 주변 도시들이 크게 발전했다. 워낙 거리가 멀어 개발이 더딘 신장웨이우얼자치구 등 서부지역도 '란저우~우루무치' 고속철이 완성되면 개발에 탄력이 붙을 것으로 보인다. 농촌 인구가 도시에 접근하기도 한층 좋아질 전망이다.

중국은 또 고속철 사업을 국내에만 국한시키지 않고 동남아시아·인도

지역을 연결하는 '범아시아 고속철(泛亞鐵路)' 건설에도 적극 나설 예정이다. 중국 서남부 윈난성 쿤밍과 미얀마 양곤을 잇는 고속철은 이미 공사에 들어갔다. 양곤을 잇는 범아철로 서선(중·미얀마 고속철)을 가장 먼저 건설할 방침이다. 쿤밍에서 라오스 란상을 잇는 421㎞ 구간 고속철, 미얀마를 거쳐 인도 동부와 태국으로 연결하는 고속철 노선도 추진하고 있다. 이렇게 되면 중국에 대한 경제 의존도가 높은 동남아에 대한 중국의 '영향력'이 한층 높아질 것으로 기대된다.

고속철은 기존 항공노선을 대체하는 효과를 나타내고 있다. 우한에서 허페이를 거쳐 난징에 도착하는 고속철은 2009년 4월 1일 개통했다. 난징~우한 노선은 일반 철도가 운행할 때는 10시간 이상이 걸렸지만 고속철 개통으로 운행시간이 3시간으로 줄었다. 그러자 2007년 난징에서 우한을 거쳐 쿤밍으로 향하는 항공노선을 개설했던 상붕항공은 고속철 개통 후 승객이 급감하는 아픔을 겪었다. 특히 2011년 초부터 난징~우한 고속철 노선의 하루 운행 횟수가 21회로 늘면서 항공업체들이 더 어려워졌다. 결국 남방항공과 상붕항공 등 2개의 항공사는 난징~우한 항공노선의 운항을 중단했다. 난징~우한 항공요금이 730위안으로 고속철 요금 180위안의 4배 이상으로 비쌌다는 점도 항로 폐쇄의 원인이 됐다. 그밖에 우한~상하이와 우한~광저우(廣州) 경우도 고속철 운행이 시작되며 항공편 증설이 이뤄지지 않고 있다.

고속철의 그늘, 안전과 비용

중국 고속철은 비싼 요금과 안전성 이외에 화물 운송에는 거의 효과가 없다는 것이 약점으로 꼽힌다.

고속철은 물류 운송에 당장 큰 효과가 없다. 중국은 인구 10만 명 이상의 도시가 667개에 달하며, 농촌지역도 인구밀도가 매우 높다. 이처럼 인구가 넓은 지역에 분포하는 상황에서 물류는 화물 트럭과 일반 철도가 담당할 수밖에 없다.

물류는 고비용 고속철이 넘볼 분야가 아니라는 것이다. 실제로 고속도로 휴게소를 들를 때마다 화물차가 즐비하게 서 있는 모습이 눈에 뜨인다. 이들 화물차량이 대부분 대중소도시를 연결하는 물류의 핵심이다. 결국 고속철은 중국의 위상을 드높이는 존재는 될지언정 물류·운송 체계의

황허를 가로지르는 고속철 건설현장.

핵심으로 자리 잡기에는 아직 갈 길이 멀어 보인다.

중국도 이런 점을 인정한다. 성광주(盛光祖) 신임 철도부장은 2011년 4월 14일 〈인민일보〉와의 인터뷰에서 "종전에는 고속철이 시속 350㎞로 달렸지만 7월 1일부터 고속철 운행 최고 속도는 시속 300㎞를 넘지 않을 것이다. 일반 도시 연결 철도 운행 속도도 시속 200~250㎞로 제한될 것"이라고 말했다. 그러면서 속도 제한은 운행 안전성을 높이고 비용절감을 통해 고속철 티켓 가격을 소비자들이 수용할 수 있는 수준으로 낮추기 위한 것이라고 설명했다. 시속 350㎞ 이하로 운행되는 고속철은 200㎞로 운행되는 것보다 에너지 소모가 두 배 많다는 것.

고속철이 시속 330㎞를 넘을 경우 당연히 안전성 위험이 커진다. 과부하가 걸리기 때문이다. 공산당 창당 90주년(2011년 7월 1일)을 앞두고 베이징(北京)~상하이(上海) 간 고속철은 6월 30일 조기개통했으나 2주 만에 세 차례나 선로에 비상 정지했다. 7월 10일에는 산둥성 취푸~자오좡 구간에서 고속철이 2시간 동안 운행이 중단되고 이로 인해 19편의 열차가 연착했다. 당시 번개가 치고 강풍이 부는 등 기상이 악화돼 고속철 운행 중단에 영향을 미친 것으로 알려졌다. 7월 12일 오전에는 안후이(安徽)성 쑤저우(宿州)역 부근에서 전기 공급 중단으로 상하이발 D182 고속열차가 비상 정차했다. 7월 13일에는 상하이 홍차오(紅橋)발 베이징행 G114 열차가 진장(鎭江) 남역 부근에서 원인을 알 수 없는 고장으로 멈춰 섰다. 평균 속도도 당국이 공언한 시속 250㎞가 아닌 130㎞에 불과했다.

2010년 7월 23일에는 저장성 원저우에서 고속철 사고가 발생했다. 이날 오후 8시 34분(현지시간) 원저우 솽위마을에서 고속철 둥처(動車) D3115호가 탈선해 객차 4량이 다리 아래로 추락했다. 탑승인원이 400여 명인데다 사고 하루만에 35명 이상이 사망한 대형사고였다. 중국 당국은 사고원인을 벼락이라고 설명했다. 벼락을 맞아 동력을 상실한 D3115호가 뒤따라오던 베이징발 푸저우행 둥처 D301호와 추돌했다는 것이다. 사고를 낸 둥처는 시속 100㎞로 달리던 종전 열차를 개량해 시속 200㎞ 안팎으로 달릴 수 있도록 만든 열차다. 시속 300㎞ 속도를 내는 가오톄(高鐵)와 구분하기도 하나 중국 내에서는 양쪽 모두 고속철로 불린다.

중국 철도 당국은 세계에서 가장 긴 고속철 노선의 개통으로 중국 고속철이 세계 일류 수준임을 입증했다고 자랑했다. 하지만 중국 고속철이 폭풍, 폭우, 번개 등 자연재해에 대비해 설계됐음에도 불구하고 사고가 빈발하면서 안전성에 대한 의문이 커지고 있는 실정이다.

고속으로 달릴 경우 유지·보수비용도 많이 들어간다. 예컨대 그나마 안착했다는 평가를 받는 베이징~톈진 구간도 2008년 8월 개통 이래 매년 7억 위안(한화로 1,190억 원)에 이르는 적자가 계속되고 있다. 시속 350㎞로 운행하는 우한~광저우 고속철 티켓 가격은 469위안(한화로 7만 8,000원) 수준인데 이는 일반 중국인들이 수용하기가 매우 어렵다. 2011년 현재 우한~광저우 고속철은 승객이 적어 적자 상태다. 상하이~난징 노선은 개통 이후 흑자를 낸 적이 없고 2010년 2월 개통한 베이징~푸저우 고속철은 승객이 없어 2개월 만에 운행을 중단했다. 고속철은 건설비가 ㎞당 1억 위안(한화로 170억 원) 정도로 일반 철도의 ㎞당 건설비 5,000~6,000만 위안보다 훨씬 높다.

그러다 보니 중국 철도부는 2010년 고속철에서만 2,000억 위안(한화로 34조 원)가량 적자를 봤다. 2011년 3월 말 기준으로 중국 철도부의 부

쉬어가기

두부공정을 아시나요

한국말로 '콩가루 집안'은 완전히 엉망진창인 가족을 말한다. 사람 몸에 좋은 콩이 가루라는 단어가 뒤에 붙으면서 '콩가루'는 기피단어처럼 되어버렸다. 중국말에도 콩가루와 비슷하게 원래 뜻과 전혀 달리 의미가 바뀐 사례가 있다.

중국에서 두부(豆腐, 또우푸)는 대표적인 음식 중 하나이지만, 두부라는 말이 확장이 되면서 '두부공정(두부 만드는 과정)'이라는 말이 나왔다. 이 말의 뜻은 엉망인 제작공정을 의미한다. 워낙 중국의 산업화가 빠르게 이뤄지다보니 수많은 값싼 불량품이 만들어지는데 이를 두부공정이라고 하는 것이다.

예컨대 사고가 잇따르는 고속철, 만든 지 1~2년도 되지 않아 움푹 꺼지는 도로, 철근이 제대로 들어가지 않아 허물어지는 건물 등이 모두 두부공정에 해당한다. 멜라민이 들어간 우유 등 중국 내에서 판을 치는 불량식품도 대체로 두부공정을 거쳤다고 볼 수 있다.

채는 1조 9,800억 원 위안(한화로 323조 원)가량 된다. 철도부 총자산이 3조 2,900억 위안에 달하는 것을 감안하면 자산대비 부채비율이 58% 수준에 이른다. 철도부의 2010년 말 채무는 1조 8,900억 위안으로 1년 전에 비해 45.1% 늘었다. 반면 철도부의 매출은 6,857억 원으로 전년대비 24.1% 증가, 부채 증가속도의 절반에 머물렀다.

중국의 철도 부채가 급증한 것은 내수부양의 일환으로 고속철 건설에 적극 나선 2009년부터다. 2009년 초 8,648억 위안이던 부채가 그해 말 1조 3,000억 원 위안으로 50%가 늘었으며 그 추세가 계속 이어지고 있는 것. 반면 2010년 세후기준 이익은 1,500만 위안으로 이자를 내기에는 턱없이 부족한 수준이다. 중국은 현재 벌여놓은 고속철 사업을 완성하기 위해 계속 빚을 내야하는 실정이라는 철도 부채는 지방정부 부채와 함께 중국의 주요 골칫거리가 되고 있는 상황이다.

중국의 면적과 인구

중국의 면적은 957만 2,900㎢다. 세계 3위로 미국(951만 8,323㎢)보다 더 크다. 흑룡강부터 남사군도까지 5,500㎞, 우수리강에서 파미르고원까지 5,500㎞다. 한반도(22.2만 ㎞)의 44배, 남한의 96배다. 국경을 접하고 있는 나라만 14개국에 이른다. 한족과 최소 55개의 소수민족으로 이뤄진 다민족 국가다. 북경올림픽 때 민족 전통의상을 입은 56명의 어린이들이 오성홍기를 에워싸고 입장하던 모습에서 이를 알 수 있다. 다만 DNA 조

기가 막혀!

안전벨트를 매지 말라는 운전기사

우한에서 고속철을 타러 가는 길에 택시를 이용했다. 무척 더운 날이라 택시 운전석과 조수석의 창문은 활짝 열려 있었다. 에어컨이 없는 택시는 솔직히 각오했지만 이건 좀 너무하다 싶었다. 툴툴 거리며 달리는 허름한 택시가 못미더워 조수석에 앉은 기자가 벨트를 매려고 하자 기사가 손을 내저으며 벨트를 매지 말란다. 보통 상식적으로 벨트를 매라고 해야 하지 않나? 뭐 이런 기사가 다 있나 싶어 다시 매려는데 기사가 친절히도(?) 애써 맨 벨트를 풀어버린다. 알고 보니 벨트가 너무 더러워 승객 옷을 버릴까봐 그렇게 한 것. 하지만 때는 이미 늦었다. 흙투성이 벨트 자국이 진보라색 셔츠 위로 한 줄 선명하게 새겨져버렸다. 못살아!

사를 보면 정작 순수한 한족은 과거 중원에 살다가 광동성 일대로 밀려온 방랑민족 객가족(客家族)이라는 주장이 제기되기도 한다. 워낙 이민족의 침입도 많았고, 큰 나라이다보니 혈통의 순수함은 별로 없다는 얘기다. 실제로 중국에서는 중국어를 중국어(쭝궈위)가 아니라 한족의 언어라는 뜻의 한어(漢語, 한위)라고 부른다.

중국 내 소수민족 숫자를 보면 광시장족자치구에 거주하는 장족만 1,600만 명이며, 만주족 985만, 회족 862만, 묘족 739만, 위구르족 721만, 이족 658만, 토가족 573만 몽고족 481만, 티베트족 460만, 포이족 255만, 동족 250만, 조선족 193만 명(12위)이다.

중국 인구는 송나라 시절인 12세기에는 1억 명을 돌파한 것으로 추산된다. 명나라 말기인 1600년 무렵 1억 5,000만 명, 아편전쟁이 발발하던 19세기 중반에는 4억 명을 돌파했다. 난징(南京)에는 중국의 국부 손문(1866~1925년)의 무덤 중산릉이 있는데 여기를 오르는 계단수가 392개였다. 이는 1925년 당시 3억 9,200만 명이던 중국인이 모두 손문의 죽음을 애도했다는 상징성이 담겨 있다.

1949년 중화인민공화국이 건국될 때 인구는 5억 4,000만 명이었고, 1953년 6억 명을 돌파했다. 1977년 리영희 교수가 펴낸 중국 입문서의 제목은 '8억 인과의 대화'였다. 1985년에 편역 출간된 책은《10억 인과의 대화》였다. 12억 명을 공식 돌파한 것은 1995년 2월 15일이었다. 그리고 13억 명을 돌파한 것은 2005년 1월 6일이었다.

지금 인구는 여전히 늘어나는 중이고 알 길이 없지만 대략 14억 명에 육박한 것으로 추산된다(그래서 인구를 추계할 때 전체 국민소득을 1인당 국민소득으로 나누기도 하는데, 이러게 할 경우 2010년 인구는 13억 9,900만 명에 달한다). 하지만 호적에 올라가 있지 않은 아이를 뜻하는 흑해자(검은 아이, 헤이 하이즈)까지 감안하면 15억 명 내외일 것이란 설이 있다.

· 황학루 ·

황학루는 후베이성 우한시 우창(武昌)에 위치한다. 황학루(黃鶴樓)는 동정호의 악양루, 뤄양의 등왕각과 함께 중국 3대 누각이다. 중국 강남 삼대명원의 하나로 손꼽힌다. 입장료는 80위안.

황학루는 삼국지에 나오는 오나라 손권이 군사적인 목적으로 세웠다고 전해진다. 국가 경점(경치를 볼만한 지점이라는 의미)점수로 A를 5개나 받았다. 참고로 나중에 보게 될 악양루는 A가 4개다.

황학루에 대한 설명 중에는 '천하강산 제일루(天下江山 第一樓)'라는 표현이 있다. 'The first tower under heaven.' 즉 하늘 아래 첫째가는 탑이라는 거창한 설명이다. 아마도 그 연유는 각 층마다 보이는 풍광이 다르고, 황학루의 꼭대기에서 중국의 젖줄 중 하나인 양쯔강을 가장 잘 조명할 수 있기 때문일 것이다.

황학루의 꼭대기(61.7m 지점)에는 뱀 모양의 꼭지가 달려 있다. 높이는 5층으로 되어 있고 누각 본체 길이는 51.4m다. 72개의 기둥을 써서 만들었다. 마치 황학이 날아가는 듯한 지붕 마감새 때문에 붙여진 이름이다. 누각의 지붕은 10만 개의 황색 유리기와를 덮어서 만들었다.

외양은 고대의 황학루이지만, 파괴가 잦은 탓에 여러 번 수리를 거쳤다. 지금은 내부에 엘리베이터도 설치되어 있을 정도로 과거의 모습과는

우아한 자태를 뽐내는 황학루.

달라졌다. 물론 엘리베이터를 타는 사람은 거의 없다. 한 층 한 층 황학루를 오르면서 풍경을 감상하는 재미를 놓칠 순 없기 때문이다.

황학루 주변으로는 백운각과 악비 광장이 있다. 백운각은 말 그대로 흰 구름을 볼 수 있다는 의미의 누각이다. 악비는 금나라를 물리친 송나라 장군으로 중국 역사 속에서 충성스러운 장군으로 이름이 높다.

황학루에 관련된 전설은 여러 가지가 있다. 왕자안(王子安)이라는 선인이 학을 타고 내려왔는데, 이를 기념해서 황학루를 만들었다는 설이 전해진다. 또 비문의(費文褘)가 선인이 된 이후 황학을 타고 이곳에 내려와 종종 머물렀다는 전설도 있다. 선인(仙人)이 노란 귤껍질로 만든 학이 진짜 학이 되어 선인을 태우고 날아갔다는 전설 때문에 누각 지붕이 노란색이라는 이야기도 있다.

우한 황학루에 적혀있는 시인 '최호'를 기념하는 비문.

황학루는 예로부터 수많은 시인들이 다녀가면서 많은 시를 남긴 것으로 유명하다. 중국 역대 내로라하는 시인들이 그 천하절경을 노래했다. 최호(崔顥), 이백(李白), 백거이(白居易), 가도(賈島), 육유(陸遊), 양신(楊慎), 장거정(張居正) 등이 이곳을 노래했다.

대표적인 시는 8세기의 유명한 시인 최호의 작품이다. 그의 '황학루'는 중어 중문학과 학생이라면 한 번쯤은 반드시 짚고 넘어가는 시다. 이 시를 보고 당대 최고의 시인 이백은 최호를 능가할 만한 시를 짓지 못해 한탄했다는 고사가 전해 내려온다. 슈퍼스타 이백의 붓을 꺾게 할 정도의 시이니 한 번쯤 감상해볼 만하다.

옛사람 황학을 타고 날아가 버리고, 이곳엔 황학루만 남았구나(昔人已乘黃鶴去, 此地空餘黃鶴樓).

황학은 한 번 가고 돌아오지 않으니, 흰구름만 천 년을 멀리 떠가네(黃鶴一去不複返, 白雲千載空悠悠).

한양수는 날갠 시냇가에서 빛나고, 앵무섬에는 방초 가득하구나(晴川曆曆漢陽樹, 芳草萋萋鸚鵡洲).

날 저무는데 고향은 어디인가, 안개 피어나는 강 위에 수심 잠기네(日暮鄉關何處是, 煙波江上使人愁).

이백이 이보다 나은 시는 지을 수 없다고 아쉬워했지만 붓을 완전히 꺾은 것은 아니었다. 이백도 황학루에서 선배를 떠나보내는 시를 남겼다.

황학루에서 광릉으로 떠나는 맹호연을 보내며(黃鶴樓送孟浩然之廣陵)

옛 친구 서쪽으로 황학루에 이별하고(故人西辭黃鶴樓),
봄빛 완연한 삼월에 양주로 내려간다(煙花三月下揚州).
외로운 돛단배 멀어져 푸른 하늘로 사라지고(孤帆遠影碧空盡),
보이는 건 하늘에 맞닿아 흐르는 장강뿐(唯見長江天際流).

칠언절구(七言絕句)의 송별시(送別詩)다. 이백(701~762년)은 쓰촨을 떠나 중원을 떠돌다가 20대 후반에 12세 연상인 맹호연(689~740년)과 교분을 맺었다. 이때 맹호연은 이미 시명(詩名)을 날리고 있었고 이백은 그를 위하여 '증맹호연(贈孟浩然)'이라는 시를 짓기도 했다. 다시 세월이 흘러 739년, 이백은 황학루에서 우연히 맹호연을 만났다. 당시 맹호연은 광릉, 곧 지금의 양저우(揚州)로 가려던 참이었으므로 이 시를 지어 이별의 아쉬움을 달랬다. 황학이 날아가버린 것처럼 옛 친구도 작별을 고하여 떠나는데, 꽃 피는 계절을 함께 즐기지 못해 아쉽다. 옛 친구를 실은 배는 점점 멀어져 푸른 하늘로 사라져버렸다. 짧은 인생의 이별은 아랑곳 않는 듯 장강(양쯔강)이 무심히 흐른다. 4구절로 석별의 정을 드러낸 절창(絕唱)으로 평가 받는다. 공교롭게도, 황학이 선인을 태우고 날아간 뒤 다시 돌아오지 않은 것처럼 맹호연은 이백과 헤어진 이듬해에 세상을 떠났다.

A s i a n H i g h w a y

07 화중경제권을 주목하라

동방의 시카고, 우한·창사

'다장(大江), 다후(大湖), 다우한(大武漢).'

후베이(湖北)성 최대도시이자 성도인 우한 거리에 붙은 현수막 내용이다. 다장은 양쯔강을, 다후는 우한 시내 둥후(東湖) 등 100개 호수(후베이성은 1000개 호수)를, 다우한은 20세기 전반에 중국을 대표했던 도시였음을 의미한다. 20세기 초 우한은 대외무역액이 상하이에 이어 중국 전체 2위를 차지해 '동방의 시카고'란 별칭으로 불렸다(우한은 양쯔강과 한강(漢江)을 경계로 한커우(漢口)·한양(漢陽)·우창(武昌)으로 구성된 도시다).

우한에 들렀을 때 제일 먼저 눈에 들어온 풍광은 수많은 고층빌딩과 도로 건설현장이었다. 높이 솟은 크레인이 헤아리기가 쉽지 않을 정도다. 실제로 우한 시내 금융가에는 IFC(국제금융센터) 건물 공사가 한창이었고, 점차 마천루를 이뤄가는 중이었다.

우한의 금융 상업 중심지.

엄기성 주우한 한국총영사는 우한을 이렇게 설명한다.

"건설현장이 무려 5,000군데에 달한다. 지하철 공사도 한꺼번에 진행한다. 여기저기 땅을 파헤치다 보니 먼지가 날려 때로는 '북부 지역 황사가 양쯔강 유역까지 왔나?'라는 생각이 들 때도 있다. 교통이 막혀 양쯔강 너머 우창을 갔다가 총영사관이 있는 한커우로 돌아오면 반나절이 훌쩍 지난다. 이처럼 지금 우한은 매우 혼란스럽지만 5년만 지나면 상하이와 비슷해질 것이다. 이곳에서 판자촌을 부수고 아파트만 지어도 건설부문에서 10%씩 성장할 것이다. 예전에 연안 지역 도시들이 성장했던 것과 비슷하다. 우한에 100층짜리 건물만 3개를 지을 것이라고 한다."

우한과 함께 화중경제권을 대표하는 후난성 성도 창사(長沙)도 혼란스럽기는 마찬가지다. 시정부가 있는 샹장(湘江) 서쪽에서 동쪽 시내중심가로 들어오는 데 1시간 이상 걸렸다. 도심을 가로지르는 지하철 공사 등 수많은 건설공사 때문이다. 도시 자체도 시내를 중심으로 동서남북 가리지 않고 뻗어나가고 있다.

화중경제권이란 연안 지역에 비해 상대적으로 뒤처진 후베이·후난(湖南)·허난(河南)·안후이(安徽)·산시(山西)·장시(江西) 등 6개 성을 말한다. 면적은 103만 ㎢(한반도의 4.7배). 인구가 3억 5,000만 명(중국 전체의 26.7%, 미국보다 많음)에 달하지만 지역총생산(GRDP)은 6조 9,000억 위안으로 중국 전체의 21% 수준이었다. 중국이 동부 연안을 중심으로 수출주도형 경제 발전을 추진하면서 상대적으로 뒤처졌던 지역이기도 하다.

후진성을 면치 못했던 화중경제권 대도시들이 최근 온통 건설현장이

된 것은 '중부굴기' 때문이다. 중부굴기란 2009년 9월 중국 국무원이 화중 경제권 6개 성을 '내수시장 발전지역'으로 지정하며 나온 정책.

중부굴기는 '3+1'로 얘기된다. 3이란 곡창지대인 양쯔강 유역을 중심으로 식량공급기지 건설, 자원공급기지 건설, 장비제조업·정보화산업기지 건설을 의미하며, 1은 종합운수교통 허브 건설을 뜻한다. 광저우, 상하이, 산둥 등 동부 연안은 포화 상태다. 중국 정부는 결국 새로운 경제 발전 모멘텀으로 '내수시장 개척'을 내걸었다.

중국 정부는 화중경제권을 위해 2000년부터 매년 32%가량 재정 지원을 늘려 2009년에는 중앙 지원 금액이 7,390억 위안(한화로 126조 원)에 달했다. 우한이 위치한 후베이성 하나만 보더라도 2010년 100억 위안 (한화로 1조 7,000억 원) 이상인 프로젝트가 지하철 건설 227억 위안, 호수 관리 100억 위안, 남수북조 공정 140억 위안, 전력망 건설 102억 위안, 고속도로 건설 420억 위안, 신항만 건설 120억 위안, 원자력발전 250억 위안, 에틸렌 공정 180억 위안, 신공항 확장 200억 위안 등 수두룩하다. 그 덕분인지 2010년에는 6개 성 총생산이 8조 4,000억 위안으로 뛰어올랐다.

우한 지역 산업으로는 철강·자동차·광(光)산업을 들 수 있다. 중국 3대 철강사인 우한강철은 2009년 철강생산량 3,000만 t을 돌파해 세계 20대 철강 업체로 성장했다. 1968년 마오쩌둥 지시로 스엔시에 둥펑(東風)자동차가 들어섰으며, 광밸리(光谷)에는 인텔·노키아·필립스·IBM 등이 입주해 있는데 광케이블은 중국 생산량 가운데 50%를 차지한다.

중국 정부는 향후 내수시장 촉진책을 쓸 수밖에 없는 만큼 안정적인 시

창사의 번화가 모습.

장 개척이 가능하다는 장점이 있다.

2011년 후베이성에 진출한 외국 기업은 프랑스 시트로앵·푸조, 일본 닛산·혼다 등이 있다. 한국 기업으로는 조선내화, 우신기계, SK에너지, 금호고속 등이 있으나 존재감이 미미한 상황이다. 2010년 3분기까지 화중 경제권에 대한 국내 기업의 투자를 보니 후난, 후베이, 장시, 산시, 안휘, 허난 등 6개 성을 합쳐 300건에 12억 달러 수준이었다. 2010년 3분기 말 기준으로 중국 전체에 대한 투자액이 2만 766건에 308억 달러인 것과 비교하면 투자액이 전체의 3% 수준에 불과하다.

후난성 관광지인 장자제에 한국인이 연간 50만 명가량 방문한다. 그러나 창사는 과거 LG 공장이 철수한 뒤에는 한국 기업 흔적을 거의 찾기도 힘들다. 반면 창사에서 제일 장사가 잘되는 백화점은 일본 자본이 만든 '평화당'이라는 곳이다.

가슴이 뭉클

서툰 한국어로 성실히 대답한 편지 한 장

창사에서 있었던 일이다. 세탁물 주머니에 빨랫감을 담아 호텔에 맡겼다. 하지만 세탁을 해달라는 용지에 기입하는 것을 까먹었다.

다음날 외출을 했다가 방에 돌아오니 호텔 종업원이 손수 쓴 편지 한 장이 놓여 있었다. '친애하는 손님'으로 시작하는 이 편지는 놀랍게도 한국어로 쓰여 있었다. 중국인 직원이 열심히 사전을 찾아가며 썼을 것으로 보인다. 군데군데마다 문맥은 도통 이어지지 않는다. 다음 문장을 해석할 수 있으실런지. "깨끗한 당신은 세탁물의 주머니를 가지고 았지만 세서비스를 기입하지 않…."

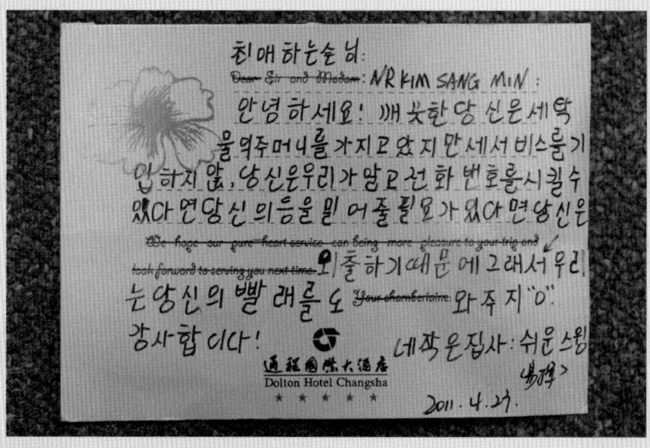

친절한 '쉬운 스윙' 씨의 편지

아마도 세탁의 세(洗)를 쓰려고 했던 듯 보인다. 한국어에서 가장 어려운 부정문을 쓰려다보니 지친 기색이 역력하다. 아직 존댓말을 제대로 배우지 못한 듯 '전화번호를 시킬 수 있다면', '당신의 등을 밀어줄 필요가 있다면'으로 문장이 가도 가도 끝나질 않는다. 마지막 문장도 대단하다. '감사합디다'로 끝난다. '감사합니다'를 잘못 썼다.

압권은 자신의 이름이다. 이렇게 썼다. '네 작은 집사: 쉬운 스윙' 자신의 이름인 쉬울 이(易)와 휘두를 솔(率)을 찾다가 그만 쉬운 스윙이라는 엉뚱한 이름을 써놓은 것으로 추측된다. '바람과 함께 춤을'처럼 인디언 이름 같이 뜻을 그대로 풀어썼다. 문법에 안 맞는 서툰 편지야 아무려면 어떤가. 배려심과 손님을 향한 서비스 정신이 무척 귀엽고 또 감동적으로 느껴졌다. 다음에 창사의 통청 호텔을 가게 되면 '작은 집사, 쉬운 스윙' 씨를 꼭 한 번 만났으면 싶다.

화중지역의 한류

우한에는 서울 명동에 해당하는 무한천지(武漢天地)라는 곳이 있다. 여기에 커피빵이나 초콜릿빵, 유산균빵을 파는 곳이 있는데 줄을 서서 먹을 정도다. 우한 사람들이 한국에 여행을 갔다가 장사가 잘되겠다 싶은 품목으로 빵가게를 연 것이다.

우한에는 '짝퉁 한국 식당'이 200개를 넘는다. 간판에 한국어가 들어가기만 하면 장사가 잘된다는 이유로 한국 식당을 표방해 재미를 본다.

실제 한국인이 경영하는 식당은 거의 없다. 당연히 한국 조리법을 제대로 알지 못한다. 그래서 한국인들은 뭐든지 구워 먹는다고 생각하고 고기 외에 마늘과 당근까지 구워서 내놓는다. 우한은 여름철에 40도를 웃돌고 습도가 매우 높아 충칭(重慶)·난징(南京)·지난(濟南) 등과 함께 '중국 4

대 화로'로 불린다. 시민들은 외식을 자주 하는데, 그 재미를 짝퉁 한국 식당이 톡톡히 누리고 있는 셈이다.

엄기성 주우한 한국총영사는 한류 바람을 이렇게 설명한다.

"우한은 한류 초기 단계다. 한국 이미지가 좋고, 한국 드라마를 즐겨 보는 사람도 많다. 상하이에서는 1990년대 후반에 혐(嫌)한류가 불었는데 여기는 2005년에야 한류가 불었고, 혐한류라는 용어조차 없다."

한류 바람은 창사 시내 한복판에서도 찾을 수 있다. 창사 시내 왕푸징 백화점 인근은 젊은이가 즐겨 찾는 곳으로, 1㎞가량 사람만 다닐 수 있는 거리가 있다. 창사를 찾을 날은 마침 주말이었는데 발 디딜 틈이 없을 만큼 인산인해였다. 젊은 여성들은 핫팬츠와 하이힐로 멋을 냈는데, 서울 시내를 활보해도 전혀 손색이 없는 패션 감각이다.

젊은이들 문화를 보고자 '마르가르타 클럽'이라고 적힌 지우바를 찾았다. 지우바란 술을 의미하는 지우(酒)와 영어로 술집인 바(bar)를 합친 단어. 한국에서는 젊은이들이 즐겨 찾는 홍익대 앞 나이트클럽과 비슷한 개념이다. 문을 열고 들어가니 귀를 찢는 듯한 음악이 울려 퍼졌고, 젊은 남녀들이 맥주 등을 한 손에 든 채 춤과 대화를 즐기고 있다. 슈퍼주니어 노래 '쏘리쏘리'가 울려 퍼졌고 따라 부르는 사람도 많았다.

창사에서 만난 김구 선생

창사 시내의 중산로 난무팅 6호(楠木廳 6號). 한국에는 잘 알려져 있지 않지만 이곳은 1937년부터 1년 남짓 대한민국 임시정부가 세워졌던 곳이다. 꼬불꼬불한 미로를 돌아 들어가면 허름하지만 고요한 가운데 새소리가 들리는 임시정부 옛 터가 있다.

김구 선생을 비롯한 임시정부 인사들은 1937년 1월 샹장(湘江)의 한기를 느끼며 이곳에 보금자리를 틀었다. 일본이 중국 본토를 침략하자 임시정부 인사들과 100여 명의 가족은 쟈싱, 항저우, 난징 등을 떠돌다가 후방기지인 창사에 도착한 것. 김구 선생은 어머니인 79세 곽낙원 여사와 16세의 아들 김인과 함께 이곳에 둥지를 틀었다. 1938년 3월 1일에 창사 임시정부 요원들은 미소를 지은 채 3·1절 19주년 기념사진을

창사에 있는 대한민국 임시정부청사의 김구 동상 앞에 선 취재팀. 왼쪽부터 이승환·서유진 기자, 김상민 부장, 이종태 고문.

찍기도 했다.

《백범일지》에 보면 김구 선생은 장즈중 장군이 후난성 주석으로 취임해 대한민국 임시정부를 위해 편의를 봐주었다고 기록했다. 그는 "창사는 물가도 싸서 좋은 데다 그동안은 줄곧 가명생활을 했지만 이곳에서는 드디어 김구라는 이름으로 살아갈 수 있게 됐다"며 기쁨 어린 감회를 토로했다. 장즈중은 김구 선생을 위해 관저를 안배하는 한편 한국어 방송국 등을 개설하도록 도와줬다.

하지만 임시정부는 1938년 5월 6일 임시정부 2층에서 김구 선생을 비롯한 4인이 괴한의 총격에 의해 부상을 당하고 1명이 사망하는 소위 '남목청 사건'을 겪게 된다. 독립운동 인사들에게 쓰라린 사건이었다. 급변하는 정세 속에 1938년 7월 창사 임시정부는 난무팅 6호를 떠났다. 그 후 중국 창사시 정부는 2007년 대한민국 창사 임시정부 터를 문화재로 지정했고 2009년부터 약 10억 원을 들여 임시정부 터를 새로이 복원했다.

가슴이 뭉클

정확히 도착한 악양루 택시

고속철에서 내려 악양루까지 가는 초행길. 다시 택시는 타야 하는데 얼마 정도 나올지 감이 잡히지 않는다. 그러다가 택시 정류소로 가는 길에 각 명승지마다 ㎞와 대략의 운행요금이 기록된 표가 보였다. 너무 반가웠다. 악양루까지는 거리가 11.5㎞에 22위안. 얼른 택시를 탔더니 5분쯤 지났을 때 택시기사가 물었다. 길이 막히는 것 같으니 다른 도로를 타도 되겠냐는 것이다. 중국어 교과서에 보면 '택시기사가 길을 돌아갈지도 모르니 '길을 돌아가지 말아주세요'라는 중국어 문장을 가르치던 때가 있다. 그런 생각이 들었지만 택시기사 말투가 워낙 상냥해 알아서 하라고 애기해줬다.

악양역 앞에 놓인 택시요금 안내판.

그리고 10분쯤 지나 악양루에 도착했을 때 취재진은 모두 놀랐다. 0.5위안의 오차도 없이 요금은 정확히 22위안이었다. 손님을 속이거나 돈을 뜯어내던 이전 모습과는 확 달라진 풍경에서 격세지감을 느낄 수밖에 없었다.

• 악양루 •

악양루는 중국 3대 누각 중 하나로 후난성 동정호구 악주부(岳州府)에 있는 부성(府城)의 서쪽문 누각이다. 동정호의 동쪽에 위치해 호수를 한눈에 전망할 수 있다.

악양루는 동정호를 즐기기 위한 누각인 만큼 악양루를 표현하는 문구에는 반드시 동정호가 들어가게 되어 있다. 동정천하수, 악양천하루. 동정호가 천하 제일의 물이요 악양루가 천하 제일의 누각이라는 의미로 풍광이 아름다운 것으로 이름이 높다. 입장료는 80위안. 악양루는 이미 1700여년의 역사를 지닌 채 지금도 남아 있지만 많은 이들이 고쳐 짓고 모양을 바꾸면서 각 시대마다 모습이 전혀 다르다. 문화 유적이 새롭게 거듭난 좋은 사례다.

실제로 악양루에 가보면 송, 원, 명, 청 등 당대에 있던 악양루의 모습을 복원해 놓은 모형들이 줄지어 있다. 각 시대의 풍습과 기호가 잘 반영된 모습이다. 이름은 악양루로 같지만 그때그때 다르다는 것이 이채롭다. 현재의 건물은 1880년 청나라 광서제 때 다시 중건한 것으로 누각의 높이는 20m에 삼층 목조 건물로 되어 있다.

악양루의 전신은 삼국시대 동오의 명장 노숙이 군사적 목적으로 만든 누각이다. 당시 오나라는 촉나라의 유비와 형주를 다투고 있었는데, 215년 노숙은 동정호의 파구(巴丘)에 주둔하며 수군을 훈련시키

동정호 옆에 위치한 아름다운 악양루의 모습.

고, 파구성을 세우면서 열군루(閱軍樓)라는 망루를 지어 수군이 훈련하는 모습을 참관했다. 이것이 악양루의 시초다.

716년 당나라 때 악주의 태수 장열(張說)이 이곳을 수리하여 다시 세우면서 악양루라고 이름을 고쳐 지었다. 장열은 당대의 여러 재사(才士)들과 더불어 누상(樓上)에서 시를 읊고 즐겼다. 누상에 모인 명사들의 모습 자체로도 누각산수도의 좋은 화제가 되었다.

1044년 송나라 때 등자경(藤子京)이 이곳 태수로 좌천되면서 퇴락해진 누각을 고쳐 짓게 된다. 그때 범중엄을 초청하여 유명한 악양루기(岳陽樓記)를 짓게 한다. 문학작품 속에서 나타난 악양루와 동정호를 감상해보자.

악양루에서 바라본 동정호의 모습.

범중엄의 '악양루기(岳陽樓記)'

천하의 근심을 앞서 근심하고(先天下之憂而憂),

천하의 즐거움을 뒤에 즐긴다(後天下之樂而樂).

두보의 '등악양루(登岳陽樓)'

오랜전에 동정호에 대하여 들었건만(昔聞洞庭水),

이제야 악양루에 오르게 되었네(今上岳陽樓).

오와 초는 동쪽 남쪽 갈라 서 있고(吳楚東南瞬),

하늘과 땅이 밤낮 물 위에 떠 있네(乾伸日夜浮).

친한 친구에게조차 편지 한 장 없고(親朋無一字),

늙어가며 가진 것은 외로운 배 한 척(老去有孤舟).

싸움터의 말이 아직 북쪽에 있어(戎馬關山北),

난간에 기대어 눈물만 흘리네(憑軒涕泗流).

이태백의 '등악양루(登岳陽樓)'

악양루에 올라(與夏十二登岳陽樓),

악양루에서 악양이 다보이네(樓觀岳陽盡).

시내는 멀고 동정호가 펼쳐지네(川迴洞庭開).

기러기는 시름을 가져가 날아가고(雁引愁心去),

산들도 좋고 달도 떠오르네(山銜好月來).

구름 사이에 숙소 정해 머물고(雲間連下榻),

하늘 위에서 술잔 돌려 마시네(天上接行杯).

취하니 서늘한 바람 불어(醉後凉風起),

휘돌아 춤추는 사람 소매깃을 휘도네(吹人舞袖回).

A s i a n H i g h w a y

08 미오쩌둥과 공자

마오쩌둥, 그를 빼곤 중국을 논할 수 없다

단둥역 앞 동상, 산해관의 기념비(不到長城非好漢, 장성에 오르지 않으면 사나이가 아니다), 톈안먼광장의 사진과 기념관, 우한의 택시 운전대 앞.

중국인에게 중화인민공화국 '건국의 아버지'로 인정받는 마오쩌둥(毛澤東)은 어디에나 있었다. 사후 35년이 지났는데도 그의 그림자는 중국대륙에 깊이 드리워져 있다. 반면 '개혁·개방의 설계자'인 덩샤오핑(鄧小平)의 흔적은 찾기 힘들었다. 마오쩌둥이 과연 중국인에게 어떤 존재일지 느껴보기 위해 그의 고향인 사오산(韶山)을 찾았다.

후난성 성도인 창사에서 80㎞가량 떨어진 사오산으로 가는 길은 잘 닦인 포장도로다. 군데군데 마오쩌둥의 출생지를 알려주는 표지판이 보인다. 사오산 입구에 가까워지자 마오쩌둥의 성을 딴 '마오(毛)'로 이름이 시

후난성 샹탄시 사오산에 위치한 마오쩌둥의 생가.

작되는 식당이 즐비했다.

사오산에 들어서자 마을을 도는 셔틀버스에 붙은 '마오 주석의 고향이 당신을 환영한다'는 문구가 보인다. 수만 명의 사람과 이들이 타고 온 차로 교통이 혼잡을 넘어 마비상태다. 차량 번호판으로 안후이, 장시, 저장, 광둥, 허난 등 전국 각지에서 차량들이 왔음을 짐작할 수 있다. 동상이 우뚝 서 있는 광장은 초등학생부터 백발이 성성한 노인까지 남녀노소가 마구 뒤엉켜 있다.

동상 앞에는 100여 개 화환이 놓여 있었다. 화환에는 '영원히 마오 주석을 그리워한다(永遠懷念毛主席)'는 문구가 새겨진 붉은 리본이 달려 있다. 1992년 11월 24일 장쩌민 전 국가주석이 직접 쓴 동상 표제도 보인다. 마오쩌둥 생가(故居)로 들어가려는데 1시간 30분간 줄을 서서 기다려야 하는 상황이다. 어쩔 수 없이 생가 외관만 둘러보는데 만족해야 했다.

마오쩌둥 동상 앞에서 기념사진을 찍는 중국인들.

발길을 돌려 다시 찾은 광장 한편에 놓인 바위에 새겨진 글씨는 마오쩌둥의 위력을 실감케 했다. '中國出了個毛澤東(중국에서는 마오쩌둥이 나왔다)'라는 글씨였다. 중국에서 군가보다 더 많이 불린다는 '동쪽은 붉게 물들고, 태양은 떠오른다, 중국에서는 마오쩌둥이 나왔다(東方紅, 太陽昇, 中國出了個毛澤東)'라는 노래의 뒷부분이다. 중국인이라면 누구나 알고 있는 곡이다.

기념관도 세분된 전시실마다 '中國出了個毛澤東 1, 2, 3' 하는 식으로 명명돼 있다. 다른 훌륭한 인물들도 많은데 오로지 중국에서 마오쩌둥이 나왔다는 말이 나온 것은 그만큼 그의 족적이 컸음을 의미한다. 둥팡훙(東方紅)은 중국이 최초로 쏘아올린 인공위성의 이름이기도 하다.

점심시간에 들른 식당에서도 마오쩌둥의 위력은 대단했다. 식단은 그가 즐겨 먹었다는 홍샤오로우(붉게 졸인 돼지고기), 강산일편홍(물고기 머리를 맵게 끓여낸 것), 초우또우푸(삭힌 두부) 등으로 구성돼 있다. 이러한 음식을 먹는 게 사오산을 방문한 이들의 마지막 코스다.

마오쩌둥(1893~1976년)은 부농의 아들로 태어났다. 그는 1920년 후난 지역에 공산당 조직을 설립하고, 1921년 상하이에서 개최된 제1기 중국 공산당 전국대표대회에 창사지역 대표로 참가한다. 이 상하이 회의가 중국 공산당 역사의 시발점이며, 마오쩌둥의 공산당 역정의 실질적인 시작이었다.

마오쩌둥은 1927년 한코우 지역 공산당 회의에서 "권력은 총구에서 나온다"라는 유명한 말을 남겼다. 그는 국민당의 공산당 토벌로 1934년부터 시작된 대장정 도중 최고지도자가 된다. 1935년 1월 15~17일 사흘간 꾸이조우성 준의(마오타이주의 고향)에서 열린 공산당 중앙위원회 정치국 확대회의에서 군의 지휘권을 인계받았다. 그 후 10년이 흐른 1945년 옌안에서 열린 공산당 제7기 전국대표대회에서 마오쩌둥 사상은 공산당의 지도사상이며, 모든 공산당 사업들의 지침으로 공산당 정관에 기록된다.

그는 1949년 중화인민공화국 건국 당시 국가주석이었고 1976년 사망할 때까지 최고 실권자였다. 1935년부터 죽을 때까지 41년간 절대권력자였기에 '새로운 황제(New Emperor)'로 묘사되기도 한다.

마오쩌둥은 중국 현대사에 큰 영향을 미쳤으며 평가도 엇갈린다. 중국을 건국한 혁명가이자 전략가였지만 대약진운동의 실패, 문화혁명 등으로 약 7,000만 명의 목숨을 앗아가기도 했다. 그에 대해서는 1981년 중국 공산당 중앙위원회가 공식적으로 '공(功)은 7, 과(過)는 3'으로 평가했다(흥미롭게도 마오쩌둥은 옛 소련의 독재자 스탈린에 대해 70%의 공로와 30%의 착오를 범했다고 평가한 바 있는데, 자신에게 동일하게 적용될지 짐작이나 했을까).

그런데도 여전히 마오쩌둥은 중국인에게 '큰 별'로 자리 잡고 있다. 넓은 땅과 많은 인구를 거느리는 중국 대륙의 구심점 같은 존재다. 창사에 거주하는 교민 이종태 씨는 "후난성 등에서는 가장 큰 명절인 춘제(설)면 정부 관료부터 기업인, 일반 서민까지 사오산을 찾는다. 존경의 마음을 표하고 새해의 복을 빌기도 한다"고 전했다.

마오쩌둥이 이처럼 중국인에게 사랑받는 이유는 바로 '하나의 중국'을 만든 장본인이기 때문일 것이다. 중국은 늘 '큰 것'을 지향해왔고, 대국을 건설한 사람에게는 과오를 묻지 않았다. 군벌이 득세하던 중국에서 1921년 고작 21명으로 출범한 공산당이 통일 중국을 만들었고, 그 중심에 마오쩌둥이 있다는 자체가 중국인에게는 커다란 자부심을 작용한 것으로 여겨진다.

마오쩌둥의 존재감을 보여주는 대표적인 사례는 중국의 차세대 최고 지도자로 유력시되는 시진핑(習近平) 국가부주석의 행보다. 그는 2011년 3월 23일 사오산을 찾았다. 시진핑은 이 자리에서 "선배세대의 혁명 전통은 공산당에 귀중한 정신적 자산이다. 공산당원 모두 이 전통을 이어받아 중국특색사회주의의 길로 매진해야 한다"고 강조했다. 발언 내용과 장소 선택의 측면에서 이는 곧 '대권' 수임 의지를 보인 것으로 해석됐다. 2012년 10월 개최될 제18차 당대회에서 '마오쩌둥→덩샤오핑→장쩌민→후진타오(胡錦濤) 주석'을 잇는 제 5세대 지도자로 등극할 예정인데 그 출발점에 마오쩌둥이 자리한다는 얘기다. 이는 곧 마오쩌둥이 중국 공산당의 굳건한 토대가 되고 있음을 보여준다고도 할 수 있을 것이다.

오늘도 중국의 많은 택시기사나 운전사들은 '안전을 지켜준다'는 믿음으로 차 안에 마오쩌둥 상을 모셔둔다. 그러면서 매일 '오늘도 안전히'라고 빈다. 마오쩌둥이 사실상 종교가 없는 중국에서 '신과 같은 존재'가 되어 가고 있음을 의미한다.

동쪽은 붉게 물들고 태양이 뜨네.
중국에서는 마오쩌둥이 나왔네.
그는 인민을 위해 행복을 도모했네.
그는 인민을 구한 큰 별이네.
모주석은 인민을 사랑해.
그는 우리를 길로 인도하는 사람(帶路人)이야.
신중국 건설을 위해 우리를 앞으로 나아가게 영도하지.
공산당은 태양과 같아.
어떤 곳을 비추면 그곳이 빛나지.
거기엔(빛이 비추는 곳엔) 공산당이 생겨나.
그곳의 인민은 해방을 얻지.

'중국에서는 마오쩌둥이 나왔다(中國出了個毛澤東)' 노래 가사 중에서

기가 막혀!

중국엔 김 여사가 왜 이리 많아!

마오쩌둥의 고향인 사오산을 방문했을 때 일이다. 생가와 박물관 등을 둘러보고 주차장에서 빠져 나오려는데 차가 꼼짝을 못하는 것이었다. 알고 보니 왕복 2차선에서 나가는 차선을 들어오는 차량들이 모두 점령한 탓이었다. 그러다 보니 나가지도 들어오지도 못하고 모두들 꼼짝없이 갇히는 상황이 됐다. 뒤늦게 공안(경찰)이 옆 건물의 주차장 쪽으로 길을 터줘 나올 수 있었지만 무려 40분가량을 허비해야 했다. 여기서 중국인이 쓴 얘기가 생각났다. 100대를 주차시킬 수 있는 주차장이 있다. 독일인은 100대를 주차시킨다. 정확하니까. 일본인은 120대다. 차가 작으니까. 미국인은 80대를 주차시킬 수 있다. 차가 크니까. 그렇다면 중국인은? 2대만 주차시킬 수 있다. 입구에 1대, 출구에 1대라나!

마오쩌둥과 룽후더우, 대약진운동

중국에서 고양이 요리는 남부 지방인 광둥성과 푸젠성 등지에서 주로 만들어 먹는다. 특히 광둥성에서는 사향고양이가 인기가 많은데 요리하면 과일 향이 은근히 배어 나오기 때문이다. 특이하게도 사향고양이는 과일을 즐겨 먹는다고 한다.

마오쩌둥은 고양이 요리를 아주 좋아했다. 그는 후난성 출신으로 이 지역 사람들은 맵고 자극적인 요리를 좋아했다. 마오쩌둥도 매일 고추가 들어간 음식을 반드시 차려오게 했으며, 그중 후추로 범벅이 된 참외 요리와 기름에 튀겨 고춧가루로 버무린 돼지고기를 유독 좋아했다. "매운 것을 못 먹으면 혁명가가 될 수 없다"고 공언했을 정도다.

사실 후난성에는 '매운 것을 두려워하지 않으며 오히려 매운 것이 맵지 않을까 두려워 한다'는 속담이 있을 정도다.

20여 년간 마오쩌둥의 주치의를 지낸 리즈수이(李志綏)가 지나치게 자극적인 음식이나 기름투성인 돼지고기 튀김은 몸에 나쁘니 가급적 먹지 말라고 말려도 소용없었다. 1957년 11월 소련을 방문했을 때도 후난성 풍의 매운 음식을 잊지 못해 전속 요리사를 함께 데리고 갈 정도였다고 한다.

그는 소련을 보고 뭘 느꼈는지 1958년 1월 공산당의 모든 간부에게 광시성의 도시인 난닝으로 모이라고 명령을 내렸다. 여기 회의장에 특이한 음식이 나왔는데 바로 롱후더우(龍虎鬪)였다. 용과 호랑이의 싸움이라는 뜻이다. 중국 특유의 과장법을 엿볼 수 있다.

여기서 용은 뱀을 말하며, 호는 고양이를 뜻한다. 광둥이나 푸젠, 광시 지역 사람들은 뱀 요리를 좋아하며, 일상적으로 즐겨 먹는 편이다. 뱀이나 고양이는 기생충이 많아서 오랫동안 열에 익혀야 한다. 보통 벗긴 후 푹 삶아 나오며, 취향에 따라 고기를 끓는 기름에 바싹 튀기기도 한다. 롱후더우를 앞에 둔 연회에서 마우쩌둥은 이렇게 말했다.

"우리 중국은 앞으로 3년 안에 영국을 따라잡고, 10년 안에 미국을 능가하는 세계 최강대국이 될 것이오. 그러기 위해서는 먼저 철강 생산량을 크게 늘려야 하오. 전국 모든 농가의 뒤뜰에 작은 용광로를 건설해 거기서 철을 생산하도록 하시오. 민가에서 쇠를 만들 수만 있다면 머지 않아 우리 중국은 외국에서 철을 수입하지 않아도 될 것이오. 이 웅대한 계획을 나는 '대약진운동'이라고 부르겠소. 모두들 한번 열심히 해봅시다."

그 후 마오쩌둥은 룽후더우를 맛있게 먹어 치웠다. 다른 사람들은 기름기가 너무 많아서 젓가락도 대지 못하고 주저했지만.

대약진운동은 1958년부터 1960년까지 추진됐는데 무려 4,000만 명의 중국인이 굶어 죽는 것으로 결론 났다. 기근이 든 게 아니라 계속 풍년이 들었는데도 곡식들을 수확할 건장한 장정들이 몽땅 뒤뜰 용광로에서 쇠를 만들고 있었기 때문이다. 더욱 큰 문제는 만든 쇠가 대부분 쓸모없는 연철이었다는 것. 강철도 만들지 못하면서 냄비니 주전자니 하는 생필품만 잃게 된 꼴이었다. 마오쩌둥은 참새 박멸 캠페인도 벌였는데 문제는 참새가 곡식뿐만 아니라 해충도 먹어 없애는 생태계의 균형자였다는 것이다. 결국 천적이 없어진 해충들이 기하급수적으로 불어나 곡식들을 닥치는 대로 먹어 치웠다. 그런데도 마오쩌둥은 "먹을 것이 모자라면 식사량을 줄이면 되고, 그것도 없으면 아무거나 구해 먹으면 될 것 아닌가. 굶주림이나 기근은 옛날에도 얼마든지 있었던 일이다. 그게 뭐 대수라고 호들갑을 떠나?"라고 했다는 것. 그러다가 결국 류사오치(劉少奇)나 펑더화이(彭德懷) 등이 실상을 알고, 마오쩌둥을 압박하면서 결국 마오는 자신의 과오를 인정하고 물러섰다.

가슴이 뭉클

이 작은 도시에서도 한국사랑을

후난성 천저우에 들렀을 때는 밤이 늦었다. 부랴부랴 숙소를 정하고 나서 식당을 찾았는데 웬걸. 저녁 9시가 넘으니 어지간한 식당은 모두 문을 닫은 상황이었다. 하는 수 없이 거리를 배회하다가 들어간 곳은 야참을 파는 조그만 식당. 물어보니 한국 사람이 들른 것은 처음이고, 한국 드라마를 즐겨 보는데 이렇게 직접 한국인을 보니 반갑다며 크게 반겼다. 시장하던 차에 맛있게 저녁을 먹고 나오면서 고맙다는 인사를 건넸다. 식당을 나와 길을 가는데 갑자기 뒤쪽에서 부르는 소리가 들렸다. 돌아보니 식당 아주머니가 찬진즈(식사용 냅킨) 2개를 건네주는 것 아닌가. 돈이라면 자다가도 벌떡 일어난다는 중국인인데, 이미 밥값을 내고 나간 손님에게 공짜로 이런 걸 주다니. 정말 가슴이 따뜻해지는 경험이었다.

쑨원의 삼민주의

중국이나 대만 양쪽에서 모두 존경받는 '국부(國父)' 쑨원(孫文)을 이해하려면 중국인들의 옷을 들여다보면 된다. 그의 별명인 중산(中山)에서 이름을 딴 중산복(中山服)은 실용적이고 편안해 지금도 사랑받고 있다.

중산복 옷소매에 달린 3개의 단추에는 그의 사상이 담겨 있다. 세 개의 단추는 쑨원이 주창한 민생(民生)·민주(民主)·민족(民族)의 삼민주의(三民主義)를 나타낸다. 우한에 있는 신해혁명기념관을 찾았을 때

중산복을 입은 쑨원 동상 앞에서 중산복을 입은 나이 지긋한 참배객을 볼 수 있었다.

쑨원은 본디 의사로서 뜻을 품었다. 광둥성 출신으로 홍콩에서 의학교를 졸업했지만 결국 그는 한 사람의 질병을 고치는 의사가 아닌 나라 전체를 구하는 의사가 되고자 했다. 그는 1905년 일본 도쿄에서 중국혁명동맹회를 결성해 반청 혁명운동을 했다. 1911년 신해혁명에 성공해 중화민국 임시대총통이 됐지만 북양군벌의 거두인 위안스카이(袁世凱)와 타협해 그에게 정권을 내줬다. 하지만 결국 1919년 중화혁명당을 개조한 중국 국민당을 결성하고 1924년 국민당대회에서 제1차 국공합작(國共合作)을 실현시켰다. 쑨원은 중국의 독립과 부강을 위해 살아오다 이듬해인 1925년 베이징에서 병사한다.

쑨원은 한국의 독립운동 지원과 대한민국임시정부 창립에도 지원을 아끼지 않았다. 1962년과 1968년 대한민국 정부에서 건국훈장 중장이 추서됐다.

쑨원의 동상 옆에는 아내 쑹칭링(宋慶齡) 여사가 쓴 신해혁명기념관 제호가 있다. 그녀는 쑨원이 죽은 뒤 국공합작에 노력하다가 국공이 분열하자 모스크바와 베를린 등지에서 머물렀다. 얄궂게도 쑹칭링 여사의 여동생은 쑨원과 대립관계였던 장제스의 부인인 쑹메이링(宋美齡) 여사다. 소설보다 더 드라마틱한 역사는 영화 '송가황조'로 제작되기도 했다.

톈안먼광장에서 100일 만에 쫓겨난 공자

2010년 4월 톈안먼광장(천안문광장)을 찾았을 때 공자(孔子)상이 서 있었다. 2011년 1월 11일 톈안먼광장 동쪽 끝 국가박물관 옆쪽에 세워진 높이 9.5m, 무게 17t의 대형 청동 공자상 앞에서 많은 중국인과 관광객들이 기념사진을 찍고 있었다. 당당하게 세워져 있던 공자상은 취재팀이 다녀간 직후인 4월 21일 저녁 갑자기 박물관 내부 '조소원(雕塑園)'으로 옮겨졌다. 동상이 세워진지 100일 만이다. 공자가 어떤 존재이기에 이렇게 대접이 달라졌을까?

공자상은 당초 톈안먼에서도 잘 보이고 베이징 중심도로인 창안제(長安街) 옆에 자리 잡아 공자가 중국 정신문화의 상징으로 추앙받는다는 느낌을 주었다. 추방되었던 공자의 공식 귀환이란 해석도 잇따랐다. 중국은 해외 각지에 공자 아카데미를 세우기도 했다.

역사적으로 볼 때 공자는 진시황 당시 분서갱유(焚書坑儒)로 인해 수난을 겪다가 한나라 무제 시절(기원전 136년) 통치이념으로 자리 잡았다. 그 후 2000여 년간 중국의 정신세계를 지배하는 주도적 사상으로 군림했다. 그러다가 1911년 신해혁명으로 왕조체제가 무너지자 비판대상이 됐고 1919년 '5·4운동' 시절 "공자를 타도하자"는 주장도 등장했다. 서구 열강의 침략으로 중국이 만신창이가 된 원죄를 공자와 유학사상이 뒤집어쓴 것. 1966년부터 시작된 문화혁명 시절에는 '비림비공(批林批孔)'의 기치 아래 홍위병들이 공자와 관련된 모든 것을 파괴했다.

텐안먼광장에 100일가량 서 있었던 공자상.

추방됐던 공자가 복권된 것은 급속한 경제발전으로 빈부 격차가 확대되고 계층 갈등이 커지자 이를 무마하려는 정치적 계산 때문이라는 해석이 잇따랐다. 공자는 당초 "부귀는 사람마다 하고 싶어 하는 일이고, 빈천은 사람마다 하기 싫어하는 일이다"고 말했다. 그러면서도 "정당한 도리로써 얻어낸 부귀가 아니면 그런 처지를 누려서는 안 되고, 정당한 방법과 도리에 의하지 않고 빈천에서 벗어나는 일도 해서는 안 된다"며 사람들에게 합당한 '도(道)'를 강조했다. 빈부에 대해 현실 세계에서 큰 불만을 가지면 안 된다는 뜻이다.

하지만 공자는 여전히 중국에 부담스러운 존재인 게 분명한 듯하다. 중국 관영이론지 〈추스(求是)〉는 2011년 4월 23일 칼럼에서 "공자 및 유가사상은 줄곧 봉건통치질서 옹호자의 역할을 맡아왔다"고 공자를 비판하면서 "중국은 5·4 신문화운동으로 공자를 전복시켜 민주와 과학의 신국면을 열었다"고 강조했다. 추스는 이어 "100일 전 공자상이 톈안먼광장에 섰던 것은 '소수인'이 공자를 만방의 선생으로 떠받든 것"이라며 "유가사상은 근본적으로 사회주의 정신문명 건설을 추진할 수 없으며 봉건등급제도는 근본적으로 사회의 안정과 조화를 지킬 수 없고 전통·도덕적 기준은 결코 사회 도덕 위기를 구제하는 치세 영약이 아니다"고 공자상의 철거를 축하했다.

화려하게 등장했다가 100일 만에 다시 대중의 눈앞에서 멀어진 공자상. 공자상과 관련된 일련의 움직임을 놓고 봤을 때 중국은 여전히 정확한 해석을 하기 힘든 나라임이 분명해 보였다.

기가 막혀!

돈 주고도 사지 못하는 박물관 표?

후난성 창사에 있는 후난성 박물관을 들렀을 때의 일이다. 오후 4시 30분경으로 다소 늦은 시간이었지만, 생생한 미이라로 유명한 마왕퇴 유물을 보기 위해 걸음을 재촉했다. 하지만 박물관 앞에서 들어갈 수가 없었다. 전광판에 '미안합니다, 오늘 표 발급이 완료되었습니다'라고 쓰여 있었던 것. 돈 내고 들어가는 박물관에도 표 발급이 완료되고 말 것이 있나!

사정을 들어보니 기가 막혔다. 박물관이 노동절인 5월 1일 주간을 앞두고 특별히 무료개방을 결정한 것. 공짜표는 줄을 서는 사람들에게 나눠줬다. 이러한 취지는 좋았지만 문제가 있었다. 일찍 줄을 서서 표를 닥치는 대로 미리 발급받은 이들이 원래 50위안이었던 표를 구하지 못한 이들에게 돈을 받고 무료로 팔기 시작한 것이다. 이 때문에 막상 참관을 희망했던 관광객은 발걸음을 돌려야 했고 공짜 표를 사재기(?)한 사람들만 돈을 버는 구조가 돼 버렸다.

매진을 알리는 후난성 박물관.

• 중원의 남악 •

후난성의 창사 남쪽에 자리 잡은 형산(衡山)은 중원오악(五嶽) 중의 남악(南嶽)이다. 형산은 준엄한 산세 그리고 기이한 산봉 72봉으로 인해 오악 중 가장 빼어나다고 인정된다. 왕부지의 고향마을인 헝양(衡陽)에서 북쪽으로 50㎞ 정도 떨어져 있다. 서우웨산(壽岳山)이라고도 한다. 높이 1,265m. 남동북쪽을 샹지앙(湘江)이 둘러싸듯이 흐르며 주위는 400㎞다. 산 속에는 주룽(祝融:1,298m), 즈가이(紫蓋) 등 모두 72개의 봉우리가 있다. 바위가 아름답고, 사원이 바둑판처럼 만들어져 있는 종교 성지다. 예부터 기러기 떼들이 후이옌펑(回雁峰)에서 쉬었다가 날아가

남악 형산으로 오르내리는 가마꾼과 요금표.

는 것으로도 유명하다. 기러기들이 돌아가는 봉우리란 뜻의 이름이다.

산문에 들어가서 5㎞쯤 가면 방광스(方廣寺)가 있다. 남조시대(503년)에 세워진 대표적인 불교사찰이다. 장징뎬(藏經殿)은 산문에서 10㎞정도 떨어져 있고, 남조 혜사선사가 세운 불경 보전건물이다. 명 만력제 때 전소했는데, 1936년에 재건했다. 역대 제왕들이 수렵제사를 하늘에 지냈거나, 두보나 주희 등도 들른 기록이 있다.

특히 불교와 도교신자들이 형산에 유명한 절과 암자를 지었다. 그래서 복을 빌러 오는 신자들로 산꼭대기는 향을 불사르는 내음과 연기로 가득하다. 매년 360만 명이 이곳을 찾는다고 하니 대단한 인기다.

형산을 찾은 날은 도교에서 상당히 길일로 여기는 날이었다. 산 입구에서부터 꽤 비싼 향과 지전을 팔고 있었다. 향은 자기 집에서 갖고 오는 게 가장 싸고 점점 올라갈수록 값이 비싸진다. 한라산 꼭대기에서 먹는 라면이 비싼 것처럼. 사람들은 향과 지전을 이고 지고 멀리서 오지만 힘든 내색을 하지 않는다.

취재진이 형산에서 가장 먼저 들른 곳은 수단(壽壇)이라고 하는 제사 지내는 공간이다. 입장권은 20위안. 이곳은 베이징의 티엔탄(천단), 띠탄(지단)과 비슷한 개념이다. 천, 지, 인 중에서 인에 해당하는 공간인 것이다. 사람들이 살면서 원하는 부유, 장수, 행복, 평화 등을 비는 곳이다. 형산을 올라가려면 케이블카와 버스를 동시에 이용해야 한다.

형산 입장료가 100위안이고, 미니버스+케이블카가

중국 도교의 성지 중 하나로 중원 5악 중 남악에 해당하는 형산의 정상 축융봉.

70위안이니 총 경비가 170위안(한화로 2만 900원)이다. 셔틀버스가 계속 산 안을 순회하며 어디서 잡아 탔는지 알 수 있게 티켓에는 정거장 이름이 표시돼 있다. 해당 정거장에서 타면 그 이름 위에 펀치로 구멍을 내준다. 어렵사리 올라간 형산 꼭대기에서는 온 가족이 장수와 건강과 풍요를 기원하며 일제히 절을 하고 향을 사르는 모습을 볼 수 있다. 멀리 홍콩에서 온 젊은 커플도 눈에 뜨인다. 꼬마에서부터 나이 지긋한 어르신까지 복을 기원하는 모습은 한결 같다. 특히 형산 정상에는 '남악성제'라는 나름의 신을 모셔두는 사당이 있는데, 중국인들은 이곳에서 복을 빈다.

형산을 올라가다 보면 가마꾼들이 손님들을 실어 나르는 광경을 볼 수 있다. 나름 운수회사 소속으로 푸른색 조끼를 입은 사람이 가마꾼이다. 가마 이용료는 케이블카 내리는 곳부터 정상 바로 밑까지 약 3㎞ 가는데 120위안인데, 중간에 타면 80위안으로 떨어진다. 다소 비싸지만 지친 발걸음을 더 이상 옮기기 어려울 때는 찾게 된다. 가마꾼 아저씨에게 물어보니 그나마 어린 아가씨나 아이가 타면 감지덕지란다. 덩치 큰 아저씨 손님이 걸리면 그날은 고생문이 열린 것이라고 한다. 한 가마꾼은 "주중에는 건물 공사 막노동으로 돈을 벌고 손님이 많은 주말에는 나와서 아르바이트를 하는 것"이라고 했다. 중간에 가마를 타면서 낸 요금은 80위안으로, 두 가마꾼이 모두 가져갈 줄 알았는데 알고 보니 가마꾼 두 명에게 돌아가는 돈은 고작 20위안이란다. 1인당 10위안(한화로 1,700원)이고 나머지 60위안은 가마꾼이 소속된 운수회사가 가져간다는 것. 중국이 눈부시게 발전했다지만 시골에서는 여전히 온몸이 부서져라고 일을 해도 먹고 살기 힘든 현실을 이곳에서 직시할 수 있었다.

Asian Highway

광저우의 메이드 인 차이나

09

광둥성, 중국의 공장

'고양이 뿔 내놓고(빼놓고) 다 있다.'

수없이 많은 물건이 진열돼 있을 때 북한 사람들이 쓰는 표현이다. 고양이는 원래 뿔이 없으니 세상에 없는 것 없이 모두 있다는 얘기다. 이러한 표현이 딱 들어맞는 행사가 바로 '광저우 수출입 상품교역회(Canton Fair)'다.

광저우(廣州)는 폐쇄적인 중국 역사에서도 늘 열린 항구였다. 2세기에는 로마인이, 당나라 시절인 7세기에는 아랍 상인이, 16세기에는 포르투갈인이, 17세기에는 영국 상인이 찾는 등 역사 속에서 무역 중심지였다. 1949년 중화인민공화국이 수립된 후 중국 대륙이 '죽의 장막'에 갇혀 있을 때도 광저우는 열려 있었다.

광저우를 대표하는 행사는 '광저우 수출입 상품교역회'로 불리는 박람

인산인해를 이룬 제 109회 광저우수출입교역회.

회. 동서 냉전이 한창이던 1957년부터 시작돼 매년 봄과 가을 두 차례에 걸쳐 열리는데 무려 55년 연륜을 자랑하며, 2011년 4월 109회째를 맞았다. 광저우를 들렀을 때는 운 좋게도 마침 109회 행사가 한창 진행 중이었다.

광저우 하이주(海珠)구에 위치한 행사장을 들렀더니 입구부터 입이 딱 벌어진다. 면적이 116만 ㎡(35만 평)로 여의도 40%에 달하는 크기. '여기를 어떻게 구경하나'라는 걱정부터 앞선다.

참관을 위해 등록장소를 찾으니 여권과 사진, 등록비 100위안(한화로 1만 7,000원)이 필요하다. 사진이 없으면 30위안을 내고 즉석에서 사진을 찍어야 했다. 자원봉사자로 일하는 린준제 씨는 "한 번 등록한 사람은 매년 무료로 들어갈 수 있다. 등록카드를 잃어버려 재발급하려면 200위안

광저우 수출입박람회 외관.

을 내야 하니 잘 보관하라"고 친절하게 당부했다. 참가자는 목줄 색깔에 따라 구분이 되는데 바이어는 하늘색, 스태프는 붉은색, 참가 업체는 보라색이었다. 취재팀은 바이어로 등록했다(기자라고 하면 여러 가지 번거로운 일이 많이 생길 것 같았다).

전시회장을 둘러보니 인형, 장난감, 도자기, 시계, 유리제품, 카시트, 그릇, 액세서리 등 너무나 많은 상품이 전시돼 있어 머리가 아플 지경이다. 행사장이 넓어 공항처럼 셔틀카와 무빙워크도 마련돼 있다. 자동차업체인 BMW와 혼다에서는 귀빈 전용차량도 제공했다.

관람객을 더욱 놀라게 한 것은 교역회에 전시된 품목이 전체 중 3분의 1에 불과했다는 것. 2011년 4월 15일부터 19일까지 열린 1차 때는 기계류와 자동차, 하드웨어, 건설 중장비, 가전제품, 조명 등이 전시됐다. 4월

광저우 시내 전경.

23~27일 열린 2차 때는 생활용품, 가구, 완구, 중국 지역 특산품 위주로 볼 수 있는 전시회였다. 3차(5월 1~5일) 때는 의류, 속옷, 음식, 가방, 신발, 약품 등 소비재들이 주요 전시품목이다. 취재팀은 겨우 2기 전시품목 중 일부분만 봤다. 자료를 보니 2011년에 부스를 차린 중국 기업은 무려 5만 8,706개였고, 외국 구매상(바이어)들은 줄잡아 20만 명에 이르며 참관 업체도 2만 3,000개에 달했다.

워낙 많은 사람이 교역회 기간에 광저우를 찾으니 호텔 숙박비는 4~5배까지 뛴다. 광저우에 위치한 국내 기업 관계자는 "보통 100달러 하는 방이 교역회 기간에는 500달러까지 뛰기도 한다. 광저우에는 아예 교역회가 열리는 4월과 10월에만 문을 열고 나머지 기간에는 임차를 하지 않는 아파트들도 있다. 이들은 한 달에 1만 위안가량을 받고 아파트를 빌려준다"고 전했다. 실제로 턱없이 비싼 요금에 부담스러워서인지 무거운 여행가방을 끌고 전시회를 돌아다니는 바이어들 모습도 많이 눈에 띈다.

매장마다 140개국이 넘는 세계 각지에서 온 참관객들로 붐볐다. 바이어들은 부스 사이에 설치된 컴퓨터 프로그램을 통해 자신과 교역조건이 가장 잘 맞는 파트너를 찾기도 한다. 프로그램명은 무역매칭(貿易匹配)이다(중국어로 매칭은 배필을 뒤집은 '필배'다). 도자 기업체 앞에서 한 미국인 바이어는 교역회를 자주 찾는 듯 "헨리에게 안부 전해주고 적정한 가격(Fair Price) 조건에 감사한다고 전해주세요"라며 인사말을 건네기도 했다. 항저우 히사주미 과기실업유한공사 판차오쥔 팀장은 일본 바이어와 유창한 일어로 상담에 응하고 있었다.

광시좡쭈자치구 난닝에서 대나무바구니를 만드는 회사인 선랜드, 톈진에서 온 위워안 양초 유한공사 등 중국 각지에서 온 참관 업체들은 바이어에게 제품 소개를 한다. 전시회 한쪽에는 장쑤항퉁, DHL, TNT 등 해운회사들이 보인다. 구매한 물건을 가지고 돌아가기 어려우니 전시장 내에서 짐을 부치기 위한 장소다.

전시장 밖도 혼잡스럽기는 마찬가지다. 한쪽에서 아르바이트를 하는 듯한 젊은이들이 2011년 10월 20~23일과 27~29일 열릴 홍콩 메가쇼를 홍보하는 책자를 나눠주고 있다. 이 두 전시는 각각 1992년과 2003년에 시작된 행사로 4,700여 곳이 참석하는 규모다. 광저우에 온 바이어들에게 눈도장을 찍기 위해 안간힘을 쓰는 모습이다.

'세계의 공장'이라고 하면 넓게는 중국을 뜻하고, 좁게는 중국 중에서도 광둥 지역을 의미한다. 이러한 광둥 지역 힘을 보여주는 곳이 '광저우 수출입 상품교역회'가 열리는 '광저우 수출입교역센터'였다. 3시간가량 돌아다닌 끝에 취재팀은 녹초가 됐다. 수입전시관 중 한국관에 58개 기업이 참가했다는데, 아예 찾아볼 엄두도 내지 못했다.

:: 제109회 광저우 수출입상품교역회 현황

- 기간: 2011년 4월 15일~ 5월 5일
- 참가업체: 5만 8,706개, 면적은 116 만 ㎡(35만 평)
- 전시품목
  - 1차(4월 15일~19일): 기계, 오토바이, 자전거, 화학제품, 건설장비, 가전, 컴퓨터, 통신, 전열, 건축자재 등
  - 2차(4월 23일~27일): 주방기기, 도자기, 유리, 가구, 가정제품, 시계, 장난감, 인형, 집안장식, 공구 등
  - 3차(5월 1일~5일): 옷, 스포츠용품, 가죽제품, 카펫, 음식, 의료 및 건강상품, 사무용품, 신발, 가방 등
- 참가바이어 : 20만 7,103명
- 수출계약규모 : 368억 6,000만 달러 (108회보다 5.8% 증가)

기가 막혀!

시판도 안 된 아이폰5가 중국에는 있다

세상의 모든 물건이 다 있다는 캔톤페어에서는 '아이폰5(?)'도 찾아볼 수 있었다. 미국에도 한국에도 안 들어온 물건을 만들어내는 중국인들이라니 정말 대단하지 않은가. 정말 짝퉁의 천국'이라는 게 명불허전임을 느끼는 대목이었다. 다만 아이폰5를 파는 사람들은 박람회장이 아니라 지하보도에서 팔고 있었다. 가격은 한국 돈으로 20만 원 정도. 슬쩍 시험해 보니 터치감도 나쁘고 뻑뻑했다.

광둥에서 돈 자랑 하지 마라

아이가 학교에 늦으면 헬리콥터를 띄운다. 프랑스 파리 루이비통 매장에서 5,000유로가 넘는 가방을 싹쓸이 쇼핑한 사람들을 보니 광둥어를 쓰는 중국인이었다. 대학생이 발렌타인데이 때면 여자친구에게 2,000위안(한화로 약 34만 원)짜리 정식을 사준다. 일제 승용차도 좋은 아파트 단지에 들어가면 쫓겨날 정도다. 춘제(설날) 때 아파트 경비에게 훙바오(붉은 봉투, 감사를 표하는 돈)를 주는데 100위안을 주면 무시당하고 최소 1,000위안을 줘야 한다.

중국 졸부 백태의 본고장인 광둥 이야기다. 이곳 부자 앞에서는 '돈 자랑하지 마라'는 이야기가 있을 정도다. 광둥은 도대체 어떤 곳이기에 이러한 얘기를 듣는 걸까?

광동 면적은 17만 8,000㎢(중국 전체 중 1.9%)로 한반도보다 작다. 반

광저우의 부동산 중개업소.

면 인구는 9,544만 명(2008년 말)으로 중국 전체에서 7.2%를 차지한다. 특히 타지에서 돈을 벌러 온 사람들이 워낙 많아 실제 인구는 1억 3,000만 명에 이를 것으로 평가받는다.

광둥에 사람들이 바글거리는 이유는 중국 내 개혁·개방 시발점으로 시장경제가 가장 먼저 확립되면서 다양한 산업이 급속도로 발전했기 때문이다. 여기에 전 세계 화교 2,000만 명 중 광둥성 출신이 70%를 차지하는데, 이들은 여전히 광둥에 투자하는 큰손들이다. 그러다 보니 일자리가 많고, 도시가 크게 발전했다. 제조업과 부동산을 기반으로 거액을 버는 사람들도 크게 늘었다.

현지에서 만난 한 한국 주재원은 “내가 사는 아파트는 월세가 2,000달러 정도다. 집주인은 그런 30~40평대 아파트를 20채가량 갖고 있는데 한

달에만 4만 달러(한화로 약 4,400만 원)에 달한다는 얘기다. 더 놀라운 것은 아파트 월세는 전체 소득 중 부수입에 불과하다는 사실"이라고 전하기도 했다.

광둥의 큰 특징은 아시아 최대 메갈로폴리탄이라는 점이다. 홍콩·선전·둥관·광저우·주하이·마카오 등 주장 삼각주를 중심으로 도시가 빽빽하게 들어서 있다. 이들 도시가 상호 연계되면서 '대형 경제산업벨트'가 형성되는 상황이며, 그 중심에는 광저우가 있다. 실제로 취재팀이 광저우에서 푸산시 순더구로 이동하며 30㎞ 이상을 차로 달렸을 때 주변은 온통 도시뿐이다.

최근 광둥에서 주목받는 움직임으로는 '12·5 경제규획'이 있다. 2011년부터 2015년까지 추진할 경제규획으로 방향은 크게 두 가지다. 첫째는 산업구조조정으로 단순노동력을 활용하는 기업이나 굴뚝 기업은 없애고 첨단 기업 혹은 친환경 기업을 유치한다는 전략이다. 실제로 광저우 과학개발구는 초정밀 제품, 무공해, 의료기기, 전기전자 등만 가능하다. 공해유발 기업은 자격이 없다. 공장을 지을 때 부지의 30%는 무조건 녹지로 조성해야 한다는 규정도 있다. 둘째는 쌍전이(雙轉移)로 이미 발전이 이뤄진 해안 지역에서 굴뚝 기업을 내보내고 상대적으로 낙후된 내륙 지방을 발전시킨다는 계획을 말한다. 이러한 전략 하에 광둥성에 도움이 되지 않는 외국 기업들은 푸대접을 받기 일쑤다.

차차세대 중국 지도자군으로 얘기되는 왕양(汪洋) 광둥성 서기는 자신이 중앙정부로 올라가기 전까지 광둥성이 아시아 4마리 용을 따라잡겠다고 밝힌 바 있다. 광둥성은 이미 싱가포르와 대만을 제쳤고, 한국 턱밑까지 쫓아온 상태다.

아시아인들은 2010년 무려 20조 원과 자원봉사자 70만 명이 투입된 광저우 아시안게임을 보았다. 광저우를 돌아보니 과연 이들이 올림픽 이상으로 아시안게임을 치러낼 수 있는 저력을 충분히 갖고 있음을 느낄 수 있었다.

기가 막혀!

책상만 옮겼다

광저우에 진출한 한국 기업의 간부가 겪었던 얘기다. 국내에서 직원 한 명이 현지로 발령이 났기에 사무공간을 마련해주려고 책상을 옮기라고 했다. 그런 후 외부에서 만남이 있어 나갔다 왔더니 책상이 지시한 대로 옮겨져 있었다. 그런데 책상 위에 올려져 있었던 컴퓨터, 서류, 필기구, 전화 등은 종전 책상이 있던 자리의 바닥에 그대로 놓여 있는 게 아닌가. 어이가 없어 직원들에게 물으니 답변이 걸작이다. "책상만 옮기라고 했잖아요?"

이 간부는 순간적으로 '아차, 내가 잘못 지시했구나'라는 생각이 들었다고 한다. 시골 출신의 직원들은 아직도 수동적으로 일을 하고, '책상을 옮기라'는 한국적 표현의 의미를 잘 모른다는 사실을 깜빡했기 때문이라는 것. 한국과 중국의 문화 차이를 감안하지 않고 업무 지시를 했다가는 낭패를 볼 수밖에 없다는 사실을 피부로 깨닫는 순간이었다는 게 그의 설명이다.

· 카이핑의 자력촌 ·

카이핑 누각(开平碉楼)은 광둥성 카이핑에 위치한 띠아오로우(碉楼)라고 하는 고층의 누각으로 유명한 촌락군이다. 현존하는 고층 누각은 1,833동이다. 누각은 화교양옥이라고도 불리는 서양풍의 고층 건축이다. 중국의 전통과 서양의 건축양식이 융합되어 있다. 이렇게 중국 한가운데에 서양식 건축물이 지어지게 된 연유를 살펴보자.

명나라 때는 수해와 비적에 의한 피해를 방지하기 위해 카이핑 주민에 의해서 망루 건축이 시작됐다. 하지만 이것이 본격적으로 활발해진 것은 19세기 중엽이다. 미국과 캐나다의 서부대개발에 따라 골드러쉬가 생겨났다. 북미에서는 대륙횡단철도의 건설을 위해 대량의 노동력을 필요로 하게 됐다. 같은 시기 카이핑 지구에서는 토객계투(하카인과 토착민들과의 싸움)가 발생했다. 생존의 위협을 느낀 농민들은 이때 미국 대륙으로 이민을 갔다.

그들은 주로 북미에 이주해 현지 노동력이 됐다. 19세기 말에서 1920년대 말기까지 미국, 캐나다 양국의 경제는 급속히 발전했다. 중국인 노동자 숫자도 늘어났다. 돈을 모으게 된 카이핑 화교들은 중국으로 송금을 늘렸다. 이로써 카이핑에는 다수의 망루가 건조되는 경제적 조건이 갖춰졌다.

하지만 카이핑 지방의 치안은 여전히 불안했다. 마적이 자주 출몰했고, 게다가 중화민국 성립을 위한 내전이 빈번히 발생했기 때문에 파수

해외로 갔다 성공해서 돌아온 중국인들이 세운 자력촌.

대 건설이 무엇보다 중요했다. 1912년부터 1926년까지, 마적·도적들이 교사, 학생 등 100여 명을 납치해가는 일도 있었다. 여러모로 화교들에게는 망루가 필수적이었다.

이 망루는 중국과 서양의 양식을 절충한 외벽을 갖고 있다. 고대 그리

카이펑 자력촌이 〈총알을 날게 하라〉는 홍콩 액션 영화의 주요 촬영지임을 알려주는 포스터가 눈길을 끌었다. 이 영화에는 주윤발, 거요우 등 최고 인기배우들이 출연했다.

스, 고대 로마와 이슬람 등의 건축 양식이 결합돼 있다. 각루의 경우는 대부분 마을의 출입구 혹은 촌 외의 구릉에 지어져 먼 곳을 살필 수 있게 만들어졌다. 경보기도 갖췄다. 1922년 12월에 학교를 덮친 마적이 경보기에 포착돼 교장과 학생 17명을 구출해내는 공헌도 했다.

물론 감시목적으로만 설치된 것은 아니다. 다락집은 튼튼하고 미관도 갖추고 있기 때문에 주거용으로도 손색이 없었다. 아름다움과 실용성을 겸비한 이 건물들, 그리고 화교들에 의해 세워진 자력촌은 2007년 6월 28일 뉴질랜드의 크라이스트처치에서 개최된 세계유산 위원회 회의에서 세계문화유산 리스트에 등록됐다. 입장료는 60위안.

A s i a n H i g h w a y

천 가지 세상, 중국

10

통계는 숫자일 뿐이다

한국인 가운데 중국을 가장 잘 아는 듯이 말하는 사람은 현지를 세 차례 방문한 사람인 것 같다는 얘기가 있다. 워낙 큰 나라이다 보니 중국에 오래 사는 사람일수록 "살면 살수록 중국을 잘 모르겠다"고 말한다. 중국은 '100년의 세월이 공존하는 나라, 천의 얼굴을 가진 나라'란 표현이 있듯이 섣부른 해석이 어렵다는 것. 베이징·광저우·선양·우한 등의 발전된 모습, 시골에서 말이나 소가 끄는 쟁기, 관광지에서 10위안(한화로 1,700원)을 벌려고 3㎞의 산길을 오르는 가마꾼 등을 보면서 '중국은 이렇다'고 쉽게 단정 짓기 어렵다는 느낌을 받았다.

취재팀이 중국의 '아시안하이웨이 1번 도로(AH 1: 단둥~선양~베이징~정저우~우한~창사~광저우~난닝)'를 달린 공식 거리는 4,376㎞. 취재를 위해 하루 100~150㎞를 추가로 움직인 것까지 감안하면 19일의 중국 일정 동안 약 7,000㎞를 달린 것으로 추정된다. 하루 370㎞를 움직인 셈이다.

중국 고속도로는 2008년 베이징 올림픽을 계기로 대대적으로 개선돼 기본적으로 '왕복 4차로'였다. 휴게소가 완비돼 있고, 화장실도 깨끗했다. 넓은 대륙인만큼 날씨와 풍광도 다양했다. 단둥에서는 아침저녁으로 쌀쌀했으나 베이징부터 더워지기 시작하더니 양쯔강을 넘어서면서는 여름 날씨로 인해 줄곧 땀을 흘려야 했다. 음식의 경우 동북지역에서는 다소 기름기가 많았다가 화북지역은 조금 담백해지더니 양쯔강 유역에서는 매운 음식이 아주 많았다. 특히 후난성에서는 '후난 사람들은 음식이 맵지 않은 것을 두려워 한다'는 말이 실감날 정도로 입안이 얼얼한 경우가 많았다. 그러다가 광둥성을 가니 음식이 다시 담백해졌다. 옷차림의 경우

광저우 순더에 건설 중인 포스코의 자동차 강판공장.

북부지역은 다소 촌스러웠지만 우한·창사를 내려갔더니 세련된 모습이 눈에 많이 띄었다.

중국에서 흔히 들은 얘기는 지역마다 말이 달라 의사소통이 어렵다는 것. 실제로 황허가 지나는 허난성에서 볶음밥을 시켰으나 종업원이 라면을 가져오는 다소 황당한 경우도 있었다. 광저우에서는 주문을 받은 종업원이 '만다린(베이징 표준어)'를 알아듣지 못하기도 했다. 하지만 대부분의 사람들은 만다린을 알고 있었으며, 베트남 국경과 접해있는 난닝에서도 만다린으로 의사소통하는 데 큰 불편이 없었다. 넓은 대륙을 오로지 '베이징 표준시' 하나로만 사용케 하는 중국 정부가 교육과 TV 등을 통해 언어 통일을 하는 데도 크게 성공했음을 실감하는 광경이다.

중국의 경제 발전에 대한 해석은 쉽지 않았다. 취재팀이 간 지역은 중국에서 2선 도시들이 밀집한 곳이다. 도시에서 조금 벗어나면 한국의 1970~1980년대 농촌 풍경이 펼쳐지곤 한다. 1978년 이후 중국 성장률은 연평균 10.1%. 그렇다 해도 아직 중국 전체적으로 선진국은 아니다. 2010년 중국의 1인당 국내총생산(GDP)은 4,200달러로 미국인의 9% 수준이다. 중국인의 생활수준도 1954년의 일본, 1972년의 대만, 1976년의 한국과 유사하다는 평가가 있을 정도다. 문제는 이러한 통계를 대륙 전체에 그대로 적용하기 어렵다는 사실. 중국은 사실상 하나의 국가가 아니며 성·시별로 격차가 크기 때문이다. 그래서 중국을 보려면 지역단위별로, 성별로 구분해서 봐야 한다. 2011년 7월 손학규 민주당 대표가 중국을 방문하면서 서부대개발의 핵심 거점인 충칭을 찾는다고 하자 차기 최고지도자로 유력한 시진핑(習近平) 중국 국가부주석이 "흔히 중국을 방문하면 베이징과 상하이만 들렀다 가는데 그래서는 중국 전체를 깊이 이해할 수 없다. 전략적 안목이 있다"고 말한 것은 그만큼 중국에 대한 이해가 쉽지 않다는 것을 우회적으로 설명한 것으로도 해석할 수 있다.

중국에서 가장 먼저 개방되고 경제발전이 빠른 광둥성 사례를 보자. 광둥성은 9,300만 명의 인구에 1인당 GDP가 2009년 기준으로 6,000달러 수준이다. 광둥성 성도인 광저우 옆 포산(佛山)은 인구 368만 명(유동인구 600만 명)인데, 1인당 소득이 1만 1,800달러에 이른다. 광둥성의 2배다. 포산에는 돈 많은 해외 화교와 홍콩·마카오계 중국인이 140만 명에 달한다.

재미있는 사실은 포산시 순더(順德)구의 경우 인구가 117만 명인데 1인당 소득은 2만 58달러에 이른다는 것. 순더는 포스코가 45만 t 규모 용융아연도금강판공장(CGL)을 짓고 있는 곳이며, 메이더(美的, 중국 가전 2위 업체)·거란스(格蘭仕)·커룽 등이 위치한 중국의 대표적인 가전 생산기지이기도 하다. 순더구는 2009년 9월부터 포산시와 동급인 시(市)급으로 격상됐다. 광둥성에서 유일한 시급 구인 셈이다.

결국 중국 전체의 통계는 허수에 불과하므로 지역별 공략법이 절실하다는 얘기다. 한 도시, 한 성이라도 잘해야 한다는 의미다. 예컨대 비즈니스를 할 때 지역 선정, 모 기업과의 동반 지출 여부, 수출용 임가공 혹은 내수, 이익 창출까지 걸리는 기간, 중국 현지 기업과의 경쟁 정도 등을 두루 고려해야 한다는 것. 최근 중국이 '농민공 부족' 문제로 고민이지만 여전히 노동력 총량은 공급과잉이며, 대졸자 취업 문제도 심각한 실정이다. 방대한 국토만큼 산업 배치가 복잡하고, 인력구조와 인력지역분배 등의 측면에서 격차가 큰 만큼 이에 대한 고려가 필요하다는 의미다.

최우영 광저우한국상공회의소 수석부회장은 "4~5년 전부터 임금이 올랐다고 베트남 등으로 공장을 옮겨야 한다는 이야기를 많이 하는데 틀렸다. 중국은 각종 원부자재 등을 쉽게 구할 수 있는 인프라스트럭처가 훌륭하다. 최근 광둥성 잔장(湛江)시에서 광저우한국총영사관의 노력 덕택에 한국 기업의 인력난 해소를 위한 인력 공급 네트워크 구축이 잘 진행되고 있는데, 이런 노력을 통해 중국에서 비즈니스를 포기하지 말아야 한다"고 강조했다.

중국은 최근 몇 년 간 부실채권, 경기과열, 식품가격 상승, 보호무역주의, 글로벌 금융위기 등을 겪을 때 탁월한 복원력을 보여 왔다. 게다가 중국 경제에는 도시화율 진전이라는 호재가 있다. 중국의 도시화율 1% 진전은 서울 절반 크기의 대도시가 매년 들어선다는 의미로 '도시화율 1%=성장률 3~4%'에 해당한다.

2·3선 도시

중국 개발은 해안부터 시작됐다. 그러다 보니 베이징, 상하이, 광저우 등 해안이 발전했다. 중국에서는 이처럼 가장 발전이 앞선 도시들을 1선 도시로 부른다. 1선 도시보다 내륙에 위치하거나 발전이 더딘 도시들은

2·3선 도시로 분류된다.

중국성시통계연감(2009년)에 따르면 1선 도시는 상하이·베이징 광저우, 2선 도시는 충칭·텐진·선양·난징·우한·창사 등 17개, 3선 도시는 시안 바오딩 다퉁 등 98개, 4·5선 도시는 라싸 등 169개로 나뉘어 있다. 이 분류로 봐도 '아시안하이웨이 취재팀'이 갔던 도시가 대부분 2선 도시였음을 쉽게 짐작할 수 있다.

2·3선 도시들의 특징은 1선 도시보다 뒤늦게 개발이 진행된 탓에 발전속도가 매우 빠르다는 점이다. '2011 중국 재부보고서'에 따르면 2010년 중국의 천만장자(1,000만 위안, 한화로 17억 원)는 96만 명으로 2009년에 비해 9.7% 증가했으며 충칭·하얼빈 등 2선 도시들에서 증가속도가 빨랐다. 컨설팅업체인 보스턴컨설팅은 2020년까지 중국 전역의 고소득층 숫자는 2배로 늘어나 최소 1억 5,000만 명에서 최대 4억 명까지 늘어날 것으로 예측하면서 이 중 3분의 2가량이 중소도시 거주자일 것으로 전망했다.

맥킨지도 '2010년 중국 사치품 보고서'에서 항저우·원저우·충칭·난징·서안 등 2·3선 도시에서 전체 사치품의 52%가 소비될 것으로 전망했다.

2·3선 도시 가운데 산업과 유통의 허브들로 발돋움하는 곳도 많다. 동북 3성의 선양, 중국 허난성의 성도인 정저우, 후베이성의 우한, 후난성의 창사 등이 대표적인 도시들이다. 당연히 향후 중국에 대한 관심은 이들 지역에 쏠릴 수밖에 없다.

난닝 인민공원에서 본 고령화

중국 광시장족자치구의 성도인 난닝(南寧)은 '숲의 도시'로 불린다. 중국 고령화 사회의 단면을 보기위해 노년층이 많이 찾는 이곳 인민공원을 찾았다. 흥미로운 광경 중 하나는 50여 명의 할머니들이 펼치는 유력구(柔力求)체조. 유력구는 글자 그대로 부드러운 힘을 이용하는 라켓볼과 비슷한 기구로 공을 기구에서 떨어뜨리지 않으면서 몸을 움직이는 유산소 운동이다.

한 할머니는 "10년 전부터 오전이면 여기에 모여 운동을 하고 있다. 독일과 일본 등지로 수출도 할 만큼 인기가 높다"고 귀띔했다. 배구와 배드민턴을 즐긴다거나 마작·포커를 하는 노인들도 많았다. 노래를 배우고 우슈 공연을 펼치는 할머니, 중국전통악기인 얼후(줄이 두 개인 현악기)를 연주하는 고령의 할아버지도 보였다. 노인들이 삼삼오오 모여 건강 안마기 체험도 하고 무료로 고혈압검사를 받기도 했다.

이러한 노년층은 난닝 인민공원뿐 아니라 중국 전역에서 더욱 늘어날 전망이다. 2015년 중국 전체 가구의 절반이 만 60세 이상 노인 가정이 될 것이란 결과가 나왔기 때문이다. 우위사오(吳玉韶) 중국 노령화위원회 부주임은 12·5 계획 기간(2011~2015년)에 '중국 노령화의 출현, 고령화, 노인가정 증가' 등 3대 특징이 나타날 것이라며 2015년에는 도시와 농촌의 노인가정 비중이 50%를 넘고 대도시는 노인가정 비중이 70%에 이를 것이라고 봤다.

난닝 인민공원에서 유력구를 연마하는 노인들.

중국의 고령화가 이처럼 급격히 진행되는 이유는 1가구 1자녀 정책 때문이다. 중국 여성 1명이 평생 동안 낳는 평균 자녀수가 1970년 5.5명에서 2010년 1.54명으로 크게 줄었다. 실제로 난닝 인민공원에서 가장 많이 보이는 광경은 1명의 손자나 손녀를 데리고 나온 노인 부부였다. 2명을 돌보는 경우가 드물었다.

중국은 경제성장에 따라 기대수명이 늘어 2001년에 이미 고령화 사회(65세 이상 노인인구 비율이 전체 인구의 7% 이상)에 진입했다. 65세 이상 노인인구 비율은 1970년 4.3%에서 2010년 8.2%로 증가해 1억 1,143만 명에 달한다. 2050년 중국의 노인인구는 4억 4,043만 명으로 한국 총인구의 10배나 될 것으로 보인다.

중국에서는 이에 따라 경제적으로 부유해지기도 전에 고령화가 진행되는 이른바 웨이푸셴라오(未富先老)현상을 걱정하는 목소리도 많아졌다. 웨이푸셴라오는 중국 경제 50인 논단(論壇)에서 중국사회과학원 인구와 노동 경제연구소 차이팡(蔡昉) 소장이 주제 발표를 통해 제시한 용어. 그는 "노령화 문제가 12.5 계획 기간에 중국이 겪게 될 최대 도전이 될 것"이라고 밝혔다.

중국의 고령화에 따라 직면하게 될 어려움으로는 일단 생산가능 인구 감소다. 이것이 인건비, 물가, 수출가격 상승으로 이어져 장기적 경제성장을 해할 수 있다는 분석도 제기된다. 게다가 중국이 경제발전 과정에서 누렸던 '인구통계학적 배당효과(출산율 하락 초기단계에 전체 인구에서 생산 가능연령 인구 비율이 늘어나면서 경제성장률이 높아지는 현상)'을 기대하기도 어려워진다. 삼성경제연구소는 중국의 생산가능 연령(15~64세) 인구수가 2015년 9억 9,816만 명을 정점으로 감소하기 시작할 것으로 내다봤다. 1가구 1자녀 정책으로 태어난 소황제 세대는 결혼한 자녀 1인이 2명의 부모와 4명의 조부모를 부양해야 하는 '4－2－1' 문제에 직면하게 된다. 자녀들의 부담이 늘면서 허리띠를 졸라매야 하는 결과가 나온다. 반면 조부모나 부모가 부자인 경우는 부의 집중이 이뤄지게 된다. 1가구 1자녀 정책의 결과 '빈익빈, 부익부 현상'이 더욱 심화될 수 있는 셈이다.

중국 정부도 양로문제로 골머리를 앓고 있다. 실제로 중국의 1인당 소득수준은 다른 선진국에 비해 현저히 낮아 중국 정부가 고령화 충격을 수용할 능력이 미흡하다는 지적이 나온다. 65세 이상 노인인구 비율

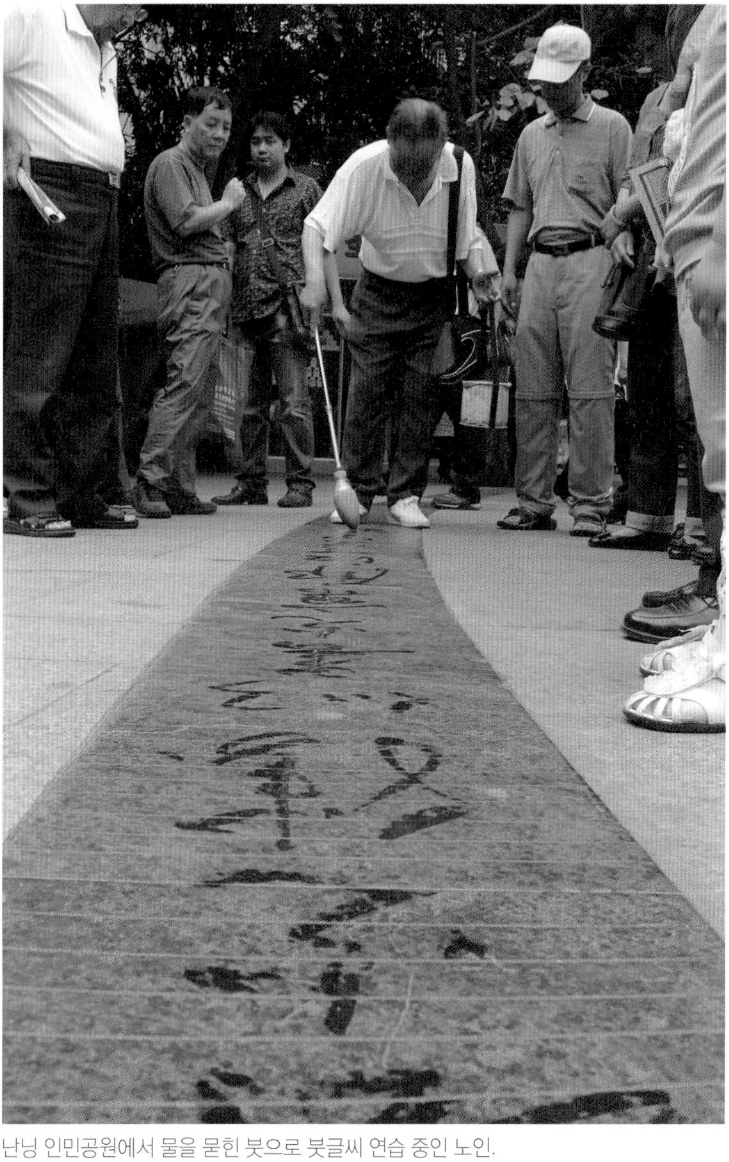

난닝 인민공원에서 물을 묻힌 붓으로 붓글씨 연습 중인 노인.

이 8.3%인 시기를 기준으로 각국의 소득수준을 비교하면 한국은 1인당 GDP가 2만 1,071달러, 미국은 1만 2,065달러이지만 중국은 6,382달러 수준에 머무른다. 중국 정부의 재정 부담이 크게 증가할 것은 불 보듯 뻔하다.

일부 지방에서는 고령자를 위한 특별 보조금 지급이 결정되기도 했다. 리리궈(李立國) 민정부장은 쿤밍(昆明)에서 열린 고령화 대책회의에서 일부 지방에서 80세 이상 노인에게 특별 보조금 지금 정책을 시범 실시한 뒤 전국적으로 확대해나갈 수 있도록 독려하겠다고 밝혔다. 리 부장은 2015년이면 중국에서 80세 이상의 고령자는 2,400만 명에 이를 것으로 추정했다. 중국 윈난(雲南)성은 지난 2009년 1월부터 80세 이상 노인에게 월 240~600위안의 보조금을 지급하고 있다.

중국 공원에 가면 흔히 볼 수 있는 모습이다. 난닝 인민공원에서 한 할아버지가 물통을 갖다 놓고 큰 붓을 물에 적신 뒤 땅바닥에 글씨를 쓴다. 네모 반듯한 벽돌이 글자 하나 크기만큼 된다. 중국이 노령화사회로 급속히 접어들면서 중국 공원에는 일자리가 없이 노후를 보내려는 노인들이 가득하다. 물로 글씨를 쓰는 이 노인도 그중 하나다. 물을 적셔 쓰니 필력은 유지할 수 있고 종이는 들지 않는 대신 물이 금세 마르니 또 연습할 수 있다. 그의 글씨를 보고 주위의 사람들이 박수도 쳐줬다. 톈안먼 광장에 가도 이 같은 노인들을 많이 볼 수 있다.

농민공을 주목하라

마오쩌둥은 농민을 중시하는 전략으로 중국 공산화에 성공했다. 중국 사회주의는 그런 전통에서인지 '농민, 농촌, 농업'을 중시하는 정책을 펴왔다. 덩샤오핑은 1984년 중앙 1호 문건에서 "8억 명 농민의 밥 먹는 문제를 해결하지 못하고, 농민이 부유해지지 못하면, 국가는 부강해질 수 없고, 중국 현대화도 실현되지 못한다"고 강조했다.

그렇다면 농민들은 대우받고 있는가? 중국은 1958년 1월 '중국호구등기조례'를 발표했는데 여기서 호구란 한국식으로 호적을 의미하며 이 정책에 의해 아직도 중국인들은 농촌이나 도시의 호구를 마음대로 이전시킬 수 없다. 특히 도시에 사는 사람들이 사망해도 해당 호적이 사라지지 않고 농촌사람들에게 판매되곤 하는데, 이는 호구 이전의 자유가 없는 탓이다. 그래서인지 중국 도시화율은 45%(전 인구의 45%가 도시 거주)인데, 실제 호구상 도시 인구는 30%를 넘지 않는 웃지 못할 괴리 현상이 발생한다. 호구는 주거, 학교, 병원 등의 생존과 직결됨을 감안할 때 농민과 농촌은 여전히 홀대받고 있는 셈이다. 실제로 2009년 기준으로 도시 시민 1인당 가처분소득은 농민 1인의 3.3배에 달하고 있는 상황이다.

아시안하이웨이 취재팀은 우한에서 '농민공 시위현장'을 본적이 있다. 처우를 개선하고 임금을 높여달라는 피켓을 들고 있는 모습이다. 시위 인원도 많지 않고 공안의 별다른 제재도 없기에 이상하다고 생각돼 나중에 물어보니 드라마 촬영현장이었다. 쓴웃음을 지으며 돌아서면서도 '농민

우한에서 '농민공 시위현장'을 드라마로 촬영하는 모습.

공 문제가 드라마로 제작될 정도로 심각하구나'하는 생각이 들었다.

중국 농민공은 총 2억 4,223만 명(2010년 말 기준). 고도성장의 주춧돌이 된 농민공은 '고용불안과 임금체불' 등 불평등한 처우로 인해 사회 소외계층으로 전락했다. 2010년 선전의 대만 기업 폭스콘에서 발생한 근로자 연쇄자살은 세계적인 이슈가 될 정도였다. 화들짝 놀란 폭스콘은 2010년 6월 월 900위안이던 임금을 1,200위안으로, 10월부터는 2,000위안으로 높였다. 파업이 발생한 광둥성 포산 시 혼다자동차 부품공장도 기존 임금대비 34% 인상을 단행했다.

중국 정부도 심각한 사회문제로 비화될 것을 우려해 농민공 권익 보호에 적극적이다. 원자바오 중국 총리는 2011년 정부 업무보고에서 농민공들의 숙원이었던 '거주 도시 호적취득과 자녀취학, 주택 및 사회보장 등에서 차별철폐, 최저임금 13% 이상 인상' 등 대책을 내놓았다.

정부 차원에서는 농민공 처우개선이 문제지만 기업에게는 '인력 부족과 임금 상승'이 큰 문제다. '민공황(民工荒,농민공 구인난)'에 대해 김영무 광저우총영사관 부총영사는 "광저우는 전국에서 임금이 가장 높은 지역이다. 그런데도 춘제(春節, 설)에 고향에 간 농민공 가운데 10~30%씩 돌아오지 않는다. 생산라인이 멈추게 되고, 옆 공장에서 인력 빼내오기가 벌어진다. 인력난이 제일 큰 문제다"고 설명했다. 광저우, 선전, 둥관 등이 위치한 '주쟝삼각주(珠江三角洲)'의 경우 중소 제조업체들간 농민공 쟁탈전이 벌어지고, 거리 곳곳에서 '자오궁(招工.직원 모집)' 게시판이 넘쳐난다는 것. 광둥성에 진출한 2,000개 안팎의 한국 기업도 당연히 크게 타격을 받을 수밖에 없다.

이러한 '민공황' 현상은 과거 남부 연해지역에서 동부 및 중서부지역으로, 단기적·일시적 현상에서 장기적·추세적 현상으로, 농민공 위주에서 기능공까지, 남성인력 위주에서 여성인력으로 확대되는 상황이다. 실제로 중국에서 타지역으로 떠난 외지 농민공은 1억 5,300만 명 수준인데 이들 중 1억 명가량은 1980년 이후 출생한 신세대 농민공이다. 이러한 신세대 농민공들은 1970년대 후반 실시된 '한 자녀 갖기' 정책으로 인해 갈수록 숫자가 줄고 있다.

최근에는 중서부 개발과 연안지역 기업들의 이전으로 농민공 최대 공

:: **2011년 주요 지역별 최저임금** (단위 : 위안)

지역	최저임금기준	시행시기
선전	1,320	2011년 3월
저장	1,310	2011년 4월
광저우	1,300	2011년 3월
상하이	1,280	2011년 4월
베이징	1,160	2011년 1월
톈진	1,160	2011년 4월
장쑤	1,140	2011년 2월
산둥	1,100	2011년
푸젠	900	2010년 3월
후베이	900	2010년 5월

자료 : SIC

급처였던 중서부 허난(2,100만 명), 쓰촨(2,000만 명), 후난(1,200만 명), 안후이(1,100만 명) 등에서 출향 농민공들을 붙잡으려고 노력하면서 '민공황 현상'을 가중시키고 있다.

인력 부족과 중국 정부의 처우개선책이 맞물리며 임금도 가파르게 올랐다. 농민공의 월평균 수입은 2005년 875위안에서 2010년 1,690위안(한화로 28만 7,000원)으로 연평균 14.1%의 증가율을 보였다. 그만큼 기업들이 부담해야 할 노동비용이 높아졌다는 얘기다.

2010년 중국의 최저임금 상승률은 평균 28% 수준. 2011년 1분기 중 13개 성·시에서 최저임금이 20.6% 올랐다. 2011년 초 베이징 외자 기업 공회연합회(노조단체)에서는 외자 기업 최저임금이 중국 기업의 1.5배가

기가 막혀!

베이징 표준시에 맞추다보니…

난닝으로 가는 길에 눈에 띈 것이 하나 있다. 저녁 6시 13분인데도 해가 아직 많이 남아 있던 것. 2시간은 더 있어야 해가 질것 같은 분위기였다. 중국 전역이 베이징 표준시를 쓰고 있어 빚어진 결과다. 미국만 해도 각 주별 시간이 시차가 있는데 중국은 북경을 수도로 삼고 이 시간에 전체를 통일해서 티벳의 라사 같은 곳은 저녁시간인데도 해가 중천에 떠 있기도 한다.

처음엔 친저우(欽州)에서 묵기로 하고 발걸음을 옮겼다. 그런데 아무리 가도 호텔은커녕 제대로 된 가로등도 없고 숙소 자체가 잘 눈에 띄지 않았다. 운전기사가 인터넷을 찾아보더니 어이가 없다는 듯 깜짝 놀라며 말한다. 친저우에 왜 4성급 호텔이 없는지 중국 인터넷 사이트 바이두에 질문이 올라와 있다는 것이다. 마치 우리 네이버 지식인 같은 코너에서 우리와 똑같은 의문을 가진 이가 있었던 것이다.

대답은 다음과 같다. "친저우 옆에 베이하이라는 곳이 있는데 친저우와 비교하면 친저우 자체 내에 호텔이 15곳에 불과하고 베이하이와 숙박시설 규모를 비교하면 3분의 1 수준이다."

돼야한다며 월 1,740위안(한화로 29만 5,000원)을 최저임금 기준으로 제시하기도 했다. '저임금 노동집약형 산업'은 더 이상 설 곳이 없으며, 외자기업들은 고임금시대를 대비한 경영혁신이 더욱 절실해지고 있는 게 중국의 현실이었다.

Asian Highway

11 음식으로 본 차이나

중국에서 음식이란?

"당신은 당신이 먹은 음식이다"라는 말이 있다. 무엇을 먹는지 안다면 그 사람을 미루어 짐작할 수 있다는 뜻이다. 중국을 이해하는데도 마찬가지다. 특히 중국인은 먹는 걸 워낙 중시하므로 음식 이야기를 빼놓을 수 없다.

세계 3대 요리 중에서도 으뜸으로 꼽히는 중국요리. 워낙 식재료가 다양해 "날아가는 것 중에는 비행기, 두 발 달린 것 중에는 사람, 네 발 달린 것 중에는 책상만 빼놓고 다 먹는다"는 말이 유명하다. 책상도 먹을 수 있는데 그러면 음식을 놓을 자리가 없어 먹지 않는다는 유머도 있을 정도다. 그래서 나온 말이 중국인이 평생 해보지 못한다는 3가지가 있는데 '중국 음식을 다 맛보지 못하고, 중국 전역을 다 밟아보지 못하고, 중국 문자인 한자를 다 익히지 못한다'는게 그것이다. 중국 4대 요리로 베이

베이징 왕푸징의 먹자골목. 전갈과 도마뱀 등이 보인다.

징, 쓰촨, 광저우, 상하이를 지칭하지만 이 분류에 포함되지 않은 요리가 더 많다.

임어당은 1961년 브라질에서 열린 국제회의에서 "미국식 난방이 된 영국 별장에서 일본 부인과 프랑스 애인과 중국 요리사와 함께 사는 삶이야말로 세계평화가 실현된 이상적인 삶이다. 날씨가 좋은 날 아침 잠자리에 누워 마음을 가라앉히고 도대체 이 세상에서 정말 즐거움을 주는 것이 몇 가지나 있나 손꼽아 세어보면, 반드시 맨 먼저 손가락을 꼽아야 할 것은 음식이라는 것을 깨닫게 된다"고 얘기했다는 것.

중국인들이 먹어 치우는 식량의 양은 어마어마하다. 매일 곡물 75만

t(쌀 80kg들이 937만 가마), 돼지 100만 마리, 계란 3억 개, 식용유 1만 7,000t, 술 3만 6,000t이 소비된다고 한다. 세계 경작지의 7%로 인구 20%를 먹여 살려야 하는데, 연간 식량생산은 4억 6,000만 t으로 유엔이 정한 최저수준인 1인당 연간 400kg을 아슬아슬하게 확보하는 수준이다. 베이징의 식당수는 2만 개를 넘으며, 도시 인구의 26%가 매일 외식을 한다고 한다.

중국 격언에 "아침은 잘 먹어야 하고, 점심은 배불리 먹어야 하고, 저녁은 적게 먹어야 한다(早好, 午飽, 晩少)"는 얘기가 있다. 하지만 매 끼니 새롭고 기름지며 맛있는 음식이 나오니 이러한 격언을 지키기는 참 힘들었다.

중국인의 식사 방식

중국인들은 아침 식사로 죽이나, 꽈배기, 교자나 포자 등 만두류, 콩물 등을 먹는다. 꽈배기를 중국어로는 '요우티아오'라고 하며, 콩물은 '또우지앙'이다. 아침에 먹는 이 둘은 찰떡궁합이 맞는다. 그래서 너와 나는 떼려야 뗄 수 없는 다정한 사이라는 뜻의 중국어가 바로 '또우지앙요우티아오'다.

중국에서는 혼자 식사하는 사람을 찾기 힘들다. 음식 자체가 혼자 먹기에 적합하지 않고 기본 반찬이라는 개념이 없는데다 하나하나의 양이 만만치 않기 때문이다. 이런 중국인들의 식습관을 이용해 KFC에서는 새벽

6시부터 중국인들의 아침을 책임지겠다는 포부를 내걸고 모닝세트를 내놨다.

중국에서는 아침에 간단히 만두 하나에 콩물, 이렇게 식사를 끝내는 경우가 많다. 여기서 한국인들이 말하는 일반적인 만두와 중국에서 말하는 만두는 의미가 다르다. 중국에서 만터우라고 하는 것은 속에 아무 것도 들어 있지 않은 밀가루 빵이다. 우리가 즐겨 먹는 만두피에 고기와 채소 등으로 소를 넣은 만두는 쟈오즈(교자, 餃子)라고 부른다. 그러니 중국 여행 가서 우리나라식 만두를 먹고 싶으면 만터우가 아닌 쟈오즈를 달라고 해야 한다. 한국에선 모두 만두라고 부르지만 중국에서는 앞서 말한 만터우와 쟈오쯔 외에도 고기나 채소로 꽉 채운 찐빵인 빠오즈(포자, 包子)가 있다.

빠오즈는 천진이 유명하다. 이밖에 얇은 밀가루 피로 길쭉하게 돼지고기나 새우볶음을 감싼 춘쥐엔(春卷) 등 만두 종류는 실로 다양하다. 우리가 흔히 말하는 딤섬(디엔신)은 가볍게 먹는 만두 형식의 먹거리를 의미한다. 춘권도 딤섬 안에 하나로 나오는 것이다. 소룡포(시아오롱 빠오)는 빠오즈보다 더 작고 쪄서 나오는데 모양이 각양각색이고 안에 소도 다양하고 한입에 쏙 들어가는 맛이 일품이다.

만두는 삼국지에 나오는 제갈량으로 인해 유명해졌다. 그는 남만 정벌을 하고 고국인 촉나라로 돌아올 때 루수이(瀘水)라는 강에 이르렀는데 바람이 심하게 불고 물결이 거세 건널 수 없었다. 제갈량이 맹획에게 해결책을 묻자 맹획은 “이 지방에서는 강물과 바람이 거셀 때마다 사람의 머리 49개를 제물로 바친다"고 알려줬다. 제갈량은 사람을 희생시키고 싶지 않아 사람 머리 대신에 커다란 밀가루 피에 쇠고기와 양고기로 속을 채운 큼지막한 음식을 만들어 강물에 던졌다. 이게 만두다. 그래서 처음에는 남쪽 오랑캐인 남만인의 머리라는 뜻으로 만두(蠻頭)라고 쓰다가 오랑캐가 들어간 글자가 꺼림칙해서 지금처럼 만두(饅頭)로 바뀌었다고 한다.

만두는 삼국시대 이래로 사랑 받는 음식이 되었다. 당나라 시대에는 뤼허바오쯔(綠荷包子)라는 만두가 생겼는데 더운 여름날에 원기를 북돋아 준다며 사람들이 즐겨 먹었다고 한다. 중국역사에서 가장 문화가 융성했던 송나라 때에도 만두는 큰 인기였다. 권세가인 채경(蔡京)은 정말 만두를 좋아해서 만두피만 빚는 사람, 파를 비롯해 소만 다지는 사람, 솥에 물을 부어 만두만 찌는 하인을 따로 두었다고 한다. 그 집 하인이 채경 몰락 이후 다른 사람에게 고용되었는데 자기는 "파만 다졌기에 만두를 어떻게 빚는지 모른다"고 답했다고 한다.

송나라에서 원나라로 막 교체될 무렵 한반도에도 만두가 들어온다. 고려 충렬왕 때 지어진 노래 '쌍화점'을 보면 밀가루 안에 고기로 소를 넣은 음식인 쌍화(雙花)가 나오며 이 쌍화를 개성에서 회회아비(위구르인, 회족)들이 팔았다고 전해진다. 조선시대에는 궁중 요리에서 매우 중요한 위치를 차지해, 조선의 왕들은 흰 살 생선인 도미, 농어 등을 얇게 떠서 그 안에 고기와 채소를 소로 넣은 어만두(漁饅頭)를 즐겨 먹었다고 한다. 터키와 아프가니스탄, 아르메니아에는 밀가루 반죽 안에 양고기를 넣고 삶아 먹는 만티(Manti)가 있는데, 이는 만두의 중국식 발음이 변한 것이다.

불, 기름, 향료의 연금술

중국 음식을 보면 대부분 맵고 느끼하다는 인상을 받는다. 사실 알고 보면 중국요리는 불과 기름 그리고 향신료의 연금술에서 빚어진 예술에 가깝다. 폭향(爆香)이라는 조리법이 그 예다. 긴 국자로 기름을 떠서 달구어 둔 프라이팬에 넣고, 기름이 끓어오르면 생강, 마늘, 고추, 화자오(매운 열매, 통후추와 비슷하다), 참기름, 마늘 같은 향신료를 넣는다. 이를 폭향이라 한다. 폭향을 하고 나서 요리에 따라 각종 고기나 야채를 볶기 시작한다. 왼손으로는 프라이팬을 위아래로 흔들고 오른손으로는 국자를 전후좌우로 휘젓는다. 폭향한 기름과 향신료가 재료에 골고루 퍼지게 하기 위함이다.

그리고 콩과 쌀을 볶는다. 한껏 달아올라 톡톡 튀어 오르는 콩과 쌀을 한 톨도 흘리지 않고 프라이팬 안에서 원을 그리며 볶아낼 수 있는 요리사라면 최고 경지라고 봐도 된다. 이런 요리사들은 요리의 마지막 단계에서 불을 최고수준까지 끌어올리는데, 불이 솟구쳐 프라이팬 기름에 불이 붙으면서 프라이팬 안쪽의 재료들이 잠깐 동안 화염에 휩싸인다. 그러면 재료에 남아있던 비릿한 맛이 단번에 제거된다. 이렇게 불과 기름, 향신료가 어울러져 혀의 미감을 자극하는 만 가지 맛을 만들어낸다. 불 앞에서 프라이팬을 들고 사투를 벌이는 요리사들이 많은데 그래서 '기술이 3할이면 불이 7할'이라는 말까지 있을 정도다. 중국 음식은 폭향에서 요리가 끝날 때까지 걸리는 시간이 보통 20초 남짓이고, 30초가 지나면 재료의 맛이 달아난다고 한다. 짧은 시간에 여러 요리를 만들어 낼 수 있는 중국 음식의 비밀도 여기에 있다.

중국인들의 음식 평가 기준은 까다롭다. 색향미의형양(色香味意形養) 즉 색깔, 냄새, 맛, 의미, 모양, 영양 등 6가지를 말한다. 특히 색깔, 냄새, 맛을 좌우하는 결정적인 요소가 향신료다. 로즈마리, 파슬리 같은 허브류가 강렬한 향을 발산하는 대표적인 향료이고 고추, 후추, 마늘, 겨자, 유두구, 생강, 계피, 산초 등은 맵고 자극적인 맛을 내는 향신료다. 사프란 파프리카 등은 색을 활용하는 착색료로 향신료에 포함된다.

베이징 왕푸징 거리에 주전부리(군것질)가 있다. 중국어로는 '샤오츠지에(小吃街)'다. 작은 먹거리의 거리라는 뜻이다. 이곳에서는 양고기 꼬치를 비롯해 각종 음식들이 죄다 꼬챙이에 꿰어져 나온다. 취재팀은 전갈 꼬치를 비롯해 온갖 엽기적인 꼬치를 봤다. 대표적이고 보편적인 주전부리 중 하나는 삥탕후루다. 삥은 얼렸다는 것이고 탕은 설탕, 후루는 호리병이라는 의미이니 산자나무 열매를 꼬치에 꿰서 마치 호리병박 모양처럼 설탕을 입힌 과자를 뜻한다. 안에는 씨가 들어 있어 먹으면서 뱉어야 한다. 특히 여름엔 설탕이 녹아 찐득찐득하지만 겨울에는 입맛을 당기기 충분하다. 산자나무 열매 말고도 딸기, 바나나 등 각종 과일도 설탕 옷을 코팅해 꿰어져 나온다.

만한전석

만한전석(滿漢全席)이란 상다리가 휘어지게 모든 음식이 모인 잘 차린 식탁을 말한다. 이 만한전석에는 청나라의 화합정책이 녹아 있다. 1611년 건주여진(여진족 3분파 중 하나) 족장인 누르하치가 건설한 청나라(후금)는 불과 60만 명이 사는 소국이었으나 놀랍게도 명나라와 사르후에서 전투를 벌여 대승을 거뒀다. 마침내 1644년 수도 베이징이 이자성이 이끄는 반란군에게 함락되었고, 명의 마지막 황제인 숭정제는 자살했다. 청은 베이징으로 통하는 요새인 산해관을 지키고 있던 명나라 장수 오삼계가 청군을 끌어들이면서 천하통일의 길을 연다.

하지만 통일은 힘들었고 한족 사이에서 민란이 끊이지 않았다. 1661년에 즉위한 강희제는 이러한 천하의 민심을 알고, 환갑을 기념해 전국에서 65세 이상 노인 2,800명을 골라 자금성으로 초대한 천수연(千壽宴)에서 비롯됐다. 그리고 만주족과 한족의 진귀한 요리를 모두 모았다는 뜻에서 만한전석을 차렸는데 내리 사흘간 계속 음식이 나오는 것이다.

상은 하루에 두 번 차려지는데 한 번 식사할 때마다 요리 40여 개가 나오니 사흘이면 무려 240가지나 되는 셈. 각 상은 전채 요리와 주요리, 후식으로 구성돼 있다.

전채요리는 입맛을 돋우는 새우탕, 꿀에 절인 복숭아나 여지(리찌로 불리는 과일로 양귀비가 좋아했다고 함), 땅콩과 호두 같은 견과류 등이다.

주 요리는 뜨거운 음식이 많다. 송나라 시인 소동파가 직접 만들었다는 돼지고기찜 요리인 동파육, 절에서 수행하는 승려가 담장을 넘고 싶을 정도로 맛이 뛰어난 젤라틴 수프인 불도장(영어로는 Buddha jump), 곰 앞발에 굴을 발라 반나절 동안 삶은 후에 만드는 곰발바닥 요리, 바다제비가 둥지를 틀 때 뱉은 침을 모아 만든 제비집 요리, 어린 오리들을 잘 삶아서 말린 남경오리구이, 비둘기 구이, 중국의 3대 진미 중 하나인 말린 상어 지느러미로 만든 샥스핀, 중국식 볶음밥, 원숭이골 요리, 전복찜, 양고기 구이, 다진 고기를 소로 넣은 샤오롱바오, 중국식 미트볼, 해삼과 각종 해산물을 함께 쪄낸 해삼탕 등이다. 해물 냉채와 오향장육 등도 주 요리에 들어간다. 후식은 옥수수죽이나 찹쌀죽, 녹말가루에 달걀, 설탕 등을 넣은 황제들의 간식 삼불점(三不粘, 팬케이크) 등이 있다. 삼불점이란 '접시에, 이에, 젓가락에 달라붙지 않는다'는 뜻이다.

특이하고 다양한 중국음식

중국의 힘든 취재일정 속에서도 즐거움이 있다면 먹거리다.

아시안하이웨이 취재팀은 각종 특이한 요리도 많이 접했다. 사슴 고기 요리는 기본이고 노새 발굽 물렁뼈를 요리로 만든 경우도 있었다. 의외로 콜라겐 같은 성분이 있어 피부에 좋아보였다. 눈 딱 감고 먹었는데 나쁘지 않았다. 오리는 부리부터 꽁지까지 다 탕을 만들어 먹었다. 휴게소에서는 닭발을 양념장에 푹 절여서 밀봉을 한 뒤 버젓이 팔

중국의 다양한 음식.

닭고기 요리를 하기 위해 닭 손질을 하고 있는 중국인의 모습.

고 있었다.

우한에서는 아예 오리 목을 전문으로 파는 집이 체인점으로 있다. 남들은 커피를 테이크아웃할 때 우한 사람들은 오리 목(Neck) 요리를 테이크아웃해서 맛있게 먹는다. 오리 목은 운동량이 많다 보니 살이 쫀득해서 먹을 만하다.

중국의 시인인 굴원을 위해 만들었다는 쫑즈도 맛봤다. 굴원이 멱라수에 몸을 던져 자살한 뒤 사람들은 물고기가 그의 시체를 먹을까 두려워해 대나무에 찐 밥을 연잎으로 감싸 주먹밥같이 만들어 강에 던졌다. 굴원을 먹지 말고 이 대나무 밥을 대신 먹으라는 뜻이었다. 지금도 쫑즈는 단오절에 꼭 먹어야 하는 음식이다.

중국에서 음식을 할 때마다 '부야오샹차이(不要香菜, 향채 넣지 마세요)'를 외치는 사람들도 많다. 동남아시아 국가를 가도 향채(중국어로 샹차이, 고수)가 음식에 나온다. 하지만 이 향채는 한국에서는 고수 또는 고수나물이라 불리며 사찰음식에서 오랫동안 중요한 향신료로 쓰인다. 취재팀은 부야오가 아니라 "뚜어팡(많이 넣어주세요)"을 외치며 향채 김치까지 만들어 먹었다. 향채의 위력은 현지에서 제대로 발휘됐다. 향채를 먹으면 모기에 물리지 않는다는 말이 있기 때문인데 실제로 향채를 잘 먹는 취재팀은 모기에 그다지 고생을 하지 않았다.

중국은 술의 천국이다

중국에서 술은 담배와 더불어 빼놓을 수 없는 기호식품이다. 중국 공산당의 부패를 일컬을 때 흔히 전해지는 유머가 있다. 중국에서 연구라는 단어는 옌지우(研究)라고 발음된다. 무엇인가를 생각해보겠다, 검토해보겠다는 말로 흔히 "옌지우옌지우"라고 말한다.

어느 날 한 기업가가 공산당에게 부탁할 것이 있어 당 고위 간부를 찾았다. 그런데 그 간부는 눈을 가늘게 뜨며 옌지우옌지우라고 말했다. 이때의 옌지우는 '담배와 술(煙酒, 옌지우)'을 의미하는 옌지우였던 것이다. 술과 담배를 갖고 와야 비로소 검토해보겠다는 의중이 동음이의어로 표출된 것이다.

중국에서 술의 기원은 '하나라'까지 거슬러 올라간다. 하나라의 시조인 우임금의 딸 의적이 처음으로 곡주를 빚었다고 전해온다. 의적은 누룩을 써서 술을 만들었다. 우임금은 그 맛과 취기에 감탄했는데, 그러면서도 후세에 술 좋아하는 사람들이 많아지면 나라가 망할 수도 있다고 걱정하면서 의적에게 술을 자주 만들지 말라고 주의를 주었다. 수백 년 후 하나라의 마지막 왕인 걸은 너무나도 주색을 즐긴 나머지 '주지육림(酒池肉林)'의 설화를 남긴 채 은나라에게 망하고 말았다.

술의 시조로 거론되는 다른 인물이 하나라 시대의 인물로 알려진 두강으로 그는 좋은 샘을 찾아 수수로 술을 빚었다고 한다. 오늘날 하남성, 여양현에 가면 두강샘(杜康泉), 주조전(酒 祖殿)이 있는데, 매년 제를 지내 두강이 술의 시조임을 기리고 있다.

고대 중국에서는 술의 기능을 병을 치료하고, 노인을 공경하며, 예절을 갖추는 3가지로 보았다. 원나라 때 《음선정요》나 명나라 때 《본초강목》은 의서인데 주류는 약재를 넣어 약의 일종으로 사용하는 전통이 뿌리 깊은 관계로 많은 종류의 술이 약으로 기술되어 있다.

중국에서 술은 식사코스의 일환으로 포함된다. 중국술 을 얘기하면 기본적으로 고량주(백주)를 떠올린다. 하지만 중국에서는 맥주도 많이 팔린다.

맥주의 경우 독일이나 벨기에 등이 전통적으로 강하지만 오늘날 세계에서 맥주 생산량 1위는 단연 중국이다. 북방에서 먹은 대표적인 술은 '눈의 꽃 맥주'다. 설화, 말 그대로 눈의 꽃이다. 랴오닝성은 쉐화맥주의 발상지다.

흔히 중국 맥주하면 하얼빈맥주, 칭다오맥주를 떠올리는데 실제로 많이 접촉했던 맥주는 쉐화맥주였다. 선양화룬쉐화맥주(沈雪花酒)유한회사는 1994년 선양에서 시작됐다. 2002년 말 화룬맥주가 쉐화맥주를 인수하면서 이익이 껑충 뛰었다. 홍콩증시에 상장된 중국 종합유통그룹 화룬창업(China Resources Enterprise Limited)은 2010 회계연도 총순익이 56억 7,000만 홍콩달러를 기록했다. 2009년 29억 1,000만 홍콩달러의 두 배 가까이 늘어난 것이다.

화룬창업의 순이익이 증가한 데는 중국 내 맥주시장의 급속한 팽창에 따른 것으로 풀이된다. 화룬창업 산하 화룬쉐화(華潤雪花)는 중국 맥주업계 1위 업체다. 세계 2위 맥주업체인 영국의 SAB밀러와 제휴하고 있다. 화룬창업은 중국 2위 맥주업체인 킹웨이맥주(광둥맥주) 지분 21.4%도 보유하고 있다. 중국의 맥주 소비량이 2012년이면 2010년 대비 12% 증가한 5,050만 t으로 늘어날 것으로 추정된다. 화룬쉐화는 2010년 중국 맥주시장에서 22%의 점유율을 기록했다. 칭다오맥주가 14%, 베이징옌징맥주가 11%로 뒤를 이었다.

중국 8대 명주이야기

중국에서는 각 지역마다 토속적인 명주들이 많다. 이들은 모두 자신의 술이 최고라고 주장했는데, 1949년 중국 정부가 수립된 이후 해마다 주류품평회를 개최하면서 이를 정리했다. 그러면서 백주 중 뛰어난 술에 금장을 수여했는데 1953년 연이어 다섯 번의 금장을 수상한 백주가 여덟 개였고 이를 8대 명주라 칭하게 됐다. 한경대 생명공학과에 재직 중이며 국내 유일의 현역 마스터 블렌더인 이종기 교수가 쓴《술 이야기》에 나온 글을 토대로 8대 명주를 소개한다.

① 마오타이(茅台酒): 전통적인 고량주 제조 방법을 고수하고 있으며 국민주로 지정돼 있다. 귀주성은 지세가 험준하고 풍광이 빼어나며 강이 아름답다. 장강의 남쪽 상류인 적수(赤水)가에는 예로부터 미주가 이름을 날렸다. 적수가의 마오타이 마을(茅台鎮)에서는 백주를 빚어 널리 판매했는데, 여기서 빚은 술은 마을 이름을 따서 마오타이로 불렀다. 1915년 파나마에서 열린 세계박람회에서는 주류 품평회가 있었는데 여기서 마오타이는 세계 3대 명주의 하나로 뽑혔다. 귀주는 기후가 온화하고 물자가 풍부한데 특히 수수의 질이 뛰어났다. 1972년 베이징에서는 닉슨과 저우언라이가 한 잔의 마오타이를 마시고 화해의 손을 잡았다. 덩샤오핑도 90세가 넘어서도 매일 마오타이로 반주를 삼았다고 한다.

제조기간이 길기로도 유명한데 수수를 쪄서 밀기울로 만든 누룩에 버무려 9개월 동안이나 발효시킨다. 그런 다음 증류를 해서 항아리에 담아 2~3년 동안 숙성을 시키면 비로소 마오타이가 된다. 향이 짙고 마신 후에도 단맛이 남는데 알코올 도수가 55도가 되는데도 그 도수에 비하면 순하게 느껴진다. 2010년 11월 마오타이주 생산지인 구이저우(貴州)성 런화이(仁懷)시 마오타이(茅台)진 주민 1만 6,000여 명이 2015년까지 순차적으로 조성한 인근 신 주거지역으로 이전한다는 계획이 발표돼 눈길을 끌었다. 투입되는 돈은 총 50억 위안(한화로 8,500억 원)인데, 마오타이진 정부가 주민 이주계획을 세운 이유는 마오타이주 생산공장 주변의 인구가 과밀상태에 도달해 물 부족, 토양 오염 등으로 술 생산 환경이 날로 악화되고 있기 때문이라는 소식이다.

② 우량예(五粮液酒): 귀주성의 수도인 이빈에는 3000여 년 전 서주 시대의 청동 술잔이 출토된 바 있다. 삼국시대 제갈량의 칠종칠금(七縱七擒) 고사에도 등장하는데 제갈량이 형인 남만왕 맹획을 구하기 위해 거짓 투항한 맹우에게 권한 술이 바로 우량예다. 우량예는 명나라 초기부터 생산되기 시작했다. 우량예의 맛과 향의 비결은 곡식 혼합비율과 첨가되는 소량의 약재 내용에 달려 있다. 수수 36%, 안남미 22%, 밀 16%, 찹쌀 18%, 쌀눈을 제거한 쌀 8%가 마법의 레시피로 알려져 있다. 그러나 진짜 비결은 술에 첨가되는 소량의 약재의 내용과 함량인데 수백 년에 걸쳐 기술자들 사이에서만 비밀리에 전해져 오고 있다. 우량예는 과거의 방식을 유지하는 마오타이와 달리 지속적으로 새로운 기술을 받아들이고 있다. 그 때문인지 우량예 생산량이 마오타이보다 5배 이상 많다.

③ 죽엽청주(竹葉青酒): 국가에서 전액 투자해 세운 산서 행화촌 분주 그룹은 중국 최대의 술회사 중 하나로 죽엽청주와 분주 생산을 주 업무로

한다. 죽엽청주는 고량(수수)에 10여 가지의 약재를 혼합하여 양조한 약미주다. 당이 첨가되어 매우 달기도 한 이 술은 기를 돋우고 혈액을 맑게 하는 명주다. 양문제로부터 '맑고 그윽함에 난조차 얼굴을 붉힌다'는 시로써 찬사받았다.

④ 분주(汾酒) : 산서성 행화촌에서 죽엽청주와 함께 생산된다. 입안에 향이 은은하게 오랫동안 남을 뿐 아니라, 소화가 촉진되고 피로 회복에 효과가 있다. '분주땅 분양성, 성 밖 30리의 행화촌, 행화촌에서 좋은술 나네, 행화촌에서 현인이 나시네(汾酒府, 汾陽城. 離城三十杏花村 杏花村里出美酒 杏花村里出賢人).' 이 시는 옛날부터 민간에서 내려온 분주(펀저우)를 찬양하는 노래다. 분주는 순정하고 부드러운 향기로 중국 청향형 백주의 전형적인 대표로 꼽힌다. 알콜 도수가 60도를 넘지만 일반 백주가 가지는 독한 자극감이 없다.

⑤ 노주노교 : 쓰촨성 노주에서 나오는 것으로 사천을 대표한다. 1915년 파나마 태평양 국제박람회 금상을 수상했다. 이곳 샘물은 하늘에서 내려준 신선의 주천으로 알려져 있는데, 술의 도수가 높으나 음주 시 매우 부드러운 맛과 향기를 느끼게 된다.

⑥ 양하주 : 강소성에서 생산되며 달콤하고, 부드럽고, 연하고, 맑으며, 산뜻한 5가지 특징을 갖는다. 양하주에 대한 평가는 "나는 새 술 향기 맡

아 봉황으로 변하고, 물에 놀던 물고기 술맛을 보니 용이 되어 승천하도다."라는 시의 구절에서 살펴볼 수 있다.

⑦ 동주(董酒): 귀주성의 준의에서 생산되며 130여 가지의 약재로 빚은 술로서 풍성하고 오묘한 맛을 자랑한다.

⑧ 고정공주: 안휘성에서 생산되며 고량, 소맥, 대맥, 완두를 주원료로 한다. 안휘성 호주시는 삼국지의 영웅 조조와 신의 화타의 고향으로서 농작물이 풍부하다. 고정은 남북조 시대부터 물이 좋기로 소문이 나있었고, 고정의 생수로 빚은 술 또한 이름이 나 있었다. 고정공주의 화사한 맛은 모란에 비유될 정도이다.

A s i a n H i g h w a y

12

베트남으로 가는 길

국경선은 표식에 불과했다

광시 좡족(藏族)자치구의 성도인 난닝(南寧)에서 베트남으로 가는 고속도로(G7211) 주변은 '카르스트(Karst)' 지형이다. 오랜 침식과 풍화작용으로 비쭉비쭉 솟은 작은 봉우리들이 세계적인 관광지 '구이린(桂林)'을 연상시킨다.

국경도시 핑샹(憑祥)에 도착하기 직전 들렀던 닝밍(寧明)휴게소. 가게와 화장실에 중국어와 베트남어가 동시에 표기돼 있어 국경이 가까워졌음을 알려준다. 핑샹에 가보니 가게나 음식점마다 월남(越南)이란 단어가 즐비하다. 핑샹 최고의 호텔 이름은 중웨(中越)국제대주점. 주유소 이름도 광서 지역과 베트남의 머리글자를 딴 광웨(廣越)주유소다. 핑샹을 소개하는 책자의 제목도 '중국남대문(中國南大門)'이다. 식당에서는 베트남어로 얘기하는 종업원들을 쉽게 만날 수 있다(베트남인들은 베트남보다 임금이

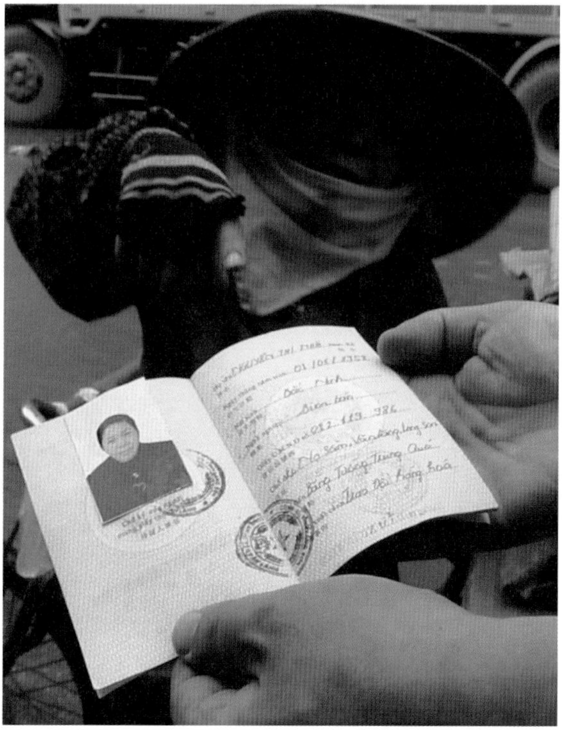

중국 푸자이로 장사를 하러 온 베트남 여인의 변민증.

2배 이상 비싼 중국에서 일자리를 구하기 위해 국경을 넘는다).

핑샹에서 남쪽으로 15㎞가량 떨어진 곳에 베트남으로 들어가는 관문 유이관(友宜關)이 있다. 예전에는 베트남과의 화합이란 의미의 무난관(睦南關)이라고도 불렸던 곳인데 '중국과 베트남 간 우의를 다진다'는 뜻에서 명칭이 바뀐 것.

유이관 앞 상점에는 중국 과자와 음료수는 물론이고 베트남 호랑이연고, 말린 열대과일, 베트남 전통의상인 아오자이를 입은 여성의 모습을 본뜬 향수(미스 사이공)까지 진열돼 있다. 유이관은 중국과 베트남을 오가는 사람들이 주로 통과하는 곳이고 주변에는 커다란 보세창고도 세워져 있다.

중국에서 뻗어나간 고속도로가 끝나는 곳에는 트럭들이 통관을 위해 줄지어 대기하고 있다. 베트남에서는 각종 과일과 농산물이 건너오고, 중국에서는 TV, 냉장고, 컴퓨터, 기계류, 자동차, 옷 등 공산품이 건너가는 현장이다.

국경시장의 진면목은 유이관이 아닌 푸자이(浦寨) 변경무역구에서 볼 수 있다. 유이관 서쪽 산골짜기에 자리 잡은 이곳은 중국과 베트남 사람들이 오가면서 자유롭게 교역하는 변민호시(邊民互市). 거리에는 베트남에서 온 과일 트럭들이 하역을 기다리는 가운데 상거래는 중국 위안화와 베트남 동화로 자유롭게 이뤄지고 있다.

거리에서 베트남 전통 모자를 쓴 아주머니로부터 망고스틴을 샀다. 베트남 사람이지만 스스럼없이 "스산콰이 치엔 이 찐(한 근에 13위안)"이라고 말을 건네왔다. 베트남 억양이 섞인 중국어다. 거스름돈을 주기 위해 꺼낸 전대에는 중국 위안화와 베트남 동화가 섞여 있다.

베트남 아주머니에게 어떻게 여기 오게 되었느냐고 물었더니 잃어버리지 않게 모자에 달아놓은 비닐봉지 안에서 통행증을 꺼내 보여준다. 여권처럼 생긴 통행증은 변경지역 주민들이 푸자이에 들어와 장사를 할 수 있도록 하는 자격증(변민증)인데, 수없이 오고갔음을 보여주는 확인 도장

푸자이에서 화물차가 국경을 통과해 베트남으로 들어가고 있다.

이 빼곡히 찍혀 있다.

국경 바로 앞에 우뚝 서 있는 높다란 건물의 이름은 저장(浙江)빌딩. 안으로 들어가니 베트남 금을 사고판다는 가게들이 즐비했고, 각종 공예품과 장신구를 파는 곳도 많았다. 푸자이에서 베트남으로 통하는 길은 2차선. 취재팀이 찾을 때는 길이 하나였지만 옆으로 노선 하나를 정비하기 위해 한창 공사가 진행 중이다(단둥에서 압록강 철교의 외길을 보고 답답했던 기억이 떠올랐다). 바로 옆에는 8층짜리 건물이 올라가고 있다.

푸자이의 인구는 1만 5,000명에서 2만 명 정도. 무역을 하는 외지인과 베트남인이 많다는 게 지역 주민의 얘기다. 중국 내 저장(浙江), 장쑤(江蘇), 광둥(廣東), 푸젠(福建)성 등 중국 각지의 상인들이 이곳에 점포를 내고 있다고 설명했다. 한가로이 차를 마시거나 건물 옆 당구장에 노는 젊은이들도 눈에 띄었고, 베트남어로 통화를 하는 청년이 입고 있는 옷은 중국 스포츠브랜드 리닝의 티셔츠였다.

다음날 유이관을 통과해 베트남으로 들어갔다. 통관절차를 마치고 나오니 'AH 1(아시안하이웨이 1번 도로)'이란 표지판이 보인다. 아시안하이웨이가 끊기지 않고 계속 이어지는 게 확인되는 순간이다.

차를 달려 다시 푸자이 쪽으로 가봤다. 산골짜기를 굽이굽이 돌아가는 길은 중국 도로처럼 평탄하지는 않다. 도로 상태에서 베트남의 경제력이 중국보다 한참 뒤처진다는 점을 한눈에 확인할 수 있다. 푸자이 앞 베트남쪽 거리도 낮은 건물 일색이어서 바로 앞에 우뚝 솟아 있는 저장빌딩과 크게 대조됐다.

실제로 중국에서 오는 차량은 물건을 가득 싣고 오는데, 베트남에서 나가는 차량은 비어 있거나 건초더미 같은 것을 싣고 있는 경우가 많았다. 중국의 경제력이 커지면서 베트남을 중국 경제권으로 빨아들이는 현장이라는 걸 실감할 수 있었다.

국경 앞 도시인 떤타잉의 거리도 중국 측과 마찬가지로 온통 가게 일색. 베트남 각지의 상인들이 몰려와 값싼 중국 제품을 사가는 곳이다. 지나가는 상인을 보니 차량에 루이비통 모노그램 원단을 싣고 있는 중이었다. 짝퉁 상품은 베트남이건 중국이건 가리지 않고 만들어진다는 얘기를 들은 터였는데 그 유통 과정의 한 단계인 듯했다.

더위를 식히려고 작은 찻집에 들러 사탕수수즙을 시켰다. 한 잔에 1만동(약 520원). 옆자리에는 젊은 남녀 4명이 즐겁게 대화 중이었다. 들어

:: 중국·베트남 국경지역

보니 중국어와 베트남어를 섞어 사용하는데 피부색이 다른 베트남 젊은이들과 약간 달랐다. 국경지대라 중국·베트남 사람들 간의 혼혈이 많은데 그 후예로 짐작된다.

그 모습에서 중국과 베트남은 다른 나라임을 표시하는 국경선만 있을 뿐 한반도의 휴전선을 연상케 할 만큼 막힌 국경은 사실상 없고, 사람과 물자가 자유롭게 오가는 하나의 경제권역임이 느껴졌다.

베이부만, 중국의 동남아 창구

중국은 2006년 10월 광시좡족자치구 성도인 난닝에서 동남아국가연합(ASEAN) 10개국과 특별정상회의를 열었다. 2010년에는 자유무역협정을 체결, 양측이 교역하는 물품의 90%가량이 관세 없이 거래된다. 이처럼 중국이 동남아 접근을 강화하는 가운데 주목받는 곳이 난닝 동남쪽에 위치한 베이부만 경제구다. 중국이 동남아로 뻗어나가는 지정학적 중요성을 감안해 발전시키고자 한 지역이다. 잘 알려진 주장 삼각주, 창장 삼각주, 보하이만에 이어 중앙정부의 집중 지원을 받는 마지막 경제개발권이다.

중국이 제12차 5개년 개발계획(2011~2015년) 기간에 이곳에 투자하겠다고 밝힌 금액은 총 2조 6,000억 위안(한화로 약 442조 원). 교통·물류·관광 등을 발전시키기 위해 모두 2,375건의 프로젝트가 추진된다. 2011년에만 6,300억 위안(304개 프로젝트)이 사회간접자본, 에너지 절감, 환경보전, 산업설비 건설 등에 투입된다.

베이부만 경제구의 핵심은 친저우(欽州)항. 중국의 국부 쑨원(孫文)이 지난 1919년 중국 남부의 2대 항구로 개발한다는 계획을 세웠을 정도로 지리적 우수성이 뛰어난 곳이다. 2008년 5월 중국에서는 6번째로 이곳에 보세항구 설립이 허가됐으며, 상하이·톈진·광저우·다롄에 이어 5번째로 자동차 수입항구로 허가를 받았다. 친저우보세항의 면적은 10㎢로 중국 최대규모이며 항만개발에만 한국 돈 100조 원이 투입된다. 수심이 깊어 50만 t급 선박도 접안이 가능하다. 중국은 향후 아프리카 등에서 수입되는 원유를 이곳에서 정제할 계획이다. 이곳에서는 동부 해안지역에서 폐지된 세제혜택인 2면 3감(외국 기업들에 이익 발생 후 소득세를 2년간 면제한 후 3년간 감면해주는 특혜)이 주어진다.

친저우와 함께 개발되는 팡청강(防城港)은 당초 동남아 교역창구로서 관광·어업·식음료업 등이 발달했다. 이곳도 친저우와 함께 임해공업단지로 육성된다. 친저우 동쪽에 있는 베이하이(北海)는 베트남의 하이퐁과 연락되는 항구도시. 수륙교통이 발달돼 수산가공·조선 등의 공업이 발전했다. 지나가는 길에 알아보니 호텔만 40여 개가 있어 아직 개발 중인 친저우에 비해 3배가량 많았다.

베트남 랑선이야기

중국에 핑샹이 있다면 베트남에는 랑선이란 국경도시가 있다. 일찍부터 중국과의 교역으로 상업중심지가 된 곳이다. 랑선을 이해하려면 1979년 일어난 중·베트남 전쟁과 덩샤오핑을 살펴볼 필요가 있다.

중국 개혁개방의 설계자 덩샤오핑은 1977년 7월 공산당 제10기 3중전회에서 정치적으로 복권된다. 그의 예전 직위(당 중앙 부주석, 국무원 제1부총리, 군사위원회 부주석, 인민해방군 총참모장)도 회복됐다. 덩샤오핑은 이듬해인 1978년 12월 제11기 3중전회에서 최고실권자로 등극하고 경제 발전을 당과 국가의 주요 목표로 내세웠다. 그는 군 총참모장이라는 지위가 갖는 군사적·정치적 권한을 직접 행사하는 차원에서 1979년 2월 17일 중국·베트남 전쟁을 일으킨다. 총 50만 명 이상의 병력으로 하여금 공격하게 한 것. 당시 베트남은 남베트남의 상권을 장악한 화교들을 탄압하고, 중국·소련 국경분쟁에서 소련 측을 지지했으며, 중국과 가까운 캄보디아를 무력으로 점령하는 등 중국 측과 관계가 무척 좋지 않았다.

덩샤오핑은 당초 며칠 동안 싸워서 상징적 승리를 거두고 손을 떼려고 했다. 그렇지만 미국과의 전쟁으로 단련된 베트남군의 끈질긴 저항이 계속됐다. 결국 랑선을 함락시킨 뒤 휴전을 발표하고 3월 16일 병력을 철수시키기까지 예상보다 훨씬 더 많은 시간과 병력이 소요됐다. 중국은 "징벌적 목적을 달성해 철군한다"고 발표하면서 랑선을 철저히 파괴했다.

전쟁은 실제 승패를 떠나 정치적으로 중국의 커다란 승리였다. 베트남으로서도 자국 땅에서 치러졌고 많은 민간인 사상자가 발생한 가슴 아픈 전쟁이었다. 그래서였을까? 30여 년이 지난 시점에서 당시 전쟁의 흔적은 거의 찾아볼 수 없었다. 중국으로 물자와 사람이 오가는 통로로 변한 랑선은 '정냉경열(政冷經熱)'의 현장 그 자체였다. 난닝에서 베트남 하노이까지 가는 국제열차가 개통되면서 이곳에는 큰 교역로가 열렸다.

산으로 둘러싸인 분지에 포근하게 자리 잡은 랑선의 동낀시장에 들렀다. 한국으로 치면 남대문시장과 비슷한 곳이다(동낀은 하노이가 속한 북부지역의 옛 이름으로 여기에서 통킹이라는 말이 생겨났다). 시장 중심에 위치한 3층 건물에 들어가 보니 오가는 사람들로 북적이는데 통로가 비좁아 어깨를 부딪치기 일쑤였다.

중국에서 건너온 제품들이 큰 인기였는데 중국산 짝퉁 아이폰에는 280만 동(한화로 약 14만 6,000원)이라는 가격표가 붙어 있다. 여기에서도 중국 위안화는 스스럼없이 받아들여지고 있다. 지대가 높고 사계절이 비교

랑선의 동낀시장에서 이부자리 등을 파는 가게.

적 분명한 랑선에서는 이불, 침대커버, 매트리스 등 추위에 대비한 제품들도 인기였다. 이부자리 가게마다 상품이 그득하고 그 사이 좁은 공간에 상인들이 1명씩 올라서 앉아 있는 모습이 인상적이었다.

건물을 나오니 1층짜리 가건물과 천막 등으로 이어진 가게가 연이어 들어서 있다. 채소, 닭, 오리, 돼지고기 등을 파는 곳마다 손님들로 북적였다. 오가는 차량, 손수레, 오토바이, 자전거 등에 막혀 도로를 건너기가 쉽지 않았다.

하룻밤을 묵기 위해 숙소를 찾았더니 빈 방이 없었다. 호텔 5~6군데를 돌아도 방이 없다는 답변만 들었다. 이유를 물었더니 마침 주말을 맞아 관광객이 늘었고, 평소에도 중국 상인들이 이곳에서 하룻밤을 묵어가는 경우가 많다는 얘기였다.

한편 핑샹과 랑선 이외에 중국·베트남 간 무역이 활발히 벌어지는 곳으로는 해변 쪽인 광시성 둥싱과 베트남 몽까이시를 들 수 있다. 이곳 시장에는 중국이 20억 위안을 투자했으며, 부두를 포함해 수출입 통관 창구, 상품 판매소 등을 갖추고 있다. 중국과 베트남 국경교역은 베트남 라오까이 국경에서도 이뤄진다.

중국의 고속도로와 통행료

랴오닝성 단둥에서 베트남 국경까지 달릴 때 무수한 톨게이트를 지났다. 고속도로를 나와서 다시 들어갈 때 계속 톨게이트를 지나고, 성이나 베이징 같은 직할시의 경계를 지날 때도 톨게이트를 거친다.

베트남 국경에서 정산을 해보니 톨게이트 영수증만 총 88장. 비용은 2,215위안(한화로 약 37만 원)가량이었다. 2.5~3㎞당 약 1위안(한화로 170원)을 낸 꼴이었다. 기름값은 7,045위안(한화로 120만 원)으로 약 7,000㎞가량 중국 대륙을 달린 것을 감안하면 ㎞당 1위안(한화로 170원), 100㎞당 1만 7,000원가량 들어간 꼴이니 결코 싼 비용은 아니었다.

재미있는 사실은 앞서 언급했듯이 성을 지날 때마다 톨게이트가 있어 성별로 따로 통행료를 받았다는 점이다. 이는 고속도로를 건설할 때 각 지방정부가 많은 돈을 투자했으니, 그만큼을 뽑아내겠다는 의도로 해석된다. 성 경계선마다 톨게이트가 있는 것 자체가 지방분권의 상징인 셈이다(실제로 중국은 지방자치의 역사가 길고, 지방정부의 입김도 세다). 다만 성별로 부과하는 톨게이트 비용이 큰 편차가 없음을 볼 때 통행료 부과에 중앙정부 차원의 조율이 어느 정도 있는 것으로 보인다.

중국 종단을 끝내고 파이팅을 외치는 취재팀.

과거 중국은 고속도로망이 제대로 갖춰져 있지 않을 때 주로 국도를 이용했다. 그 당시에는 국도를 관할하는 조그마한 중소도시, 현 등에서도 톨게이트를 설치하고 통행료를 받았다고 한다. 현지에서 오랫동안 머문 한 기업인은 "한 도로를 지나가는데 어느 가정집에서 자체 톨게이트를 설치하고 돈을 받는 광경을 목격했다. 이유를 물어보니 그 집 가장이 빵소니차에 치여 사망했는데 사고를 낸 운전기사를 잡을 수 없고 보험금도 못 타니 이 도로를 다닌 운전기사들이 연대책임을 지고 사망자 가족에게 돈을 지불해야한다는 얘기였다. 지방 공안도 난감해하며 묵인하는 상황에서 어쩔 수 없이 통행료를 냈다"고 전하기도 했다. 하지만 지금은 이처럼 지방 국도에서 통행료를 받는 광경은 볼 수 없다.

V I

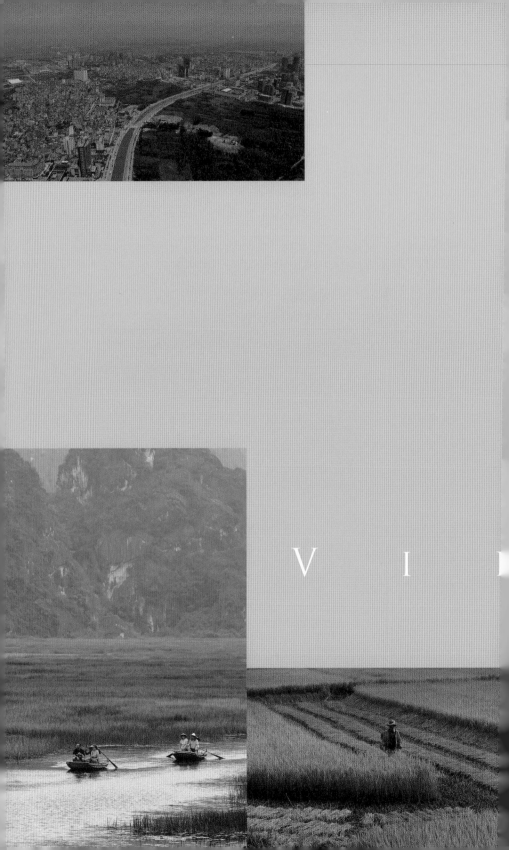

III

베트남

Vietnam

베트남

- **국명**: 베트남 사회주의공화국(The Socialist Republic of Vietnam)
- **면적**: 33만 1,150㎢
- **인구**: 9,055만 명(2011년)
- **기후**: 북부는 아열대, 남부는 열대몬순
- **연평균 기온**: 24.1℃, 연간 강수량 2,151mm
- **지형**: 가늘고 긴 S자형. 구릉, 고원지대가 북부와 중부지역에 집중되어 있고, 남쪽은 평지와 삼각주로 이뤄짐.
- **민족**: 54개 민족(주류인 비엣족과 소수민족인 타이족, 크메르족 등)
- **종교**: 불교, 가톨릭, 카오다이교(유교·불교·도교의 혼합 종교)
- **수도**: 하노이
- **화폐단위**: 동(VND, 달러당 2만 200동)
- **국내총생산**: 1,177억 달러(2011년)
- 1인당 GDP: 1,300달러(2011년)
- **시차**: 한국보다 2시간 늦음
- **주요자원**: 해안유전과 석탄, 석회석, 크롬, 티타늄, 몰리브텐, 철광석, 금, 주석, 인회석, 망간, 구리 등. 그러나 원유와 무연탄을 제외하고 개발이 어려워 경제성이 떨어짐. 원유 매장량은 50억 t, 무연탄은 80억 t, 철광석은 7억 t으로 추정.

A s i a n H i g h w a y

01 베트남 경제, 기지개를 켜다

베트남 국경도시 랑선에서 하노이까지 왕복 2차선 길은 의외로 좋았다. 좋다는 얘기는 심하게 울퉁불퉁하지 않고 시속 60~80㎞로 자주 달릴 수 있음을 의미한다. 144㎞ 길을 2시간 40분 만에 주파했으니 베트남에서는 준수한(?) 속도다. '난닝(중국)~하노이' 간 경제회랑을 잇는 이 도로는 2012~2015년 11억 달러가 투입돼 고속도로로 탈바꿈할 예정이다. 아시아개발은행(ADB)에서 9억 달러와 한국에서 2억 달러 등 재정 지원을 받아 건설된다.

홍강을 건너면서 하노이 시내를 바라보는데 높은 빌딩이 눈에 띄었다. 경남 기업이 짓는 랜드마크 타워다. 총 10억 5,000만 달러가 투자돼 2011년 8월 말 완공되는 70층(346m)짜리 건물이다. 2011년 3월 완공된 2개동 48층 규모 주상복합건물과 어울려 하노이의 '타워팰리스'로 불리고 있는 곳으로 백화점, 호텔, 사무실 등이 들어선다.

김상국 경남 기업 상무는 "랜드마크 타워는 베트남 사상 최초 건축물

경남 기업이 하노이에 건설한 랜드마크타워.

베트남에서 만난 AH 1표지판.

로 하노이 어디서나 보이고 택시기사들도 모르는 사람이 없다. 외국 기업에서 사무실 입주 문의가 많이 들어온다. 이미 완공된 주상복합은 분양가가 3.3㎡당 1,000만 원을 넘는데 95%가량 분양이 완료됐다. 베트남 상위 5% 계층이 주요 고객"이라고 설명했다.

랜드마크타워에서 본 하노이 전경은 평온했다. 여기저기 솟아 있는 고층빌딩에서 베트남이 발전하고 있음을 느낄 수 있었다. 남북으로 곧게 뻗은 도로가 베트남의 잠재력을 보여주는 듯하다. 최근 어려움을 겪고 있다는 베트남 경제에 대해 경제 발전 중에 겪는 '성장통'일 것이라는 생각이 들 정도다.

현지에서 본 베트남 경제의 어려움은 크게 세 가지였다. 물가, 외환 부족, 전력·도로 등 인프라스트럭처 부족이 그것이다. 물가는 2011년 들어 4개월 동안 2010년 말 대비 9.45% 올랐다. 이대로 가다가는 연간 증가율이 20%에 육박할 것으로 예상되는 수준. 2008년 금융위기 당시 물가 상승률이 22.07%에 달했는데 그 후 최고치다.

물가 상승을 실감할 수 있는 현장은 주유소다. 베트남 주유소 가운데 많은 곳이 '기름 없음'이란 간판을 내걸었다. 실제 기름이 떨어졌기 때문은 아니다. 기름값이 폭등하자 향후 더 오를 것으로 예상해 기름을 판매하지 않고 비축하고 있기 때문이다. 2011년 들어 베트남 유가는 2차에 걸쳐 31%나 올랐다. 휘발유 기준으로 2월 ℓ당 1만 6,300동(한화로 860원)에서 1만 9,300동으로 뛰었고, 4월에 또다시 2만 1,300동(한화로 1,120원)으로 올랐다. 같은 기간 국제유가가 20% 오른 것을 감안하더라도 매우 높은 상승률이다.

베트남 정부도 물가 잡기에 최우선으로 나서면서 재정(예산) 10%를 줄이기로 했고, 불요불급한 예산을 통제하며 은행 대출을 줄이기로 했다. 2011년 은행 통화증가율을 25%로 잡았다가 16%로 줄였다.

베트남 외환 부족은 전 세계가 주목하는 이슈다. 베트남은 자체적으로 원부자재를 생산할 능력이 없는 상황이다. 원유를 수출하는 나라지만 정제된 기름은 수입해서 쓴다. 최근 정유공장을 세웠지만 수요의 30% 남짓 공급하는 게 고작이다. '원료 수출과 공산품 수입'이라는 후진적 구조에서 벗어나지 못하고 있다. 그러다 보니 해마다 무역적자가 누적된다. 무역적자는 2008년 180억 달러에 달했고, 2009~2010년에는 연 120억 달러 수준으로 국내총생산(GDP) 대비 12%를 넘는다.

ADB(아시아개발은행)에 따르면 2011년 3월 기준 베트남 외환보유액은 124억 달러다. 두 달 치 수입액을 충당하기에도 부족하다. 베트남 정부는 달러 부족에 대해 과거 암달러시장 기능을 하던 금은방에 대해 달러 거래를 금지하기에 이르렀다. 베트남 통화와 달러화로 표시하던 식당 메뉴판도 원칙적으로 동화만 결제할 수 있도록 했다.

베트남 경제가 부실하다는 사실을 드러낸 대표적인 사례는 베트남 조선공사(Vinashin)라는 국영 기업. 이 업체는 크레디트스위스 등 외국계 은행에서 연 7.2%로 6억 달러를 대출받았다. 대출구조는 5년 거치 후 상환으로 매년 6,000만 달러씩 10번에 나눠 갚는 것. 그런데 첫 원금 납부기일인 2010년 12월 20일 돈을 갚지 못하겠다고 손을 들어버렸다.

베트남이 안고 있는 또 다른 문제는 사회간접자본 부족이다. 대표적인 사례가 전력이다. 베트남 전력은 수력이 40%, 화력이 40%를 차지한다. 수력 의존도가 높아 소위 '하늘만 쳐다보는 전기'라는 별칭이 붙을 정도였다. 나머지 전기는 중국과 라오스 등에서 수입한다. 이처럼 나쁜 전력 사정은 경제 발전에 걸림돌로 작용하고 있다.

그렇다면 베트남 경제의 미래는 어려울까? 김경한 하노이대사관 참사관은 베트남인들이 근면하고 교육열이 높으며 과거에도 수많은 위기를 헤쳐 왔기 때문에 미래가 반드시 어둡지는 않다고 강조했다.

"2010년 말 기준으로 베트남의 외채규모는 307억 달러다. 하지만 대부분이 국제금융기구의 융자나 선진국의 양허성 ODA(공동개발원조) 자금이다. 실제로 갚아야할 돈은 12억 달러에 불과하다. 거기에 베트남은 자원

부국이다. 절대 급하게 서두르지 않고 뚜벅뚜벅 걸어가는 나라다. 외부에서 보는 만큼 허약하지 않으며 꾸준히 전진하고 있다. 외환위기를 겪고 있다지만, 과거에 이보다 더 큰 어려움을 헤쳐나온 게 베트남이다."

호찌민의 나라 베트남

중국을 다니다 보면 지겹도록 마주치는 게 마오쩌둥 사진과 동상이다. 그러다 베트남에 들어서면 이제는 호찌민 사진과 동상이 마오쩌둥 이상으로 넘쳐나는 걸 느끼게 된다.

하노이의 호텔에 들어갔더니 사람 키만한 호찌민 사진이 걸려 있다. 호찌민 생존 당시 이곳을 방문한 것을 기념하는 사진인데 흰옷을 입고 인자한 미소를 짓고 있는 모습이다. 호텔 직원에게 왜 이 사진을 붙여 놓았는지 물어봤다. "베트남을 구한 영웅이지 않으냐. 지금도 여러 사람들이 이곳을 다녀간 이야기를 가끔씩 하신다"고 말했다.

호찌민은 베트남 어디를 가도 여전히 볼 수 있다. 관공서, 박물관, 기차역 등 공공시설은 물론이고 식당, 호텔 심지어 일부 민가에서도 호찌민 사진을 내건 곳이 많다. 중소 도시 이상에는 어김없이 호찌민을 기리는 박물관이 있고 박물관 중앙에는 그의 동상이 자리 잡고 있다. 베트남 사람들에게 누구를 존경하느냐고 물으면 열이면 열 모두 호찌민이라고 대답한다. 특히나 젊은 사람들까지 호찌민에게 존경을 표하는 모습은 인상적이다.

호찌민이 존경을 받는 이유는 2가지다. 호찌민은 평생 독신으로 지내면서 겸손하고 소박한 생활로 오로지 국가를 위해서만 살았다는 점과 강대국 프랑스와 미국을 연거푸 무찌르는 데 앞장서 그 누구보다 베트남인 자존심을 세운 점이다. 특히 그의 철학은 '행복'이었다. 베트남이 추구하는 가치는 '민주·평화·행복'인데, 이는 모두 호찌민 철학에서 비롯됐다.

그렇다면 호찌민은 어떤 인물이기에 사망한 지 40년이 넘었는데도 존경받는 것일까?

호찌민은 사회주의자지만 관료이자 유학자인 아버지를 둔 덕분에 어려서부터 중용과 겸양 등 유학사상에 심취했다. 이는 그가 평생 소박하면서도 겸손한 삶을 살아가는 정신적 지주가 됐다.

호찌민은 생전에 "내가 죽은 후에 화려한 장례식으로 인민의 돈과 시간을 낭비하지 마라. 내 시신을 화장해 달라"고 말할 정도로 소박한 삶을 실천했다. 특히 아이들에 대해 각별한 관심과 애정을 보이기도 했다. 이 때문에 베트남 사람들은 지금도 그를 '호 아저씨'라고 친근하게 부른다.

그의 소박하고 겸손한 삶 뒤에는 강인하고 집요한 삶이 포개져 있다. 11세 때인 1911년 호찌민은 서구 신학문을 공부하기 위해 프랑스로 건너갔고 이후 영국, 미국, 알제리 등에서 하인, 견습공, 요리사 보조 등 밑바닥 인생을 전전했다. 힘든 시기였지만 세계를 바라보는 그의 시야와 민족주의적 가치관이 정립된 때였다.

태평양전쟁이 끝난 1945년 호찌민은 베트남 민주공화국 독립을 선언하고 정부 주석으로 취임했다. 하지만 프랑스는 베트남을 분리해 계속 식

호찌민의 묘지.

민지로 두려고 했다. 이에 7년에 걸친 '제1차 인도차이나 전쟁'이 시작됐고 1954년 프랑스를 몰아내는 데 성공한다.

하지만 옛 소련과 미국 간섭으로 완전한 독립을 이루지는 못했다. 제네바 회담에서 베트남은 북위 17도 선을 경계로 호찌민이 이끄는 북쪽의 베트남 민주공화국과 친미 정권인 남쪽의 베트남 공화국으로 나뉘어 정치 불안에 휩싸이고 미군 개입 속에 남북 전쟁이 시작된다.

미군이 북베트남과 협상을 시작하면서 전쟁이 새로운 국면을 맞이할 즈음인 1969년 9월 2일 호찌민은 갑작스러운 심장 발작으로 사망했다. 그의 나이 79세였다. 호찌민 사망 6년 뒤인 1975년 4월 남베트남 대통령궁이 북베트남군에 함락되면서 전쟁은 막을 내렸다.

베트남의 정치적 민주화와 빈부 격차

베트남의 주요 문제로 정치적 민주화가 더디고, 빈부격차가 심하다는 점이 지적되곤 한다. 공산당 1당 독재이다 보니 '명예, 권력, 돈'이 공산당과 군부세력의 최고위층으로 몰려 있다는 얘기다. 자연스럽게 부패도 극심하다. 이런 상황을 보고 있노라면 호찌민도 울고 갈 것이란 얘기가 나온다.

대표적인 사례가 통신회사인 비엣텔(Viettel)이다. 비엣텔은 베트남 국방부가 운영하는 회사다. 이 회사는 2010년 15조 5,000억 동(미화로 7억 7,500만 달러)의 세전수익을 기록, 강력한 라이벌인 정보통신부 산하 이통사인 우정통신공사(VNPT)의 11조 2,000억 동(미화로 5억 6,000만 달러)보다 좋은 실적을 올렸다. 다만 매출에서는 모비폰과 비나폰을 소유한 VNPT가 101조 동(미화로 50억 달러)으로 비엣텔의 총매출은 91조 동(미화로 45억 5,000만 달러)를 앞섰다. 베트남의 이동통신 가입자는 1억 4,800만여 명으로 인구 1명당 1.64대의 휴대폰을 갖고 있다. 재미있는 사실은 국방부가 비엣텔 이외에 은행, 건설회사, 골프장, 호텔 등을 모두 갖고 있다는 것. 다른 주요 업체도 대부분 국영 기업이고 서로 연결돼 있다. 그러다 보니 민간 기업이 설 땅이 비좁다.

베트남의 정치 권력은 '14인 집단지도체제'인데 당서기 대통령 국회희장 등을 포함해 14명이 합의제이다. 그러다 보니 의견 조율이 어렵고, 주요 국영 기업마다 정치국원들과 연결돼 있어 부패의 고리를 끊기가 쉽지 않다.

하노이 시내 전경.

특히 베트남은 공무원 임용을 고시제도가 아니라 추천제로 운용한다. 출신이 좋은 40대의 국장 밑에 50대의 부국장이 일한다. 출신성분이 좋은 자녀는 전부 해외 유학파다. 정치, 경제, 사회적 이권을 같이 공유한다. 그러다 보니 이들끼리 똘똘 뭉쳐 있다. 실제로 베트남에서는 뇌물을 받으면 동료들끼리 나눠 쓴다. 국장 월급이 300달러 가량인데 하노이에서 어지간하면 4인 가족의 한 달 생활비가 500달러 정도 소요된다. 이러한 국장이 거리낌 없이 자녀들을 해외로 유학 보낸다는 게 현지인들의 얘기였다.

베트남의 폐쇄성을 보여주는 사례는 많다. 한 변호사는 베트남에 다당제가 필요하다고 발언했다가 국가 이익에 반한 발언을 했다며 구속

당했다. 몇 년 전 일본 자금으로 짓던 도로건설현장에 뇌물 사건이 터져 4명이 구속된 사례가 있다. 2명은 담당 관료였는데, 나머지 2명은 이를 보도한 기자였다. 기자들이 '국가 이익에 반한 행위'를 했다는 게 이유였다.

쌀국수이야기

하노이 중심인 뚤리엠구 메찌지역의 재래시장 한쪽에는 쌀국수를 만드는 가내공장이 있다. 시장통을 한참 뒤진 끝에 찾아낸 이곳은 말이 공

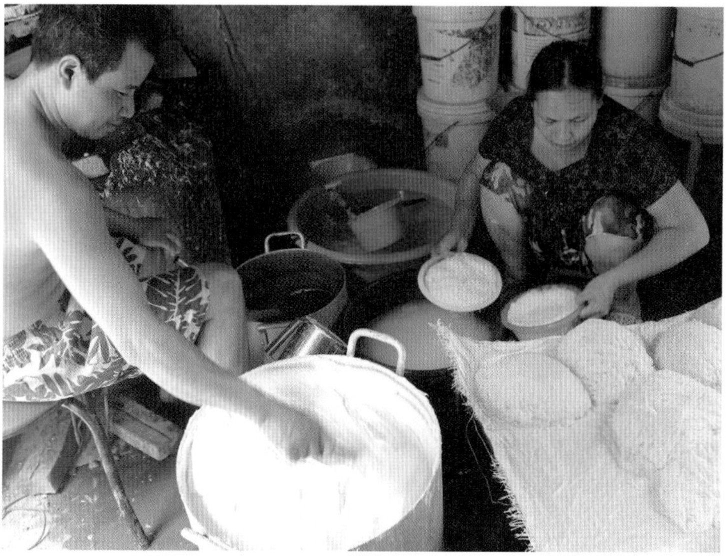

하노이에서 찾은 쌀국수를 만드는 가게.

아침 식사로 쌀국수를 담고 있는 베트남 여인.

장이지 승용차 2대 정도의 공간으로 간판도 없어 쉽게 눈에 띄지 않았다. 취재팀이 이곳을 방문했을 당시 30대 아들과 50대 어머니가 부지런히 쌀국수를 뽑아내고 있었다. 쌀가루를 곱게 갈아 만든, 흰 페인트처럼 보이는 반죽을 국자모양의 국수틀에 넣고 뜨거운 물에 반쯤 담가 천천히 흔드니 신기하게도 뽀얀색의 국수 가락이 뽑혀 나왔다. 아들이 뽑아낸 국수를 모자만한 덩어리로 가지런히 정리하던 어머니는 "국수 뽑는 것을 어려서부터 보면서 자랐고 평생을 이 일을 했다"고 설명했다

이곳에서는 하루에 적게는 300명분, 많게는 900명분의 쌀국수를 만들어 하노이 식당에 배달하고 있다. 쌀국수는 베트남 사람들의 일상 그 자

체다. 호텔의 고급 레스토랑에서도, 거리의 허름한 노점에서도 쌀국수를 팔고 있고 이른 아침부터 밤늦게까지 쌀국수를 먹는 사람들을 쉽게 볼 수 있다.

베트남 말로 '포(Pho)'라고 불리는 쌀국수는 고기 국물에 국수를 말아 야채와 고기를 고명으로 얹혀 먹는 서민 음식인데, 그 전파 과정은 베트남의 현대사를 그대로 담고 있다. 포는 원래 하노이를 중심으로 하는 북부 베트남의 음식이었다. 그러나 1954년 프랑스가 물러가고 베트남이 남북으로 갈리면서 북부지역에 공산주의 정권이 들어섰다. 모든 음식점이 국영화하는 과정에서 쌀국수집들 역시 국가의 관리 하에 들어갔다. 국가의 간섭을 받게 된 음식점 주인들은 남쪽으로 탈출해 호찌민, 다낭 등에서 음식점을 열었고 이를 통해 쌀국수가 남쪽까지 퍼졌다.

쌀국수는 쇠고기가 고명으로 들어간 '퍼 보'와 닭고기가 들어간 '퍼 가'가 가장 대표적이지만 지역에 따라 들어가는 재료가 달라 전혀 다른 맛이 나기도 한다. 취재팀이 중부 동호이 시내에 노점에서 맛본 쌀국수에는 소고기와 돼지고기, 닭고기에다 선지까지 들어가 있어 담백한 하노이의 쌀국수에 비해 육수의 맛이 좀 더 기름지고 진했다. 또 남부로 내려갈수록 쌀국수에 다양한 채소와 향채(고수)를 곁들여 먹는다.

쌀국수가 전 세계적으로 알려지게 된 계기는 1975년 베트남의 공산화였다. 북부 베트남의 승리와 남부 사이공 정권의 몰락으로 전쟁이 끝나면서 공산정권의 탄압을 피해 수많은 난민들이 미국과 유럽 등 해외로 탈출했다. 그들은 공산정권의 탄압을 피해 어렵게 탈출했지만 생계가 막막했

철분이 많이 섞여 붉은 색을 띠는 북베트남의 젖줄 홍강의 모습.

다. 결국 각 국가에서 쌀국수를 만들어 팔기 시작했고 쌀국수는 세계인이 즐기는 음식으로 자리를 잡았다.

한편 '포'의 사촌뻘 되는 것으로 '분(Bun)'이 있다. 면발이 가는 쌀국수로 국물과 국수가 따로 나오며, 자신의 취향대로 국물에 국수를 말아서 먹는 방식이다. 요리 방식이 포에 비해 다양하고 지역에 따라 여러 가지 특색이 있다. 남쪽에서는 아직도 식당 메뉴판에는 분이 가장 앞에, 가장 큰 글씨로 써 있고 그 아래 포가 적혀 있다.

쉬어가기

베트남 어린이는 강물을 붉게 칠한다

오스트레일리아 어린이들은 산을 그리라면 지평선을 그려놓는다고 한다. 평원에 살다 보니 높이 솟은 산을 본 일이 없기 때문이다. 북베트남 어린이들은 강을 그리라고 하면 강물을 붉게 색칠한다. 하노이를 흐르는 홍강은 철분이 든 토사가 섞여 있어 늘 붉은 색을 띠고 있어서다. 홍강(베트남어: Sông Hong)은 송코이(Song Coi)강이라고도 불리는데 길이가 1,200㎞에 이른다. 송코이는 '대하(大河)'라는 뜻이다. 중국 윈난성(雲南省)의 중부에서 발원하여 베트남 북부를 남동쪽으로 흐른 다음 통킹만으로 흘러든다. 국경지방의 라오카이에서 푸토까지는 외줄기로 흐르지만, 도중에서 2대 지류와 합류하고 삼각주 지대에 이르면 수많은 분류를 만든다. 비에치 하류에서는 홍하 삼각주를 형성하는데, 이곳은 예로부터 베트남인의 역사적 중심지가 되었다. 중국의 여러 왕조의 군대가 이 강의 상류를 거쳐 베트남으로 침입하였다가 번번이 대패했다.

기가 막혀!

역주행 자동차

베트남의 랑선에서 하노이를 들어가다 보면 왕복 2차선 길이 4차선으로 바뀐다. 널찍한 도로에 중앙분리대도 있어 답답했던 마음이 풀어지는 느낌을 받는다. 차량이 한참 속도를 내며 남쪽으로 방향을 잡아가는 데 갑자기 앞쪽에서 역주행을 하는 차량을 발견했다. 계속 신호를 보내면서 중앙분리대 쪽으로 바짝 붙여 북쪽으로 올라오는 것 아닌가. 깜짝 놀라 운전기사에게 물어보니 "원래 남쪽으로 내려갔다가 유턴을 해서 올라와야 하는데 그게 싫어서 바로 역주행을 하는 것이다"란 답변이 돌아왔다. 너무 어이가 없어 했더니 이런 일이 자주 있으니까 그리 놀랄 일은 아니라고 웃으면 얘기했다. 그래도 그렇지, 중앙분리대도 있는 왕복 4차선 길에서 역주행은 너무 심하지 않은가. 그러다가 사고라도 나면 어떡하나 하는 걱정이 앞서는 어이없는 광경이었다.

남북 베트남을 가르는 하이반 고갯길을 트럭이 내려 오고 있다.

• 육지의 하롱베이 '땀꼭' •

베트남에는 하롱베이가 둘이 있다. 하나는 '바다의 하롱베이'고 다른 하나는 '논 위의 하롱베이'다. 하노이 동북쪽 통킹만에 자리잡은 진짜 하롱베이는 베트남을 대표하는 관광지로 매일 수많은 사람들이 방문하는 곳이다. 반면 하롱베이와 유사한 풍광을 보여줘서 '논 위의 하롱베이'란 별칭이 붙은 땀꼭은 내륙에 자리 잡고 있고 상대적으로 덜 알려져 있다.

베트남 수도 하노이에서 남쪽으로 약 90여㎞ 떨어진 땀꼭을 찾았을 당시 이곳을 방문한 외국인은 10여 명에 불과해 한산했다. 땀꼭은 응오동강의 강물이 논과 석회암 지대로 흘러들면서 형성된 곳으로 바다의 하롱베이와 유사한 풍광을 갖고 있다. 이곳은 대표적인 카르스트 지형(석회암의 용식으로 들쭉날쭉한 지형)이다. 대나무 목선인 '삼판(혹은 띠엔뚜)'을 타고 돌아본 땀꼭은 그야말로 절경이다. 흘러가기를 멈춘 듯 잔잔한 강물 위로 거대하게 솟은 석회암 산과, 절묘한 모양의 동굴들이 곳곳에 자리 잡았다. 그리고 강바닥에 뿌리를 박은 풀들이 수면 위까지 자라올라 강물 곳곳에 마치 잔디밭처럼 보인다. 이런 절경은 38㎞ 넘게 이어진다.

그러나 이런 비경도 개발이라는 이름으로 파괴가 됐다. 땀곡 초입부터 나타나기 시작한 석회암 산들의 상당수가 하얀 '속살'을 그대로 드러냈다. 깎여나가 반쪽만 남은 산이 있는가 하면 산머리가 사라지고 밑둥

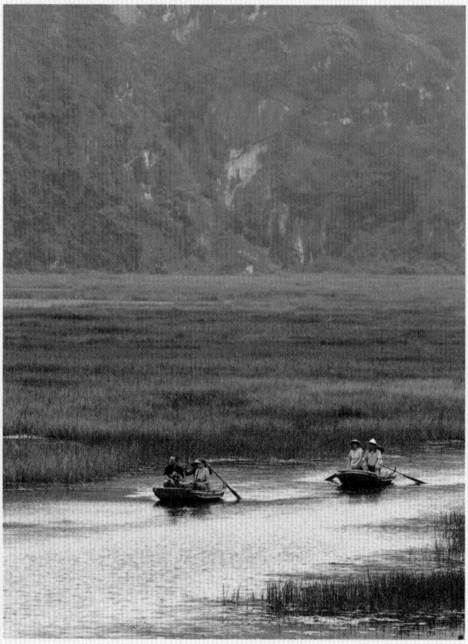

땀꼭 응오동강에서 경치를 즐기는 관광객들.

에서 허리까지만 남은 산도 있었다. 석회암 지대인 이곳에 2000년 이후 시멘트 공장이 속속 들어서면서 벌어진 일이다.

1986년 도이머이(쇄신) 정책을 마련해 경제개발을 시작한 베트남은 2000년 이후 가파른 성장을 뒷받침할 자원을 얻기 위해 자연이 선사한 절경을 희생시키는 일을 스스럼없이 벌였다. 우선 잘 사는 게 목표였고, 환경보전은 뒷전이었기 때문이다. 땀꼭은 대표적인 사례로 숨막히는 절경 사이로, 파헤쳐진 석회암산과 그 옆에 어김없이 붙어 있는 시멘트 공장을 어렵지 않게 볼 수 있다.

몇 년 전부터 베트남 정부는 자연경관 파괴의 심각성을 깨닫고 땀꼭의 석회석 채취를 제한하는 조치들을 내놓고 있지만 이미 파괴된 절경을 되돌릴 수는 없었다.

A s i a n   H i g h w a y

02 베트남의 남북 종단

하노이~호찌민 1,816㎞, 희망이 달린다

하노이와 호찌민에서 베트남의 진면목을 보기는 어렵다. 넓은 평원 위에 자리 잡은 대도시로서 높은 빌딩과 포장된 도로가 진짜 얼굴을 가리기 때문이다.

'베트남의 진짜 얼굴'은 하노이와 호찌민을 잇는 왕복 2차로 도로(1A 국도)에서 발견할 수 있다. '아시안하이웨이 1번 도로(AH 1)'인 이 길은 남북으로 길게 뻗은 베트남 국토를 연결하는 유일한 통로다. 이 길을 달리다 보면 베트남 경제는 역동적이지만 아직 '농업경제'에 주요 기반을 두고 있음을 느낄 수 있다.

하노이를 출발해 베트남 종단에 나선 취재팀은 닌빈, 타인호아, 빈, 하띤, 동허이, 후에, 다낭, 호이안, 땀끼, 냐짱, 무이네, 판티엣을 거쳐 닷새만에 호찌민에 도착했다. 1,816㎞를 달리는데 장장 42시간이 걸렸다. 하

베트남 중부 동하에서 본 도로 표지판.

루 평균 363km를 평균 시속 40km를 겨우 넘겨 하루 8시간 이상씩 달린 셈이다. 느림보 운행을 한 것은 온갖 장애물이 도로의 기능을 막고 있어 속도를 내기가 애초부터 불가능했기 때문이다.

대부분의 도로는 해지고 곳곳이 파여 있다. 포장은 돼 있지만 보수가 미흡한 탓이다. 당연히 자동차는 심하게 요동친다. 왕복 2차로에 중앙분리대는커녕 중앙선 표시 자체도 지워진 곳이 많다. 이런 길을 택시, 버스, 화물차가 달리고 오토바이와 자전거는 물론 소달구지까지 섞여 오간다. 바퀴 달린 모든 것이 뒤엉켜 다니는 '무질서 속 질서'라고나 할까?

특히 매연을 뿜어대는 중고 화물차는 속도가 매우 느리다. 그러다 보니 버스와 택시들이 중앙선을 넘어 추월하기 일쑤여서 마주 오는 차량이 늘 조마조마하게 운전할 수밖에 없다. 길가에는 식당, 가게, 주택, 논과 밭이 손에 잡힐 듯 다닥다닥 붙어 있다. 도로는 밤에 가로등이 없어 암흑천지

:: 베트남의 주요 도시

로 변한다. 베트남의 70% 이상이 산악임을 실감케 하듯 구불구불한 산길도 많았다.

도로의 상태는 베트남 남북의 과거 역사와 경제력 차이를 보여주는 듯했다. 북베트남 길 가운데, 하노이~동하 구간은 1975년 통일되기 전에 북베트남이 도로를 내어서인지 구불구불한데다 패인 곳이 많고, 주변 주택 모습도 낙후된 모습이었다(닌빈~탄호아 구간은 60㎞인데 2시간이 넘게 걸렸다). 중부 베트남에 속하는 후에~다낭 구간(93㎞)의 경우 남북 베트남을 가르는 하이반 고개(높이 500m, 하이는 바다이며 반은 구름을 뜻함) 밑으로 터널(2005년 개통)이 뚫려 있다. 하이반은 베트남의 대관령 같은 존재로 늘 구름이 끼어 있고, 남북으로 가는 모든 차량은 반드시 통과해야 하는 곳이었으며, 엔진이 부실한 화물차는 중간에 고장 나기 일쑤였다. 다낭에서 호찌민까지 남베트남 길은 미군이 만든 곳이 많아서인지 곧게 뻗어 있고 패인 곳도 적었다.

베트남 말로 '하이(hay)'는 재미있다는 뜻이다. 따라서 하이웨이는 베트남 사람들에게 재미있는 도로라는 의미가 되기도 한다. 하지만 실제 달려보면 '이게 무슨 재미있는 도로야'라고 반발할 수밖에 없다. 특히 도로 중간에 에성(행정구역)이 바뀔 때마다 톨게이트가 자리 잡고 있어 통행료를 받는다. 대략 2만 동(한화로 1,040원)이 요금인데, 길 상태를 감안하면 정말 내기가 아깝다.

휴게소가 전혀 없어 생리현상을 느꼈을 때 난감하기 그지없다. 결국 아침에 출발할 때 가급적 생리 문제를 미리 해결하는 전략(?)을 썼다. 궁하면 통한다고, 나름 잔머리를 굴린 셈이다. 하지만 이런 무질서와 낙후 뒤에는 꿈틀거리는 베트남의 역동이 숨어 있다. 거리를 오가는 자동차의 절반은 화물차다. 목재·철근·시멘트에서부터 닭과 돼지, 가전제품 혹은 우편물을 가득 담은 대형 컨테이너까지 다양한 물자가 베트남의 남에서 북으로, 북에서 남으로 오갔다. 특히 710만 명의 인구가 밀집된 호찌민과 산업단지가 몰려 있는 붕따우에 가까이 갈수록 거리를 채우는 화물차는 늘어났다. 화물차뿐만 아니었다. 아시안하이웨이를 오가는 장거리 여객버스마다 승객들이 가득 찼고, 오토바이를 탄 사람들은 부지런히 도시와 도시를 오갔다.

하노이 남쪽 타인호아의 국도변에서 9년째 식당을 운영 중인 르옹투안부옹 씨는 "해가 갈수록 자동차 숫자가 많아진다. 5년 전과 비교하면 도로를 다니는 화물차가 두 배는 늘어난 것 같다"고 말했다.

베트남의 역동성은 도로를 오가고, 도로 옆에 사는 사람들의 나이에서도 엿볼 수 있었다. 출퇴근 시간이면 도로를 점령하다시피 하는 오토바이 운전자의 대부분이 20대 초중반. 길가에서 장사를 하는 사람도 30대 초반을 넘지 않았다. 얼굴에 화장을 하고 한껏 멋을 낸 여자, 말끔하게 정장을 차려입고 질주하는 남자 모두 20대 초반의 젊은이들이다. 시골 지역을 지날 때도 아이들과 청년들만 눈에 보일 뿐 노인을 찾아보기 어렵다.

유엔과 베트남 노동연구원 분석에 따르면 베트남의 전체 인구 8,960만 명(2010년 기준) 가운데 24세 이하 인구는 45%인 4,040만 명이다. 특히 이들 가운데 노동 가능한 연령대인 15~24세 인구는 1,800만 명(20%)이다. 어떤 개발도상국보다도 높다. 배낭을 메고 한 손에는 휴대전화를 쥔 채 오토바이를 타고 달리는 젊은이들의 모습에서 아직은 미숙하고 부족한 것이 많지만 중국 뒤를 따라 아시아의 새로운 용으로 떠오르고 있는 베트남을 보여주는 듯했다.

분단의 역사현장, 벤하이강

베트남 중부도시 '동허이~동하' 구간 사이를 지나다보면 벤하이강을 만난다. 서에서 동으로 가로질러 통킹만으로 흐르는 강으로 길이가 100㎞, 최대 강폭은 200m다. 강 양쪽에는 넓은 논과 커피농장이 자리 잡고 있으며, 고기잡이를 하며 살아가는 수상가옥 주민을 볼 수 있었다. 한가롭고 평화로운 모습이다.

하지만 시간을 1975년 통일 이전으로 돌리면 전혀 다른 그림이 나타난다. 인도차이나전쟁이 끝난 1954년에 베트남은 독립국가가 됐다. 하지만 미국과 소련, 중국의 입김이 강하게 작용하면서 북위 17도의 벤하이강을 경계로 총선거가 실시될 때까지 2년간 북쪽은 호찌민이 이끄는 공산정권이, 남쪽은 미국의 지원을 받는 응오딘지엠정권이 각각 들어섰다. 그리고 벤하이강을 가운데 놓고 폭 5㎞의 비무장지대(DMZ)가 설정됐다.

남북 정권 간 이념 차이는 적대관계로 바뀌었고 분단은 공고화됐다. 1964년 베트남전쟁이 시작되면서 이곳은 중화기가 밀집되고 양측의 공방 속에 쑥대밭으로 변했다. 아름다운 선착장과 유원지를 배경으로 요트 경기가 열렸던 벤하이강과 그 주변은 폐허로 바뀌었다.

벤하이강을 가로지르는 히엔르엉 다리는 2개가 있는데, 베트남전쟁의 상처를 그대로 보여준다. 히엔르엉 다리는 원래 식민지 지배가 막바지던 1952년 프랑스가 건설했다. 길이 178m, 폭 4m의 철교로 1967년 미군의

남북 베트남을 갈랐던 벤하이강을 잇는 히엔르엉 다리.

폭격에 의해 파괴됐다. 미군이 베트남에서 철수한 다음해인 1974년 북베트남 정권은 옛 히엔르엉 다리에서 서쪽으로 20m 떨어진 지점에 새로운 히엔르엉 다리를 세웠다. 이 다리는 통일 후 남북을 연결하는 유일한 통로였지만 운송로로 사용하기에는 상태가 좋지 않아 철거됐고 1996년 길이 230m, 폭 11.5m의 새 다리가 세워졌다. 지금은 이 다리를 통해 차량과 사람들이 오간다.

2001년 베트남 정부는 벤하이강 강변을 역사 유적지로 정했다. 이에 따라 옛 히엔르엉 철교가 복원됐고, 주변에는 기념관과 전시실 등이 세워졌다. 다리 양쪽에는 대형 스피커들이 서로를 바라보고 서 있는데, 베트남전 당시 강을 사이에 두고 심리전 또한 치열하게 전개됐음을 보여준다

빈목터널, 불굴의 베트남인

빈목터널로 들어가는 입구.

히엔르엉 다리에서 북동쪽으로 10㎞ 떨어진 곳에는 빈목터널이 자리 잡고 있다. 베트콩(베트남 공산주의자)들이 미군의 폭격을 피하기 위해 지하에 설치한 땅굴로 전쟁이 한창이던 1965년에 만들어져 1973년까지 사용됐다. 단순히 땅굴이라고는 하기에는 규모가 컸다. 땅굴은 폭 0.9~1.3㎞, 높이 1.6~1.9㎞로 총 길이는 2.8㎞였는데, 지하 3층 구조로 이뤄져 깊은 곳은 지하 26㎞까지 내려갔다.

안내원을 따라 땅굴 안으로 들어서니 지상의 더운 열기와 달리 서늘한 공기를 접할 수 있어 시원했다. 미로처럼 좁고 복잡한 구조였지만 다양한 공간이 자리 잡고 있었다. 보건소, 탁아소, 세탁실도 있었고, 공동 우물과 회의실은 물론 분만실, 가족별 공간까지 있었다. 땅굴이라기보다는 '지하 마을'이라는 표현이 더 어울릴 듯했다. 한때는 5,000여 명이 거주했고 매년 10여 명의 아이들이 태어나 자란 곳이기도 하다.

땅굴로 들어온 지 30여분이 지나니 처음의 시원한 공기 대신 습한 공기와 곰팡이 냄새가 코로 파고들어 머리가 멍했다. 숙이지 않으면 머리를 천장에 부딪칠 수 있기 때문에 꾸부정한 자세로 걷다보니 허리와 목이 뻣뻣했고, 진흙 벽에 부딪친 어깨와 다리는 흙범벅이 됐다. '홍(24)'이란 이름의 땅굴 안내원은 "낮에는 땅굴에서 지내고 밤이면 가끔씩 밖으로 나오는 생활을 반복했다"고 설명했다.

한참을 가니 빛이 보였다. 땅굴 속에서 땀과 흙으로 범벅이 된 채 바다로 이어진 출구로 빠져나오니 파란 바다와 백사장이 나타났다. 아름다운 바닷가를 눈앞에 두고 8년이나 땅속에서 살았을 사람들을 생각하니 안타까움이 배어나왔다.

20만 동짜리 베트남 경찰

“20만 동(한화로1만 원)짜리 경찰이 저기 있다.” 취재팀이 탔던 자동차의 기사는 노란색 제복을 입고 단속을 하는 교통경찰을 이렇게 불렀다. 과속·과적·승차인원 초과·신호위반 등을 단속하는 경찰이 적발 때 범칙금을 부과하기보다 뒷돈을 받고 눈감아 주는 경우가 많기 때문이다.

이때 뒷돈의 ‘정가’는 20만 동으로 우리 돈으로 1만 원 정도. 주요 타깃은 화물차다. 번호판이 빨간색(군인)과 파란색(공무원)의 경우 단속을 아예 하지 않으며, 차량번호에 ‘LD(외국 투자 기업)’가 들어가면 돈을 주지 않고 법으로 해결하기 때문에 별로 신경을 쓰지 않는다.

결국 주요 단속대상은 화물차가 된다. 화물차 운전자 처지에서도 뇌물이 낫다. 범칙금이 300만 동(한화로 약 16만 원) 이상이고, 일주일간 운전면허증과 차량등록증을 압수당해 생계를 위협받기 때문이다.

과속의 경우 교통경찰이 속도 측정계도 없이 자의적으로 판단하므로 무차별적 뇌물수수가 가능하다. 베트남 사람들 사이에서는 교통경찰 1년이면 집을 장만한다는 이야기까지 나올 정도. 취재팀도 베트남 종단길에 화물차를 세워놓고 운전자로부터 돈을 받는 교통경찰을 종종 발견했다.

교통경찰은 부정부패의 작은 사례에 불과하다. '관'이 개입되는 거의 모든 분야에 만연돼 있다는 얘기가 나돈다. 취재팀이 중국에서 베트남에 들어올 때도 입국심사대에서 거리낌 없이 급행료를 받는 모습을 봤다. 특히 건설 분야는 '예술의 경지'에 이른다.

한 한국 건설업체는 설날을 앞두고 관할 관공서로부터 협찬 요구를 받았다. 불우이웃돕기에 사용할 50만 동짜리 상품권 200장(1억 동, 500만 원)을 마련해 달라는 것. 통상 불우이웃돕기는 쌀이나 옷 등으로 하는 게 관행인 것을 감안하면 취지가 의심스러웠다. 결국 건설사는 협상을 벌여 상품권 20장을 사주고 마무리했다.

취재팀이 베트남 중부의 빈목터널을 찾은 후 오후 2시께 늦은 점심을 먹으러 인근 해변 식당에 들렀을 때 주변이 시끌벅적했다. 짙은 초록색 제복을 입은 공안(경찰) 10여 명이 낮부터 거나하게 술판을 벌이고 있었던 것. 테이블 주변으로 족히 100개는 넘어 보이는 맥주캔과 휴지, 젓가락 등이 널려 있어 마치 쓰레기장 같았다. 술에 취한 공안들은 서로 어깨동무를 하고 고성을 지르며 술을 마셔댔다. 이들은 맥주 한 박스를 더 시켜먹은 뒤 만취 상태에서 차량을 운전해 식당을 떠났다.

하이반고개로 올라가는 길에 바라본 랑커우 마을

A s i a n H i g h w a y

베트남 속의 코리아 03

코리아, 베트남 최대 투자국

하노이 남쪽 닌빈의 현대탕콩(부품을 수입해 아반떼를 조립생산), 후에 종합병원 건설현장의 포스코건설, 중부 꽝응아이성 중꾸엇경제지구의 두산중공업(두산비나), 냐짱 옆 닌호아의 현대미포조선(현대비나신), 남부 호찌민의 신한금융(신한베트남은행), 한국투자증권, GS건설….

베트남의 '아시안하이웨이 1번 도로'를 남쪽으로 달리면 한국 대 기업 간판을 수시로 만날 수 있다. 중부 베트남 항구도시 다낭에서도 벽산건설과 대원 등 건설사들의 현장을 볼 수 있었고, 남광토건 등의 사무실도 눈에 띄었다. 도로 곳곳에 축구선수 박지성이 모델로 나온 GS칼텍스 광고판이 자리했다(베트남 사람들은 축구를 매우 좋아해 대부분 박지성의 이름을 안다). 대도시에서는 현대·기아차의 매장을 쉽게 찾을 수 있다. 도처에서 한국 기업을 볼 수 있는 것은 베트남 최대 투자국이 한국이기 때문

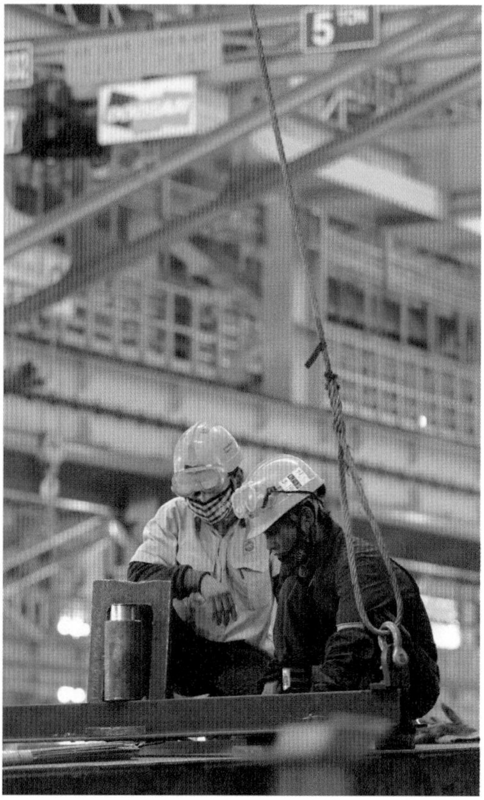

베트남 중부 꽝응아이성 중꾸엇경제지구에 위치한 두산중공업 공장.

이다. 2010년 8월 기준으로 투자 누적규모가 230억 7,000만 달러(2,608건)에 달한다. 대만(미화로 220억 달러)과 일본(미화로 205억 달러)을 앞선 수치다. 진출 기업 숫자가 2,100개를 넘는다.

과거에는 섬유·신발·건설 업종이 주류를 이뤘지만 최근에는 전자·중공업·화학·금융 분야에 진출하는 기업이 늘고 있다. 베트남이 투자처로 각광받는 이유는 시장 크기, 인력 수준, 지리적 위치 등에서 한국 기업에 적합하기 때문이다.

김경한 주하노이 한국대사관 참사관은 "아세안(동남아국가연합) 가운데 캄보디아·라오스·브루나이 시장은 너무 작다. 태국은 일본 기업이 주류다. 필리핀에서는 크게 성공하지 못했다. 결국 남는 국가는 베트남과 인도네시아밖에 없다. 다만 인도네시아는 이슬람 국가이고 화교가 상권을 잡고 있다. 반면 베트남은 화교가 많지 않다. 중국식당도 거의 없으며, 중국마저 베트남을 조심할 정도다. 당연히 투자처로 매력적"이라고 설명했다. 베트남은 중동·유럽으로 물건을 옮기는 데 한국보다 가깝고, 해안선이 3,450㎞에 달해 항만시설을 마련하기도 좋다.

세금 감면으로 대표되는 투자유치 정책과 한국 기업에 대한 선호도도 투자증가의 한 요인이다. 대표적인 사례가 두산중공업. 다낭 남쪽의 꽝응아이성에 위치한 중꾸엇경제지구에서 가장 인상적인 장면은 도로였다. 4차로로 깔끔하게 포장돼 있었기 때문이다. 2009년 1월 가동을 시작한 두산중공업은 110㏊(33만 평) 용지에 전용부두를 갖고 있으며 발전용 보일러, 담수화 설비, 항만 하역설비 등을 만들어 세계로 수출한다. 두산중공업은 초기 4년은 면세, 이후 9년간 5%, 그 후 10%의 법인세율을 적용받는다. 직원들도 소득세 50% 감면혜택을 받았다. 조봉진 두산중공업 베트남법인장은 "하노이, 붕따우 등에 진출한 한국의 다른 대 기업들도 일정 기간 면세와 함께 13.5%의 세율을 적용받았는데 우리가 더 조건이 좋았다"며 "여기에 베트남 직원들의 손기술이 좋아 품질에도 큰 문제가 없다"고 설명했다.

냐짱에서 만난 현대미포조선의 이선열 부장도 "베트남에서 벌크선 위주로 생산을 하고 있는데 품질 측면에서 만족한다"고 전했다. 노동자의 임금은 한국의 20분의 1 수준이지만, 생산성은 일정 교육기간을 거치면 한국의 80%에 육박한다는 것.

하지만 아직 넘어야 할 산도 많은 것으로 평가된다. 여전히 한국 기업의 70% 이상이 섬유·봉제업이어서 첨단·부품산업 진출을 원하는 베트남 정부로부터 크게 환영받지 못하는 측면이 있다. 2009년 현지 언론에 보도된 외국 기업 노사분규 11건 가운데 한국이 7건(대만은 4건)이나 된 것도 문제다.

현지 비즈니스 관행을 모르고 서두르다가 낭패를 보는 경우도 많다. 한국투자증권의 베트남 합작사인 KIS베트남의 오경희 대표는 "느긋하고 무슨 일이든 만장일치를 추구하는 베트남에서는 조바심을 갖고 사업을 하다가는 실패하기 십상"이라고 설명했다. 국내 한 통신업체는 현지 통신시장의 잠재력을 믿고 공격적인 경영에 나서 1억 5,000만 달러나 투자했지만 현지 파트너 기업과 마찰 속에 시장진출 8년 만인 2010년에 철수했다.

베트남의 신도시

베트남 최대 도시 호찌민은 복잡하다. 높다란 빌딩 사이로 낡은 건물이 자리 잡고 있으며, 산만하게 전개된 도로를 차량과 오토바이가 뒤엉켜

기가 막혀!

순식간에 끝난 도로포장

중부 꽝응아이성 중꾸엇경제지구에 들어설 때의 일이다. 왕복 2차선에 늘 상태가 좋지 않던 길이 갑자기 4차선으로 바뀌면서 뻥뻥 뚫려 있고 아스팔트도 새롭게 포장돼 있는 게 아닌가. 깜짝 놀라 그 연유를 물어봤다. 그랬더니 나름 도로가 좋아진 사연이 있었다.

최근 베트남의 최고위층이 중꾸엇경제지구를 방문한다는 계획이 잡혔다. 경제지구에 베트남 최초의 정유공장이 들어선 데다 외국투자 기업도 많아 현지 시찰을 한다는 얘기였다. 그랬더니 갑자기 수백 명의 베트남인들이 나와 도로작업을 했다는 것. 그 이전에는 도로 포장을 입주 기업들이 해준다고 해도 극구 사양하며 차일피일 미루기만 하던 베트남 공무원들이 움직였다는 얘기다. 특히 베트남인들은 도로를 만들 때 시간이 많이 걸리는데 경제지구 앞길은 두 달도 걸리지 않았다는 게 현지인들의 설명이었다. 어느 나라나 크게 다르지는 않겠지만, 높은 분의 기분을 맞추는 데는 베트남도 예외가 아니었다.

다닌다. 하지만 도심인 1·3군(군은 서울의 구에 해당하는 호찌민의 행정구역)을 벗어나 남동쪽으로 가면 전혀 다른 풍광이 펼쳐진다. 7군 지역의 3.6㎢(109만 평) 대지 위에 위치한 푸미흥 신도시. 바둑판 모양으로 잘 정돈된 4~6차로의 대로, 높고 깨끗한 아파트와 상가 건물, 서로 개성을 뽐내는 서구식 빌라 등이 즐비하다. 고급 카페 테라스에 나와 차를 마시거나 식사를 하는 외국인과 베트남인들의 모습이 호찌민 중심가와는 전혀 달랐다.

푸미흥의 멋진 겉모습 뒤에는 베트남의 개방성이 깔려 있다. 푸미흥 신

GS건설이 짓는 리버뷰아파트에서 바라본 호찌민 시내 전경.

도시는 사회주의 국가이지만 베트남에 투자해 경제 발전에 도움을 주는 외국인을 위해 특별히 마련된 주택지구. 따라서 다른 곳에서는 찾아보기 어려운 대형마트와 최첨단 시설을 갖춘 종합병원이 푸미흥 입구에 자리 잡고 있고 수준 높은 국제학교도 위치해 있다.

2007년 당시 아파트의 월 임대료는 방 3개 기준으로 500~1,200달러. 이후 부동산시장이 호황을 누리고 외국인과 부유한 베트남인들의 수요가 몰리면서 지금은 1,500~2,500달러에 이른다. 호찌민 중심가 고급아파트(월 4,000달러 전후)에는 미치지 못하지만 4년 사이 2배가량 오른 셈이다.

푸미흥 남쪽으로는 야베 신도시가 개발 중이다. 국내 GS건설이 맡은 신도시로 현재 사업의 초기단계. 여전히 단계별로 개발 중인 푸미흥과 함께 '호찌민의 강남'을 형성할 것으로 보인다. 호찌민 시내 동쪽 사이공강 너머의 2군 지역에 위치한 안푸 신도시도 베트남의 개방성을 보여주는 곳이다. 과거에는 늪지대였지만 지금은 고급 빌라촌으로 변해 있는 곳. 이곳을 국제무역·금융단지로 개발한다는 호찌민시의 정책에 따라 1997년부터 개발이 시작됐다

4모작과 쌀시장

베트남을 종단하는 아시안하이웨이를 달리다 보면 벼가 자라는 모든 단계를 볼 수 있다. 길을 중심으로 한 쪽에서는 모내기를 하고 있고 다른 한 쪽에서는 고개 숙인 벼가 물결치는 황금 벌판이 보인다. 추수를 막 마쳐 볏짚이 쌓여 있는 논이 있는가 하면, 한참 물이 올라 짙은 녹색을 띤 벼들이 자라고 있다. 심지어 노랗게 익은 벼가 가득 찬 논 바로 옆에 이삭이 핀 벼가 자라고 있는 경우도 있다. 이렇다 보니 농부들이 오전에는 모내기를 하고 오후에는 추수에 나서는 상황까지 벌어지곤 한다. 특히 이런 다채로운 벼의 생육 모습은 중부 동호이 이남 지역으로 내려갈수록 더욱 빈번하게 보인다.

쌀은 베트남의 주식이다. 쌀밥과 쌀국수를 먹는 베트남 사람들에게 연중 따뜻한 기후조건은 축복이다. 1월 한 달을 빼고 연중 20도를 웃도는 베트남에서는 다모작이 이뤄지며 3모작이 기본이다. 남부 곡창지대로 베트남 쌀 생산의 60%를 책임지는 메콩델타에서는 4모작도 가능하지만 지력이 소진되고 과도한 생산으로 쌀값이 폭락할 것을 우려한 정부의 권유에

나짱으로 가는 길에 바라본 베트남 들판.

따라 3모작만 하고 있다.

베트남은 태국에 이어 세계 쌀 수출 2위 국가다. 1980년대 초반까지 베트남은 쌀 수입국이었다. 전쟁으로 경작지가 망가졌고 비료 부족으로 생산성도 떨어졌다. 그러나 베트남은 1986년 '도이모이(쇄신)'라는 이름으로 불리는 개혁·개방 정책을 도입해 농업 개혁에 나섰고, 이 덕분에 쌀 수입국으로 전락했던 베트남은 다시 쌀 수출국으로 변했다. 베트남은 2010년 740여만 ㏊에서 4,000여 만 t의 쌀을 생산하고 이 가운데 680만 t을 수출했다. 액수로는 32억 3,000만 달러다. 2011년 1분기의 경우 특히 수출이 급증했다. 185만 t으로 2010년 같은 기간보다 13% 늘어나 분기 기준으로 사상 최고를 기록했다.

쌀 생산이 많은 만큼 쌀의 종류도 다양하다. 하노이나 호찌민의 재래시장에서 파는 쌀 종류만 해도 13가지에 이른다. 쌀알의 길이, 점도, 맛 등의 차이에 따른 것이다. 하지만 대부분 쌀은 끈기가 없고 밥을 지었을 때 푸석푸석해 보이는 인디카종, 이른바 안남미라고 불리는 종류가 주류를 이룬다. 안남미는 볶음밥에 적합한데, 한국인이 좋아하는 자포니카종에 비해 소화가 잘된다. 고급의 경우 향기가 좋은 것도 있다.

GMS 프로젝트

'어머니의 강'이라는 뜻을 지닌 메콩강은 동남아의 젖줄이며 지역 아이콘이다. 중국에서 발원해 인도차이나반도의 베트남, 라오스, 캄보디아, 태국, 미얀마 등 5개국을 모두 흘러간다. 총 길이가 4,181㎞이며, 유역 면적이 79만 5,000㎢로 한반도의 4배에 이른다.

동남아 국가들은 지역을 아우르는 메콩강을 중심으로 개발을 추진할 수밖에 없다. 그래서 나온게 '메콩강유역(GMS, Greater Mekong Subregion) 개발사업'이다. GMS는 1992년 ADB(아시아개발은행) 지원 하에 역내 국가 간에 경제·인프라 개발과 인접국 간 연계·협력을 강화하기 위해 출범한 지역개발사업이다. 메콩강 경제회랑(Corridor)별로 교통인프라를 개발하고 이를 기초로 통신, 환경, 무역, 투자 등 기타 분야로 개발범위를 확대해나가는 게 주요 골자다. 사업 부문은 운송, 에너지, 통신, 환경, 인력자원, 여행, 무역, 민간투자, 농업 등 9가지다. 1992년부터 2009년까지 44건 총 110억 달러 규모의 프로젝트가 완료됐거나 진행 중이다.

GMS 경제회랑의 단계적 발전전략을 보면 1단계(운송)는 도로와 철도

프놈펜으로 가는 길에 바라본 메콩강.

등 인프라 구축으로 지금도 진행 중이며, 2단계는 국경지역의 효율적 교통시스템 구축, 3단계는 국경 이외 지역까지 선진물류시스템 구축(2014년), 4단계는 운송 외 상하수도와 폐기물 등 전반적인 경제 인프라 건설(2016년), 5단계는 민간투자증진·생산라인 구축, 국경지 경제특구 설치(2018년) 등으로 구성돼 있다. ADB는 GMS 관련 프로그램의 효율적 달성을 위해 관련 웹사이트(www.adb.org/gms)도 가동 중이다.

경제회랑은 크게 3개로 나눠진다. 중국에서 동남아로 연결되는 북남(North–South) 경제회랑은 다시 3개로 나눠지는데 중국 쿤밍~태국 치앙라이~방콕, 중국 쿤밍~베트남 라오까이~하노이~하이퐁, 중국 난닝~베트남 하노이 등이 여기에 해당한다. 베트남에서 미얀마로 가는 동서(East–West) 경제회랑은 길이가 1,450km에 이르며 베트남 다낭~라오스 중부~

:: GMS 회랑 계획

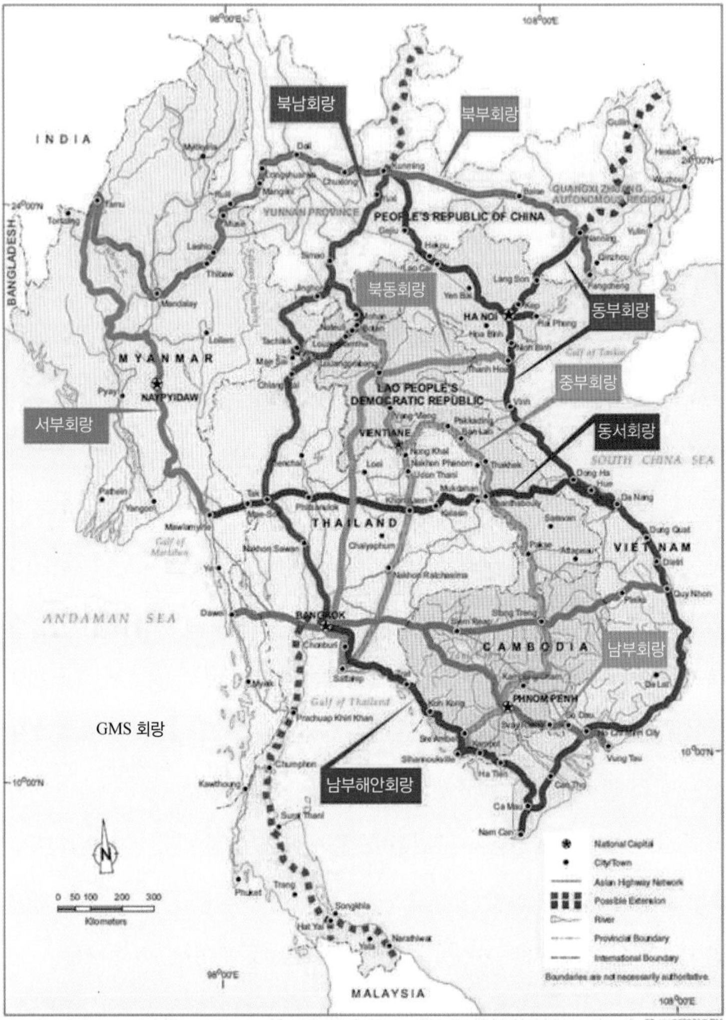

Source: Modified from Figure M-1 (Existing and Proposed GMS Corridors), GMS Transport Sector Strategy Study – Final Report, Volume 2

자료 : ADB

태국 북부 및 북동부~미얀마 몰먀인으로 연결된다. 베트남~라오스~태국 구간에는 일본이 큰 관심을 보이는 것으로 알려졌다. 이 길은 태국 타크에서 매솟을 거쳐 미얀마 몰먀인까지 아시안하이웨이 1번 도로와 겹친다. 남부(Southern) 경제회랑은 베트남 남부~캄보디아~방콕으로 연결되며 길이가 1,000㎞가량이다.

국가별로 보면 베트남은 1995년 호찌민항 업그레이드 프로젝트를 진행한 이후 고속도로, 철도, 항구 등 인프라 프로젝트 수행에 주안점을 두고 있다. 현재 베트남에는 중국과 일본이 활발하게 참여 중이며, 한국도 '노이바이~라오까이' 하이웨이 프로젝트 등에 참여 중이다.

태국의 GMS 프로젝트는 주로 고속도로와 교량 건설에 집중돼 왔으며, 해상운송이나 수력발전 등 다양한 영역으로 확대 중이다. 태국의 주요 관심사가 인프라 건설과 에너지 개발이기 때문이다.

캄보디아는 도로 개보수를 중심으로 관광객 유치를 위한 공항·항만 정비에 적극적이다. 한국의 주요 경쟁국은 중국으로 지금 중국 기업들은 중요한 수력발전, 댐 건설 등을 맡고 있다. 일본은 관개시설, 하수처리장, 도로, 전기, 교량, 정보산업 등에 기술적인 지원을 하는 것을 중시한다. 미얀마의 GMS 프로젝트로는 쿤밍~라시오 도로 개보수, 중국 윈난성과 미얀마를 연결하는 철도 프로젝트, 태국 타크~미얀마 타톤 간 철도 건설, 딴르위(샐위인)강 유역 수력개발 및 송전 프로젝트 등이 있다.

C A M

Ⅳ

캄보디아

O D I A

캄보디아

- **국명**: 캄보디아 왕국(Kingdom of Cambodia)
- **면적**: 18만 1,035㎢
- **인구**: 1,500만 명(2011년)
- **기후**: 고온 다습한 열대몬순
- **연평균 기온**: 29℃, 연간 강수량 1,500mm
- **지형**: 남쪽을 제외한 3방향이 산지로 둘러싸여 있고, 산지의 중앙에는 넓은 평원이 위치해 대접 모양의 지형을 이룸. 메콩강이 국토 중앙을 관통함.
- **민족**: 30여 개 민족(주류는 크메르족과 비엣족, 참족 등 소수민족)
- **종교**: 불교
- **수도**: 프놈펜
- **화폐단위**: 리엘(CR 또는 KHR, 달러당 4,262리엘)
- **국내총생산**: 126억 달러(2010년)
- **1인당 GDP**: 842달러(2010년)
- **시차**: 한국보다 2시간 늦음
- **주요자원**: 석유와 금, 철광석 등이 상당량 매장된 것으로 추정되지만 대부분 미개발 상태. 고무와 쌀이 주요 수출품.

A s i a n H i g h w a y

01 캄보디아의 이해

캄보디아 가는 길

베트남 호찌민에서 캄보디아 수도 프놈펜으로 가는 여정은 매우 쉬웠다. '인터내셔널 익스프레스'라는 버스를 이용했기 때문이다. 두 도시를 최단코스로 연결해 주는 이 버스 노선은 현지인과 보따리장수들이 가장 많이 이용한다. 비용도 저렴하고, 비자 발급을 버스 승무원이 알아서 처리해 주므로 매우 편리하다.

호찌민 중앙시장 인근의 탐 스트리트에서 프놈펜으로 향하는 버스에 오른 시간은 오전 9시. 캄보디아 운송회사가 운영하는 것으로 총 41석의 좌석을 갖추고 있다. 요금은 1인당 11달러. 탑승하자마자 2명의 승무원이 승객마다 물 한 병과 티슈를 나눠줬고, 화장실이 차 뒤편에 있다고 캄보디아말과 영어로 친절하게 설명했다.

베트남과 캄보디아인 승객들은 커다란 여행가방 2개가량을 싣고 가는

:: 호찌민에서 프놈펜 가는 길

모습이었다. 일부는 커다란 자루를 갖고 차에 타기도 했다. 50대로 보이는 캄보디아 여성들은 베트남에서 산 것으로 보이는 옷, 신발, 모자, 학용품 등을 자루에 가득 담아놓고 있었다. 제조업이 거의 없어 공산품이 턱없이 부족한 캄보디아에서는 보따리상들이 베트남에서 파는 중국산 혹은 베트남산 물건들을 사가지고 캄보디아에서 팔아 돈을 번다는 얘기를 들었다. 영어를 유창하게 잘하는 승무원 카오센 씨는 "보통 승객의 3분의 1 정도는 상인들이다. 주로 옷, 신발 등을 베트남에서 캄보디아로 가져가서 팔아 상당한 돈을 버는 것 같다"고 말했다.

버스는 출발한 지 1시간 50분 만에 베트남 국경도시인 목바이에 도착했다. 캄보디아 비자 발급을 위해 승무원에게 돈(1인당 25달러)을 지불했

베트남-캄보디아 국경 세관.

다. 캄보디아는 도착 비자를 바로 받을 수 있어 편리하다. 곧바로 캄보디아 국경 도시인 바벳으로 넘어가니 승무원이 단체로 여권 심사를 받게 해줬다. 베트남 출국 심사부터 캄보디아 입국까지 걸린 시간은 총 25분. 고속도로 톨게이트를 지나는 것처럼 두 나라 국경에 칸막이가 거의 없음을 느끼는 대목이다.

버스는 바벳에서 30분간 정차했다. 승객과 승무원을 위한 점심시간이다. '리 헝'이란 식당에 들어가니 30여 명이 식사 중이다. 현지 말을 몰라 손짓 발짓으로 비빔밥을 시켜 먹는데 가격은 2달러로 저렴했으며 양은 많지 않았다. 캔으로 된 음료수는 0.5달러(2,000리엘)였다.

캄보디아의 도로는 베트남보다 좋았다. 해외원조자금으로 지은데다

프놈펜으로 가는 버스 내부의 모습.

국토가 대부분 평지인 까닭에 직선 구간도 많고 노면 상태도 크게 울퉁불퉁하지 않았다. 오후 1시가 넘으니 닉루엉이란 마을이 나타나고 눈앞에 넓은 강이 펼쳐졌다. '어머니의 강'이란 뜻이 담긴 메콩강이다(메콩강은 단순한 강이 아니라 생명이 태어나고 먹을거리가 생산되며 교통수단으로 활용되는 '동남아인들의 삶' 자체로 인식된다).

강폭이 600여m가 넘는 이곳 메콩강에는 다리가 없어 바지선이 버스, 화물차, 승용차, 승객 등을 싣고 오간다. 왜 다리를 놓지 않느냐고 물으니 배로 인해 먹고 사는 사람들의 생계 문제가 걸림돌이라는 얘기가 들렸다. 바지선 회사부터 짐을 옮기는 일꾼, 노점상, 휴게소 등 오후 2시 45분경 프놈펜 중심가인 오루세이시장에 내렸다. 호찌민을 떠난 지 5시간 45분만이다. 취재팀이 달린 거리는 도로만 기준으로 할 때 총 222㎞(호찌민

~목바이: 59㎞, 바벳~프놈펜: 163㎞)였다. '국경통과→점심→메콩강 통과' 등에 걸린 시간을 제외하면 실제로 호찌민~프놈펜 간 '아시안하이웨이 1번 도로'를 달리는데 4시간가량 걸린 셈이다. 그 길은 베트남~캄보디아 간 사람과 물자가 손쉽게 오고가는 '열린 길'이었다.

현지에서 본 한국과 일본

• 한국

프놈펜 시내를 남북으로 관통하는 모니봉 대로변에 거대한 흉물이 하나 자리 잡고 있다. '골드타워 42'라는 명칭의 주상복합건물이다. 회색 콘크리트 골조가 올라가다가 중도에 방치돼 있다. 2011년 9월 완공할 예정이었지만, 사업을 추진했던 한국 시행업체의 자금난 때문에 2010년 9월 공사가 중단됐다. 2008년 3월 착공 당시 캄보디아 최고층 건물(42층)이 될 것이란 기대를 한몸에 받았고, 훈센 총리가 해외 방문 때 외국 정상에게 자랑까지 할 정도였던 게 덩그러니 애물단지로 남겨진 것. 프놈펜 시민들이 "한국이 고급 주상복합건물을 짓는다더니 흉물만 남겨 놓았다"며 노골적으로 불만을 표시하는 대상이다.

• 일본

프놈펜에서 5번 국도(아시안하이웨이 1번 도로)를 따라 북서쪽으로 2시간가량 달리다 보면 푸르삿이라는 도시를 만난다. 푸르삿 인근에서 휴게소를 들렀다. 높고 웅장한 황금색 지붕을 가진 건물로 넓고 깔끔한 진입로와 주차장, 깨끗한 식당과 화장실 등 선진국 휴게소 못지않은 모습이다. 간판을 보니 '캄보디아-일본 우징의 휴게소'였다. 일본의 지원으로 2010년 11월 완공됐다고 적혀 있었다. 5번 국도를 오가는 버스나 승용차, 화물차 등은 일본이 지어준 이 휴게소를 거쳐 간다.

'앙코르와트의 나라' 캄보디아는 1998년 훈센 총리 정부의 '국가전략개발계획'이 추진되면서 2008년까지 10년간 연평균 8% 성장률을 기록했다. 그렇지만 아직 소득이 1,000달러도 되지 않는 나라로서 '기회의 땅'인 것은 분명하지만 투자여건이 여전히 미흡하다.

2011년 현재 캄보디아에 진출하는 대표적인 국가는 한국과 일본. 2011년 말 개장 예정인 '캄보디아 증권거래소(CSX)'는 한국거래소가 지분 45%를 갖고 캄보디아 재경부와 합작해 설립된다. 반면 프놈펜에서 운행하는 승용차 10대 가운데 9대는 일본제일 정도로 일본은 캄보디아 자동차 시장을 장악했다.

캄보디아에 진출하는 한국과 일본은 접근 방식에서 큰 차이를 보인다. 일본은 현지에서 자국 제품의 인기가 높지만 직접 생산공장을 짓는 경우는 거의 없다. 2005~2009년 5년간 일본 기업이 캄보디아에 투자한 돈은 겨우 1억 2,770만 달러. 일본은 기업의 투자 대신 무상원조를 통한 인프라 건설에 집중적으로 나서고 있다. 도로·교량·발전소 등 인프라가 제대로 구축돼야 기업이 진출해도 성과를 낼 수 있다는 판단에서다.

캄보디아 프놈펜의 시내 모습. 한국 업체가 짓다가 중단한 건물이 흉물처럼 서 있는 가운데 바로 건너편에 엠코가 지은 빌딩이 보인다.

일본은 메콩강(닉루엉)에서 프놈펜까지 이어지는 1번 국도를 건설했다. 프놈펜과 북동부 지방을 연결하는 '캄보디아–일본 우정의 다리'도 일본 작품이다. 1번 국도와 우정의 다리는 캄보디아에서 가장 좋은 도로망으로 꼽힌다. 프놈펜의 명소인 톤레사프 강변의 공원도 일본 자금으로 만들어졌다. 앙코르와트를 비롯한 유적 발굴과 복원에도 과거 식민통치국이던 프랑스를 제치고 최대의 지원국이 됐다. 일본은 주요 도로 7곳을 건설·보수하면서 모두 무상원조 방식을 택했다. 그러다 보니 일본과 일본인은 캄보디아인들이 가장 좋아하는 외국과 외국인 순위에서 항상 1위를 차지한다.

한국도 무상원조를 전혀 안 하는 것은 아니다. 프놈펜과 캄보디아 남부 지역을 잇는 3번 국도 일부 구간은 한국의 대외경제협력기금의 지원으로 건설됐다. 하지만 일본에 비해 물량과 건수가 매우 적다.

한국은 대신 캄보디아에 대대적인 투자를 했다. 2005~2009년 5년간 투자금액이 35억 달러를 넘었다. 문제는 부동산 투자가 이 중 절반이고, 충분한 사업성이나 경기 변화를 고려하지 않고 진출하면서 부작용이 속출하고 있다는 점이다.

대표적인 사례가 부산저축은행이 개발 중인 신도시 '캄코시티'다. 프놈펜의 서쪽에 자리 잡은 용지(132만 ㎡)에 총 사업비 20억 달러를 들여 2018년까지 단계별로 금융센터, 대규모 아파트 단지, 프놈펜시청, 대학, 레저시설 등을 건설하는 사업이다. 부산저축은행이 기획부터 시작해 모든 사업 과정을 주도했다. 김양 부회장이 캄보디아 정부로부터 최고 훈장인 '소바타라 훈장'을 받았을 정도다.

하지만 부산저축은행이 어려움에 빠지면서 사업 진행에 애를 먹고 있다. 현지인들은 캄코시티 자체가 제 기능을 할지에 대해 회의적인 시각을 많이 갖고 있다.

캄보디아 자원개발에 뛰어들었다가 실패한 한국 기업도 있다. 한국의 모 자원개발 업체는 2008년 캄보디아 정부와 계약을 맺고 바이오연료 단지를 건설하기로 했다. 6만 ㏊에 달하는 토지를 임대해 생물자원을 연료로 하는 바이오매스 연료생산 기지와 소형 열병합발전소를 건설하기로 했다. 상장사였던 이 회사는 2009년부터 자금난에 빠졌고 그해 말에는 상장 폐지까지 됐다. 결국 캄보디아 사업은 무산됐다. 프놈펜 시내에 있는 나가월드호텔의 카지노 운영권과 지분 일부에 투자했다가 망한 한국 기업도 있다. '카지노는 무조건 돈이 된다'는 환상을 갖고 무작정 덤벼든 결과다.

캄보디아는 아무리 높게 평가하더라도 여전히 후진국이며 시장 규모가 작다. 최대 도시인 프놈펜도 상주인구가 200만 명에 불과하고 나머지 지역은 대부분 빈곤지역으로 분류된다. 특히 현지화가 매우 어려운 국가로도 꼽힌다. 문맹률이 50%가 넘고, 사고방식이 다르기 때문이다.

물론 현지에 어느 정도 뿌리를 내린 기업들도 많다. 국민은행과 신한은행은 현지인을 대상으로 영업하면서 상당한 신뢰를 쌓고 있다. 건설업체 엠코는 지난 5월 말 22층짜리 '프놈펜 모니봉 오피스빌딩'을 완공해 분양에 나섰다.

1998년부터 캄보디아를 오고 간 황중연 신한크메르은행 고문은 신중한 접근을 주문한다. "일본은 기업이 나서기 전에 정부가 장기적으로 보고 인프라 등에 투자해 신뢰를 얻고 기반을 닦는다. 반면 한국은 무리한 사업을 벌이다 여러 가지 실패 사례들을 만들고 있고 그만큼 인식도 나빠지고 있다. 앞으로 캄보디아에 진출하기 위해서는 정부와 기업이 함께 지혜를 모아야 한다."

캄보디아인을 이해하려면

캄보디아인들의 성향과 관련해 농담 같지만 의미심장한 이야기가 있다. '캄보디아 사람들에게 일을 시킬 때에는 하나하나 꼭꼭 짚어 주면서

구체적으로 시켜야 한다는 것.'

현지 교민이 들려준 일화 하나. 회사일 때문에 캄보디아에 혼자 나와 살고 있는 한 남성은 아침에 캄보디아 가정부에게 세탁소에 가서 바짓단을 줄여오라고 시켰다. 그러면서 한국에서처럼 바지 다리 한쪽에 핀을 꽂아 바느질할 위치를 표시해서 넘겨줬다. 그날 저녁 가정부가 수선한 바지를 가져왔다. 그런데 바짓단이 한쪽만 줄여져 있는 게 아닌가. 기가 막혀서 가정부에게 이유를 물어봤다. 그랬더니 답변이 가관이다. "한쪽에만 핀을 꽂아서 한쪽만 길이를 줄여왔어요. 뭐가 잘못된 건가요?"

현지 교민들은 이런 일들이 벌어지는 것을 두고 1970년대 말 '킬링필드'로 알려진 크메르루즈 정권의 지식인 학살이 이유라고 설명했다. 지식인이거나 나서는 사람, 비판하는 사람이 무자비하게 탄압받고 학살당한 경험이 있어서 가급적 나서지 않고 시키는 일만 한다는 생각이 캄보디아 사회에 만연됐다는 것이다. 그러면서 캄보디아 현지에서 일을 할 때 가장 어려운 점이 '현지화'라고 설명했다.

예컨대 캄보디아인에게 어떤 혜택을 주면(예를 들어 선물로 100원을 주면), 캄보디아인들은 겉으로는 고마워하는 척 한다고 한다. 하지만 다음에 50원을 주면 아주 기분 나빠하는 경향이 있다는 것. 한국인들은 "내가 상대방에게 이렇게 은혜를 베풀었으니 고마워하고 다음에 이 은혜에 보답하겠지"라는 생각을 가지겠지만 캄보디아에서는 정반대의 결과가 나타날 수 있다는 얘기다. 그래서 캄보디아에서 정답은 철저한 '주고 받기(Give and Take)'로 설명된다.

캄보디아에서는 시간 개념도 다르다. 그들은 한국인들의 성격이 급하다는 것을 잘 알고 있다. 그래서 서울의 고위층이 방문하면 비즈니스가 금방 성사될 것처럼 얘기하고, 해당 인사가 서울로 돌아간 뒤에는 태도를 180도 바꾸는 경우가 많다고 한다. 결국 서울로 돌아간 고위층은 "본인이 큰 부분은 다 성사시켜 놓고 왔는데 현지에 파견된 직원이 관리를 못해 사업의 진척이 없다"고 생각하게 되고, 현지 직원들은 업무 압박감 때문에 회사의 이익과 관계없이 시간에 쫓겨서 얼른 결과를 도출하게 되므로 결국 캄보디아인들에게 협상에서 지게 된다는 얘기다.

거짓말도 유의할 부분이다. 대부분의 캄보디아인들은 친절하지만, 일부 캄보디아인들은 본인의 이익에 도움이 되면 눈도 꿈쩍 안 하고 거짓말을 한다는 게 현지 교민들의 설명이다. 재미있는 것은 이러한 사술로 남들의 재산을 편취하는 것은 칭찬거리가 되고, 편취당하는 것은 조롱거리가 되는 경우가 많다고 한다. 양심의 가책을 느끼는 한국인으로서는 이해하기 힘든 정서다.

이런 저런 이유로 한국인들은 캄보디아에서 사업을 하다가 실패하는 경우가 많다. 특히 한국인들은 처음에 캄보디아인들을 너무 만만하게 보는 경향이 있는데 캄보디아인들은 엄청나게 집요하고 돈 앞에서는 아주 똑똑하다는 것. 따라서 캄보디아에서 사업에 성공하려면 '치사'할 정도로 '주고받기'를 잘하고, 캄보디아인들보다 더 '시간'을 가지고 집요하게 추진하며, 항상 '의심하고 짚어가면서' 사업을 진행해야 실패를 줄일 수 있다는 설명이다.

특히 캄보디아는 기회도 많고 발전 가능성이 많은 나라인 만큼, 캄보디아에 진출여부를 결정하는 전략은 '한국식'으로 하되, 일단 진출을 결정했으면 그 전략을 달성하기 위한 전술은 철저하게 '현지화'해야 한다는 게 현지에서 경험이 많은 교민들의 조언이다.

그들만의 국가, 캄보디아

캄보디아는 공식적으로 '민주주의' 국가다. 하지만 그 속을 들여다 보면 대물림을 통해 몇몇 집안이 권력과 부를 대대로 이어가는 귀족정의 모습을 보이고 있다. 끼리끼리 정치라고나 할까?

단적으로 2011년 1월 훈센 총리의 장남 훈마넷이 육군 소장으로 진급했다. 불과 33세다. 훈마넷은 1999년 미국육군사관학교를 졸업하고 영국 브리스톨대학에서 경제학 박사학위를 받았다.

훈센 총리는 2010년 앞으로 15년 이상 총리직을 유지할 것이라고 말하면서도 아들이 정치에 관여하는 것을 원치 않는다고 말했다. 하지만 군부가 강력한 권력의 원천인 캄보디아에서 훈마넷을 육군 소장에 앉힌 것을 두고 캄보디아가 부자세습의 길로 나아가게 될 것이란 말이 나돌고 있다.

다른 최고위층도 대물림에 동참 중이다. 내무부장관의 아들이 프놈펜 경찰청 부청장에 올랐고 외무부장관의 아들은 주영 캄보디아 대사로 나

캄보디아 수도 프놈펜에서 합류하는 톤레사프강(앞쪽)과 메콩강.

가 언젠가 아버지의 자리를 물려받을 것이란 추측이 많다. 이를 두고 캄보디아 야권에서는 "장관직 그 자체가 가업인 가문들"이라며 조롱하기도 한다.

최고위층은 권력만 물려주는 것이 아니라 부까지 넘겨주려 하고 있다. 훈마넷의 여동생으로 훈센 총리의 장녀인 훈마나는 31세에 불과하지만 훈센 부부가 소유한 '바이욘TV'의 사장이고, 최근에는 주요 신문사도 인수해 캄보디아 언론계의 거물이 됐다. 또 총리와 경찰청장, 주요 장관, 군 총사령관 등 핵심 고위층들은 서로 사돈관계로 묶여 있어 '그들만의 리그'를 공고히 만들어가고 있다.

쉬어가기

엘리베이터에 '4'와 '13'이 없다

프놈펜의 중심도로인 모니봉 대로변에 위치한 카나디아 빌딩을 들어가 보니 엘리베이터가 32층까지 표시돼 있었다. 당연히 32층 건물이겠거니 생각했는데, 자세히 보니 4층이 없는 게 아닌가. 약간 이상해서 더 살펴보니 '4, 14, 24' 등 4자가 들어간 층이 전혀 없고, 13층이라는 표시도 빠져 있었다. 실제로는 지상 28층 건물이었던 셈이다.

여기에는 나름 이유가 있다. 동남아 국가들이 대부분 비슷하지만 캄보디아에서도 많은 부를 중국인 혹은 화교(중국계 캄보디아인) 등이 소유하고 있다. 이들은 한국인들과 마찬가지로 4가 '죽을 사(死)'를 연상시킨다며 싫어한다. 여기에 카나디아빌딩의 소유주는 캐나다에서 역으로 이민 온 캄보디아계 사람인지라 서양문화에 영향을 받아 서양인들처럼 13이라는 숫자도 그다지 좋아하지 않는 것으로 분석된다.

특히 소유주입장에서는 빌딩에 4층 혹은 13층 등을 꼭 표시해야만 하는 의무는 없는 반면, 임차인이 꺼려해 결과적으로 임대료를 낮춰야하는 경우를 미연에 방지하고 싶은 마음은 있게 마련이다. 결국 숫자에서 '4와 13'이 사라진 것은 '하나의 상술'로 이해할 수 있다는 것이다.

여기에 캄보디아는 불교국가라 불교가 생활에 많이 배어 있으며, 샤머니즘적 요소도 강하다. 어느 사원 또는 어느 스님이 용하다는 소문이 돌면 많은 사람들이 찾아가 결혼 택일, 자신의 운세 등을 보거나 축복 등을 기원하는 경우도 많다. 최고위층부터 빈민층까지 모든 국민이 해당되는 분위기인데 그런 측면에서 '일부 숫자의 배척'도 이뤄진다고 할 수 있다.

Asian Highway

02 콤퐁룽을 아시나요?

콤퐁룽, 톤레사프 호수의 행복

톤레사프는 앙코르와트와 함께 캄보디아의 상징물이다. 아시안하이웨이 취재팀은 톤레사프 수상도시인 콤퐁룽에서 캄보디아의 자연과 삶, 역사 등을 살펴볼 수 있었다. 콤퐁룽 사람들의 삶을 보면서 캄보디아의 진수는 프놈펜 도회지가 아니라 톤레샤프에 있다는 생각까지 들었다.

캄보디아 수도 프놈펜을 떠나 '아시안하이웨이 1번 도로'를 타고 2시간가량 걸려 도착한 곳은 크라코르라는 소도시. 지도를 보고 무작정 오른쪽 방향으로 돌려 7㎞가량 달리니 거대한 호수가 나타났다. 동남아 최대 호수라는 톤레사프였다.

톤레사프는 크메르어로 '거대한 호수'를 뜻한다. 건기 때에는 깊이가 겨우 1~2m 정도고 면적은 2,700㎢에 그치지만, 비가 내리는 우기 때는 호수 깊이가 9~10m에 육박하고 면적은 1만 6,000㎢로 커진다. 메콩강에

톤레사프 호수의 콤퐁룽 마을 어린이들.

물이 불어나면 톤레사프호수와 연결되는 톤레사프강이 역류해 호수가 커지게 되는 것. 이때 톤레사프는 캄보디아 국토 중 15%에 해당하며 경기도(1만 184㎢)보다도 넓어진다. 육상에서 자란 식물의 유기물이 풍부하게 공급되고, 플랑크톤이 다량 발생하며 톤레사프는 거대한 어장이 된다. 무게가 100㎏이 넘는 메콩 오나마주 등을 비롯해 600종이 넘는 담수어가 물길을 따라 톤레사프로 몰려든다. 톤레사프에서 생산되는 생선은 캄보디아 국민의 단백질 섭취량 중 60%를 차지할 정도다.

취재팀이 찾았을 때는 건기에서 우기로 넘어가는 계절이다. 호수 면적은 많이 줄었지만 뿌연 흙탕물로 이뤄진 호수는 아득하게 수평선을 만들고 있었다. 호숫가에서는 물고기를 옮겨 싣는 어부들의 모습이 보였는데, 메기 종류의 물고기로서 씨알이 굵었다. 길이가 40~50㎝는 되는 듯했다.

배를 빌려 호수로 나가봤다. 멀리서 다닥다닥 붙어 있던 집들이 점차 마을로 변해 다가오더니 나중에는 도시 형태를 띠었다. 물위에 떠 있는 판자촌 정도로만 생각됐던 곳은 수상촌, 아니 수상도시라는 표현이 더 어울리는 듯했다.

수상도시 콤퐁룽은 2㎞가량 되는 수로 2개를 중심으로 다양한 가게와 가정집, 시설들로 이뤄졌다. 폰숀이란 간판을 내건 잡화점, 열대 과일을 수북이 쌓아놓은 과일가게, 얼음공장 등 상점과 이발소, 마을회관, 파출소 등이 늘어서 있는 가운데 성당, 주유소, 우체국도 보였다. 땅 위 도시에서 볼 수 있는 모습이 모두 물 위에 재현된 듯했다. 이런 모든 시설들은 대나무 다발로 엮은 받침대 위에 떠 있었다.

가정집들은 4~5평 남짓한 크기로 나무로 얼기설기 지었으며 집안 가구와 가전제품 등은 낡아빠진 고물이었다. 호수에서 잡거나 양식을 통해

콤퐁룽 마을 전경. 물길이 곧 도로 역할을 한다.

물길을 따라 배를 저어가는 어린 소녀 뱃사공.

키운 물고기가 이들에게 유일한 주 수입원이기에 늘 가난과 함께 생활하는 모습이라고나 할까?

하지만 사람들 표정은 밝았다. 해먹에 누워 여유롭게 낮잠을 즐기는 노인, 차를 마시는 아주머니, 독서에 빠진 청년, 좁은 집에서 재롱을 부리는 아이들까지. 가로 세로 각각 10m 정도밖에 안 되는 학교 '운동장'에서는 아이들이 뛰어놀고 있었다. 이들은 취재팀 배가 다가서자 신기한 듯 바라보며 손을 흔들었다. 안내를 맞은 룬레아 씨는 "콤퐁룽에는 약 1,000가구의 수상가옥이 있고 4,000명 정도가 살고 있다. 물고기를 잡으며 자연과 함께 살아가는 사람들이다"고 설명했다.

톤레사프에는 수상촌이 20여 개 있고 약 5만 가구, 20만 명이 살고 있다. 호수 남쪽에 자리 잡은 콤퐁룽은 그 가운데서도 규모가 큰 곳으로 꼽힌다.

톤레사프 호수에는 수백 년 전부터 인근 베트남과 태국 등지에서 전쟁을 피해 탈출한 유민과 극빈층인 캄보디아 사람들이 살고 있었다. 그러다가 지금처럼 대규모로 수상촌이 형성된 것은 베트남전쟁이 끝난 1975년 이후다. 베트남 난민들은 일부는 바다를 통해 외국으로 탈출했지만 또 다른 일부는 캄보디아로 넘어왔다. 하지만 집을 지을 땅과 돈벌이 수단을 찾을 수 없던 난민들은 톤레사프 호수로 몰려들었고 곳곳에 규모가 큰 수상촌이 형성됐다.

콤퐁룽에도 베트남인과 캄보디아인들이 함께 살아가고 있었다. 하지만 어려움 속에서 도움이 되기보다는 서로 견제하고 간혹 충돌도 한다고 현지인은 설명했다. 새로 유입된 베트남인들이 캄보디아인으로 동화돼 살기보다는 여전히 베트남식 생활을 고수하고 있기 때문이다. 지난 1985년 훈센 총리가 정권을 잡았을 때 무국적자였던 베트남 난민들에게 캄보디아 국적과 투표권을 줬지만 이들은 베트남인이었음을 자랑으로 여기며 동화를 거부했다.

실제로 콤퐁룽의 생활구역도 달랐다. 동쪽에는 주로 캄보디아인들이 살고 서쪽에는 베트남인들이 살고 있다. 학교도 각각 따로 있어 베트남쪽 학교에는 여전히 베트남어와 역사를 주요 과목으로 가르치고 있다. 룬레아 씨는 "고기잡는 기술이 뛰어난 베트남 주민들이 좀 더 경제적으로 풍요롭다"면서도 "베트남인들끼리만 결혼을 할 정도로 배타적"이라고 말했다. 배의 방향을 돌려 육지로 되돌아가는 길에 작은 모터보트를 타고 콤퐁룽으로 들어오는 10대 아이들을 만났다. 콤퐁룽에는 초등학교밖에 없는 탓에 육지에 있는 중학교에 갔다가 돌아오는 아이들이다. 이들의 밝은 표정에서 아직은 삶이 힘들고 내부적 갈등도 많지만, 나름대로 캄보디아 미래가 그리 어둡지는 않다는 걸 느낄 수 있었다.

현지에서 본 남북 냉전

앙코르와트로 유명한 캄보디아 시엠리아프의 북한식당 '평양랭면관'을 찾았다. 인터넷에서 2010년 '북한 김태희'로 불리며 인터넷에서 화제가 됐던 미모의 여성이 일하는 바로 그 식당이다. 500석 규모로 시엠리아프에서도 가장 큰 이 식당은 앙코르와트를 찾은 한국 관광객들로 늘 만석을 이뤘다. 노래와 부채춤, 탭댄스 등으로 이뤄진 북한식 공연과 단고기(개고기), 냉면, 명태찜 등이 맛있는 것으로 정평이 나있다.

그러나 평양랭면관은 2010년 11월 이후 6개월 이상 파리를 날리고 있다. 천안함에 이어 연평도 포격 사건이 발생하자 북한의 만행에 분노한 시엠리아프 한인회가 북한 식당에 가지 말 것을 결의했기 때문이다. 한인회는 관광객들을 평양랭면관으로 안내하는 여행사에 벌금을 물리는 등 '보이콧'을 강하게 밀고 나갔다.

평양랭면관에 들렀던 시간은 저녁 7시 30분께. 한창 손님으로 붐볐을 시간임에도 불구하고 총고객은 18명에 불과했다. 그나마 5명은 북한 측 손님들이었으니 실제 손님은 13명이었다. 현지에서 만난 한 교민은 "원래 평양랭면관은 손님이 워낙 많아 예약도 잘 안 되던 곳이었다. 하지만 6

시엠리아프에 있는 평양랭면관의 공연 모습.

개월간 장사가 안 되다 보니 지금은 재정적으로 매우 어려울 것"이라고 설명했다. 실제 식당 홀에서 일하는 북한 여성들은 활기가 없어 보였다. 식당은 원래 밤 11시까지 영업을 하지만 이날은 손님이 없어 10시를 조금 넘긴 시간에 문을 닫았다.

북한의 만행에 대한 분노의 표시라지만 한편으로 '장기 보이콧'에는 한국 식당의 이해관계가 작용했다는 얘기도 나왔다. 시엠리아프에는 10여 곳의 한국 식당이 있는데 보통 50~60석에 불과하다. 이들 식당은 대형 식당인 평양랭면관 탓에 장사에 어려움이 많았다. 하지만 연평도 포격 이후 평양랭면관에 갔을 관광객들이 한국 식당으로 몰리면서 호황을 누리고 있다. 실제 취재팀이 하룻밤을 시엠리아프에서 묵은 후 점심시간에 평양랭면관을 지나면서 보니 주차장에는 차량이 단 한 대도 없었다. 반면 인근 한국식당들은 자리가 모두 차 있었다.

평양랭면관은 캄보디아 법원에 한인회를 상대로 소송을 제기했다. 인위적으로 손님의 방문을 막아 영업방해를 했다는 이유였다. 캄보디아 법원으로서는 공연히 남의 나라 일에 끼어든 셈이 돼 소송을 접수만 한 채 심리를 계속 보류하고 있는 것으로 알려졌다.

시엠리아프에서 한인회와 북한식당의 갈등은 이번이 처음이 아니다. 몇 년 전에도 북한식당의 종업원들이 불친절하고 가격만 비싸다는 불평이 커지자 한인회 차원에서 보이콧을 3개월간 벌였다. 당시에는 북한식당의 지배인이 한인회를 찾아와 개선을 약속하면서 문제가 원만히 해결됐다. 하지만 이번에는 남북관계 경색이 장기화되면서 '북한식당과 한인회간 냉전'도 쉽게 개선되지 않을 것으로 보여 왠지 씁쓸한 기분이었다.

곤충은 미래 먹거리

캄보디아 등 동남아를 찾는 한국인들이 기겁하는 게 하나 있다. 바로 길거리에서 파는 벌레(곤충)들이다. 프놈펜 북서쪽 캄퐁치낭이라는 도시의 톤레사프 강변에서 귀뚜라미를 발견했다. 캄보디아 아가씨가 조그마한 스푼으로 떠서 주는데 가격은 봉지당 1달러. 가만히 보니 귀뚜라미와 메뚜기를 섞어 놓은 튀김이었다. 아삭아삭 씹히는 맛이 일품이라서 한 마리도 남기지 않고 다 먹어 치웠다.

안내를 맡은 룬레아 씨가 "귀뚜라미와 메뚜기는 영양분이 많다. 캄보디아에서 생산되는 앙코르 맥주에 안주로 곁들이면 최고"라며 엄지손가락을 치켜들었다. 귀뚜라미와 메뚜기는 자연식품인 데다 튀겨서 먹으니 해로울 게 없다는 설명이었다.

시엠리아프 인근 발라이 호숫가에서는 물방개와 매미를 파는 가게가 있었다. 물방개는 조그마한 게 귀여운 측면도 있는데 매미는 징그러운 모습이다. 눈을 딱 감고 한 입 깨어 무니 고소한 맛이 귀뚜라미보다 훨씬 뛰어났다. 실제로 캄보디아인들이 가장 좋아하는 곤충 튀김이 매미라고 들었는데 그 표현이 맞는 듯했다. 세계에서 가장 큰 거미 타란튤라를 먹는 곳도 있다고 들었으나 아쉽게도(?) 방문할 기회를 갖지 못했다.

한국 사람들이 징그럽다고 여기는 곤충. 하지만 곤충은 훌륭한 식재료 중 하나로 오랫동안 인류와 같이 해왔다.

2008년 유엔식량농업기구가 태국에서 개최한 워크숍의 주제도 '식량으로서의 곤충, 이제는 인간이 깨물 차례'였다. 당시 내용에 따르면 아프리카, 중남미, 아시아 등 90여 개 나라에서 먹는 곤충은 1,400여 종. 세계적으로 많이 먹는 딱정벌레, 개미, 벌, 귀뚜라미, 메뚜기 등에는 인간에게 꼭 필요한 단백질과 필수 아미노산, 비타민, 탄수화물, 불포화 지방산이 풍부하게 함유돼 있다. 닭고기나 생선을 요리할 때 각종 야채와 함께 곤충들을 같이 넣으면 아주 맛있는 음식이 된다고 한다.

곤충은 지구 전체 동물의 70%를 차지한다. 그러면서도 한 번도 조명된 적 없는 무제한의 생물자원이다. 기존에 식량으로 쓰이던 동물들에 비해 면적도 덜 차지하고 사료도 덜 들어간다. 채식주의자들이 불쌍히 여기는 동물에도 포함되지 않는다.

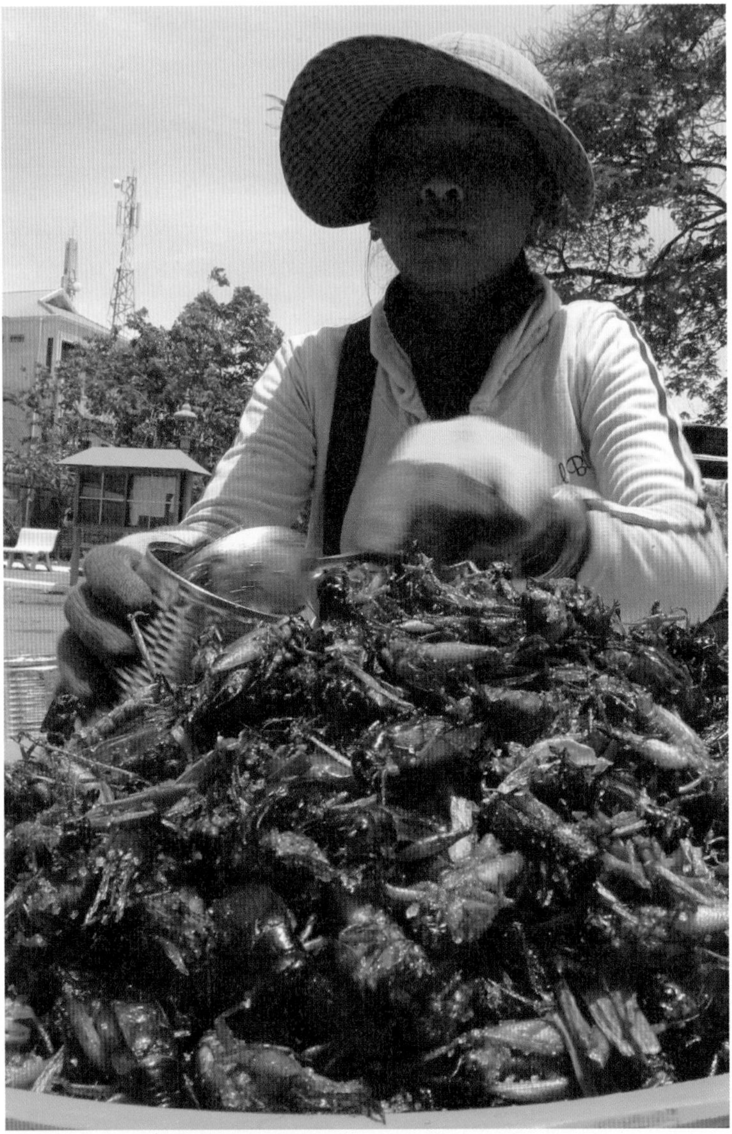

캄퐁치낭에서 본 튀긴 귀뚜라미와 메뚜기.

인류학자 마빈 해리스는 특정지역에서 최고로 치는 음식들은 오랜 역사를 통해 '영양학적· 생태학적·경제학적'으로 최고의 효율성을 인정받아 선택됐다고 설명한다. 마치 꿈틀거리는 산낙지가 한국에서는 여름철 보양식으로 각광받는 것처럼. 그런 생각을 하고 귀뚜라미와 메뚜기를 보니 훨씬 친근감이 느껴졌다.

쉬어가기

캄보디아 아가씨의 김치

캄보디아 중부의 푸르삿 인근 '캄보디아–일본 우정의 휴게소'에서 점심을 먹을 때였다. 간단한 요기를 위해 이것저것 시키자 '친절한 캄보디아 아가씨'가 반찬을 가져왔다. 그런데 반찬에 김치가 있는 게 아닌가. 먹어보니 나름 양념도 골고루 들어가 있고 맛도 괜찮았다. 원래 캄보디아에서는 반찬도 거의 없는데 김치까지 나오니 궁금할 수밖에.

20대 초반으로 보이는 아가씨에게 김치의 사연을 물어봤다. 그랬더니 "제가 프놈펜에 있는 한국 식당에서 2~3년가량 일을 했었어요. 그때 김치 만드는 것을 옆에서 보고, 먹어보기도 했지요. 그래서 현재 휴게소 식당에서도 재료를 구해 김치를 담그고 있어요. 손님들이 들어오시는데 한국말을 쓰기에 담가놨던 김치를 내놨지요"라고 대답했다.

시키기도 전에 미리 손님을 파악하고 김치를 내오는 센스가 너무 감동적이었다.이런 아가씨야말로 진정 캄보디아를 사랑하게 만드는 '훌륭한 민간 외교사절'이란 느낌이 들었다.

T H A

V

태국

LAND

THAILAND

태국

- **국명**: 태국 왕국(The Kingdom of Thailand)
- **면적**: 51만 4,000㎢
- **인구**: 6,730만 9,322명(2010년)
- **기후**: 고온 다습한 열대 몬순
- **연평균 기온:** 28℃, 연간 강수량 1,600mm
- **지형**: 북부에는 산맥과 고원, 중부와 남부에는 평야지대가 자리 잡고 있음.
- **민족**: 태국족이 81.5%를 차지하고 있으며, 화교·말레이족 등이 소수민족을 이룸.
- **종교**: 불교, 이슬람교, 기독교 등.
- **수도**: 방콕
- **화폐단위**: 바트(Bt, 달러당 30.4바트)
- **국내총생산**: 3,177억 달러(2010년)
- **1인당 GDP**: 4,720달러 (2010년)
- **시차**: 한국보다 2시간 늦음
- **주요자원**: 주석, 천연 고무, 텅스텐, 천연 가스, 탄탈럼, 목재, 납, 형석 등.

Asian Highway

01 천수탑 경제와 후진 정치

일본이 기침하면 태국은 몸살

캄보디아·태국 국경을 '아시안하이웨이 1번 도로'를 따라 넘어가는 풍경은 대조적이다. 캄보디아 국경도시인 포이펫은 높은 건물이 늘어서 있는데 비해 태국 국경도시인 아란야쁘라텟은 별로 눈에 띄는 건물이 없다. 얼핏 보면 캄보디아가 더 발전한 것처럼 보인다. 하지만 실상은 반대다. 캄보디아는 관광 수입을 늘리고자 국경 도시에 카지노와 호텔을 허용했다. 당연히 외관은 번드르르한 모습이다. 반면 태국은 그렇지 않으니 높은 건물을 보기 어렵다.

태국과 캄보디아의 경제 격차는 국경 건물이 아니라 오가는 차량에서 발견된다. 태국에서 캄보디아로 가는 차량은 화물을 가득 싣고 있었다. 반면 태국으로 돌아오는 차량은 텅 빈 경우가 대부분이었다. 캄보디아가 내세울 것은 관광업과 농업인데, 태국도 농업대국이다 보니 캄보디아로

방콕의 교통체증.

서는 태국으로 보낼 물건이 거의 없기 때문이다.

도로도 두 나라의 격차를 확실히 보여줬다. 캄보디아 도로도 외국 원조를 받아 많이 개선됐다지만 왕복 2차로에 불과한 반면, 태국 도로는 완벽한 고속도로였다. 시속 120㎞를 우습게 넘기 일쑤였다. 아시안하이웨이 표지판도 잘 정비돼 과연 '동남아시아의 중심국가답다'는 느낌이 들었다.

하지만 도로변 마을의 낙후된 모습, 수도 방콕 시내의 낡은 건물, 제대로 완비되지 못한 교통망 등에서 태국 경제가 생각만큼 강하지는 않은 것 같다는 생각이 들었다. 실제로 태국은 제조업이 취약한 데다 지나치게 일본 의존도가 높고, 관광산업 비중이 높다는 약점을 보인다.

태국 경제의 취약성은 2010년과 2011년 두 차례에 걸쳐 검증됐다.

2011년 4~5월 태국 내 자동차 제조업체들의 공장 가동률은 50% 수준으로 떨어졌다. 일본 대지진으로 부품 공급에 차질이 생겼기 때문이다.

:: 태국·캄보디아 접경 지역

태국은 연간 약 160만 대 자동차를 생산하지만 자국 회사나 자체 브랜드는 없다. 대부분 도요타, 혼다, 미쓰비시, 닛산 등 일본 업체가 생산 비중의 89%(2010년 기준)를 차지한다. 당연히 일본 대지진의 직격탄을 맞을 수밖에 없다. 태국자동차협회(TAI)에 따르면 가동률 하락으로 태국의 2분기 자동차 생산량이 15만 대 감소하고 750억 바트(한화로 2조 6,800억 원)의 손실을 본 것으로 추정됐다. 연간 생산대수의 10%에 육박하는 수치다.

이보다 1년 전인 2010년 3~5월 방콕을 중심으로 태국 전역에서 2006년 군부세력에 의해 축출된 탁신 친나왓 전 총리의 지지자들이 주축이 된 반정부 시위가 격화되고 유혈 진압 속에 사망자가 발생했다. 그러자 자국민의 안전을 우려한 세계 각국이 태국을 여행 주의 국가로 지정했다. 이 바람에 태국을 찾은 관광객이 크게 줄어 약 50억 달러의 경제적 손실이 발생했다. 태국 국내총생산(GDP)의 1.6%에 해당하는 금액이다. 2008년 12월 반정부 시위대의 방콕 국제공항 점거 당시에도 관광산업이 심각한 타격을 입었다.

아세안(동남아시아국가연합) 2위 경제대국인 태국은 2010년 GDP 성장률이 7.8%에 달했다. 2009년 글로벌 금융위기로 마이너스 성장했지만 수출이 늘면서 반등에 성공했다. 2011년에도 4%를 웃도는 성장이 예상된다.

이러한 경제 성장의 이면에는 외부 요인에 지나치게 의존하는 '천수답' 구조가 깔려 있다. 태국의 수도이자 경제중심지인 방콕에서 흔히 볼 수 있는 게 2가지 있다. 일본 자동차와 일본 기업의 간판, 그리고 외국인 관광객이다. 일본에 대한 태국의 경제적 의존은 절대적이다. 태국에 대한 외국인 직접투자(FDI) 가운데 일본 기업들의 비중은 2010년 전체의 35.9%에 달했다. 2009년 40.5%보다는 낮아졌지만 여전히 압도적인 1위다. 유럽 기업 전체의 투자 비중 26.7%와 비교하면 태국의 일본 의존도는 더욱 두드러진다.

자동차산업이 가장 극명한 사례다. 태국에 생산공장을 갖고 있는 외국 자동차업체 14개 가운데 8개가 일본 기업이다. 이런 탓에 동일본 대지진으로 일본 자동차 회사들이 흔들리자 태국의 공장도 몸살을 앓았다.

무역에서도 일본 의존도가 높다. 일본으로부터의 수입은 2010년 378억 달러로 전체 수입 가운데 20.8%를 차지했다. 세계의 공장인 중국(13.3%)을 따돌린 압도적인 1위였다. 수입 물건 5개 중 1개가 일본 제품인 셈이다. 대일본 수출이 차지하는 비중도 10.5%로 중국에 이어 2위에 올랐다.

이러다 보니 일본이 흔들리면 태국은 중병을 앓는 구조가 자리를 잡았다. 삼성전자 태국법인 손종국 차장은 "1990년대 말 태국에 외환위기가 닥쳤을 당시 외국 기업 대부분이 철수를 했지만 일본 기업들은 그대로 남았고 이를 태국 정부와 태국인들이 높이 평가했다. 이때부터 일본의 위상이 더욱 강화됐다"고 설명했다.

외국인 관광객은 태국에게는 큰 '돈 줄'이다. 세계여행관광협의회(WTTC)의 집계에 따르면 숙박업·요식업·여행업 등 관광과 연결된 산업이 국내총생산(GDP)에서 차지하는 비중이 태국은 14.7%(2009년)에 이른다. 유럽의 관광대국이 포진한 경제협력개발기구(OECD)의 관광업 비중이 10% 수준인 것에 비하면 매우 높다. 하지만 관광산업의 비중이 높다 보니 정치 불안 속에 빈번하게 발생하는 시위사태는 관광산업, 나아가 경제 전체에 빈번하게 큰 타격을 주고 있다.

더구나 태국 국내 경제는 화교들이 장악하고 있다. 태국의 경우 저축률은 20%를 웃돌지만 중국계(화교) 출신자들의 저축을 제외하면 저축률은 크게 낮아진다. 대부분의 태국인들은 거의 저축을 하지 않고 바로 소비해 버린다. 6,700만 명 인구의 15%인 화교들은 집중적으로 저축을 해 자본을 축적하고 이 돈으로 기업을 세우고 상권을 차지해 태국 경제의 90%를 장악했다. 탁신 친나왓 전 총리도 화교다. 왕정국가이다 보니 많은 왕족들도 특권을 누린다.

그러다 보니 빈부격차가 커지고, 이는 성장잠재력을 갉아먹는 요소가 되기도 한다. 태국 인구 6,700만 명 가운데 세금을 내는 비율이 10%에 불과하다는 통계가 빈부격차를 상징적으로 보여준다.

:: 태국의 GDP 성장률

(단위 : %)

연도	성장률
2007년	5.0
2008년	2.5
2009년	-2.3
2010년	7.8
2011년	4.3(전망)

자료 : 코트라

:: 태국의 일본 의존 현황

(단위 : %)

일본 기업 투자액(외국인 직접투자액)	35.9(0.9)
일본 브랜드(태국내 자동차 생산 대수)	89.0(0.0)
대일본 수출액(총 수출액)	10.5(1.8)
대일본 수입액(총 수입액)	20.8(4.4)

자료 : 코트라
※ 2010년 기준, 괄호는 한국의 비중.

태국-캄보디아 분쟁

'아시안하이웨이 1번 도로(AH 1)'를 따라 캄보디아 서쪽에서 태국으로 넘어가는 과정은 순탄했다. 양국 간 물적·인적 교류도 활발하게 진행되고 있었다. 외신에 자주 언급되는 '태국-캄보디아 국경분쟁의 여파는 전혀 느낄 수 없었다. 양국 분쟁은 프레아 비히어(Preah Vihear)사원 주변에 국한된 문제였기 때문이다.

프레아 비히어 사원은 11세기경 캄보디아 전신인 크메르 제국에 의해 건축된 힌두사원이다. 캄보디아 북쪽에 위치해 AH 1과는 방향이 전혀 다르다. 1904년 시암(태국)왕국과 프랑스(캄보디아 보호국)는 영토 획정을 위한 조약을 맺고 국경을 산맥 분수령에 따라 나눈다는 지도를 확정해 사원을 캄보디아 영토에 위치시켰다.

태국은 1934년 측량 조사 결과 지도에 착오가 있는 것을 발견하고 1950년 사원 지역에 국경수비대를 배치한다.

캄보디아는 프랑스에서 독립한 후 1959년 국제사법재판소(ICJ)에 캄보디아 영토라며 태국을 제소했다. 태국은 지도가 산맥 분수령에 따르지 않았으므로 중대한 착오에 의해 잘못 작성됐다고 주장했다. ICJ는 이와 관련해 1962년 사원의 캄보디아 영유권, 사원 주변의 태국 군대 철수, 태국이 사원과 주변 지역에서 빼앗은 물품의 캄보디아 반환을 결정했다. 캄보디아는 2006년 이 사원을 유네스코 유산에 등재 신청했다.

등재 유산에는 ICJ 판결 시 사용한 지도상 경계에 따라 사원 자체와 인접 분쟁지역이 포함돼 있어 태국이 반발했다. 태국과 캄보디아는 2008년 7월 유네스코 유산에 사원 자체만 등재한다는 합의안을 도출했다. 그러자 이를 비판하는 태국 시위대 3명이 프레아 비히어 사원 지역에 진입했다. 캄보디아 군대가 이 시위대를 억류하자 태국군이 캄보디아 영토에 진입하면서 무력 대치가 시작됐다. 2011년 2월 4~7일 양국 간 무력충돌로 태국인 2명이 사망하고 수십 명이 부상했으며, 2월 15~16일 이틀간 발생한 무력충돌로 태국군 5명이 부상당하기도 했다.

국제사회는 양국의 자제를 호소한다. 하지만 오랫동안 쌓인 역사적·민족적 감정이 개입되고, 양국 정치인들이 무력 충돌을 정치적으로 이용하는 측면도 있어 단시일 내 문제 해결은 쉽지 않은 실정이다.

왕과 불교의 의미

'자유의 땅'이란 의미를 지닌 태국 전역을 여행하다 보면 늘 접하는 게 '푸미폰 국왕 사진'과 '불교 사원'이다. 국왕 사진은 어떤 건물에 들어가도 찾아볼 수 있다. 태국을 이해하기 위해서는 앞서 언급한 '왕정 체제와 불교'라는 2가지 변수를 잘 알아둘 필요가 있음을 뜻한다.

1917년부터 사용된 태국 국기 뜨라이롱은 청색·흰색·적색으로 구성된다. 청색은 국왕, 흰색은 불교, 적색은 국민의 피를 의미하며 '불교를 정신적 바탕으로, 국민의 피로, 국왕을 수호한다'는 의미를 지닌다. 푸미폰 아둔야뎃 태국 국왕(84)은 55년째 권좌를 지키고 있다. 입헌군주제 국가지만 왕이 상징적 존재인 영국·일본과 달리 실권을 행사한다. 헌법이나 법률상 보장된 것은 아니지만 관행적으로 내각 수립이나 입법권을 행사한다. 태국군도 국민이 아니라 왕을 위해 존재한다는 의미를 지니며, 쿠데타 역시 왕이 승인하지 않으면 실패한다.

문제는 국가 구심점으로서 '살아 있는 부처'로 불리는 푸미폰 국왕이 고령인 데다 건강이 좋지 않다는 것. 그의 부재는 곧 정치적 혼란으로 연결될 가능성이 커짐을 의미한다.

태국에서 불교의 자비심과 관용성은 일상생활에 그대로 배어 있다. 두

타크의 한 사원에서 본 기도하는 태국 여인.

손을 모아 이마에 올려 사례하는 태국식 인사 '와이'도 불교의식에서 도입된 것이다. 불교 영향으로 20세기 초까지 성씨 제도가 없을 정도였다. 태국 불교의 특징을 보면 남자는 일생에 한 번 승적을 보유(원칙적으로 최소 3개월)하고, 전국에 3만여 사원(승려는 18만여 명)이 있으며, 불상과 승려는 신성한 존재로 모독은 금물 등을 꼽을 수 있다. 대처승이 없고, 낮 12시부터 다음날 아침까지 금식하는 계율을 지킨다.

태국을 찾는 사람들은 현지의 따뜻한 미소에 감탄한다. 그들의 맑고 밝은 마음 뒤편에는 항상 불교가 자리하고 있다.

태국 정치의 특징은

동남아시아의 중심 국가이면서 관광대국인 태국은 정치의 계절마다 세계의 스포트라이트를 받는다. 2011년 7월 3일 치러진 총선도 예외가 아니다. 특히 이번 선거에서 푸어타이당이 승리하면서 2006년 군부 쿠데타로 축출된 탁신 친나왓 전 총리는 정치적 승리를 거두게 됐다. 푸어타이당 총리 후보가 그의 친동생인 잉럭 친나왓(44)이기 때문이다.

총선 결과를 보면 푸어타이당은 총 500석(지역구 375석, 비례대표 125석) 가운데 과반수인 265석을 차지한 것으로 집계됐다. 두 달 전의 188석과 비교하면 77석이 늘어난 수치다. 단독정부 구성도 가능하다. 반면 소수 정당과 연립해 집권했던 민주당은 종전 170석에서 161석으로 오히려 세가 위축됐다. 푸어타이당은 이번 7·3 총선에서 전체 500개 의석 중 과반수인 265석을 차지한 것으로 잠정 집계됐다.

아피싯 총리는 선관위의 공식 집계 발표 직전 "결과는 명백하다. 푸어타이당은 이겼고, 민주당은 졌다. 태국 국민의 통합과 화해를 원한다. 민주당은 야당이 될 준비가 돼 있다"고 말했다. 〈방콕포스트〉는 총선 다음날인 7월 4일 "여당의 패인은 경제적 문제에 제대로 대처하지 못했기 때문이다. 유가와 식용유, 달걀 등 생필품 가격의 상승이 고통을 가져왔고 삶의 질을 개선시켜달라는 민초들의 요구가 컸다"고 진단했다.

다만 푸어타이당의 승리를 전하고 있는 뉴스들은 2011년 총리로 취임한 잉럭 친나왓의 정책이 포퓰리즘적 요소로 흐를 것을 우려한다. 농민

노동자 빈민계층에게 퍼주기식 정책을 발표하면서 승리할 수 있었다는 식이다. 실제로 푸어타이당 정책을 보면 하루 최저임금을 300바트(한화로 약 1만 원)로 30% 인상, 법인세율을 40%에서 30%로 인하, 모든 농부들에게 신용카드 발급, 초등생 80만 명에게 태블릿 PC 지급, 탁신 포함 정치범 사면복권, 2020년 빈곤 탈출 등의 내용이 있다. 쌀 가격 통제와 은퇴자 월 보조금 20% 인상, 법인세율을 40%에서 30%로 인하, 주택과 자동차 구입 시 세제 감면 등 기득권층에 혜택이 돌아가는 정책도 들어 있다. 태국 중앙은행은 공약을 다 지킬 경우 국내총생산(GDP) 대비 재정적자 규모가 현재 42%에서 6년 내 60%까지 올라갈 수 있다고 전망하고 있다.

그러나 태국 총선의 결과를 단순히 정책적 잣대로만 판단해서는 곤란하다. 정치·경제·사회부문에서 오랫동안 뿌리 깊게 박힌 갈등구조가 총선 결과에도 반영됐기 때문이다.

태국의 정당 지지계층을 보자. 그동안 집권해온 민주당은 지지계층이 군부·중산층·왕실 옹호자들로 지역도 방콕과 남부 지역 주요 도시들이다. 이들은 기득권층으로서 현실의 변화를 그리 달가워하지 않는다. 특히 태국은 영국이나 일본과 같은 입헌군주국이 아니라, 국왕이 통치하는 왕정과 입헌군주제의 중간 정도 성격을 지니고 있다. 국왕이 통치는 하지 않지만 막강한 영향력을 행사하고 있는 것이다. 여기에 태국의 최대 실세그룹인 군부는 국민보다는 국왕에 대한 충성을 우선시한다. 반 탁신파로 유명한 프라유스 찬오차(Prayuth Chan–ocha) 육군참모총장은 총선 2주 전 푸미폰 아둔야뎃 국왕을 존경하지 않는 사람들에게 경고의 메시지를 던지기도 했다. 군부는 "쿠데타는 없을 것"이란 입장을 거듭 밝히고 있지만 탁신이 복귀를 시도할 경우 이를 장담하기 어려울 것이라는 관측이 우세하다.

반면 중국 이민자 후손인 탁신 전 총리 등 왕실 반대주의자들은 태국이 진정한 입헌군주제로 갈 것을 선호한다. 국왕이 정치 개입을 하지 않고, 진정한 민주주의가 돼야 태국이 더욱 발전할 수 있다고 보는 셈이다. 여기에 서민층의 생활이 그만큼 고달팠다는 현실이 탁신가를 다시 태국 정치의 중심으로 되돌려놓은 원동력인 것으로 풀이된다. 잉럭의 공약은 사실상 '탁시노믹스'를 되살린 측면이 강하다. 탁신은 총리 재임 시절 농촌과 도시빈민을 위한 급진적인 정책을 많이 내놓으면서 지지층을 결집시켰다.

탁신을 지지하는 사람들은 흔히 '붉은 셔츠(독재저항 민주주의 연합전선, UDD)' 로 얘기되는데, 이들은 2010년 초 대형 시위를 통해 조기총선을 이끌어냈다. 그러나 반탁신 성향인 방콕 부유층과 민주당의 텃밭인 남부 중산층을 중심으로 한 이른바 '노란셔츠(국민민주주의연대, PAD)'들은 잉럭을 '탁신의 꼭두각시'로 평가절하하고 있다. 따라서 이들의 충돌 가능성은 휴화산에 가까운 것으로 평가된다.

여기에 태국 정치의 큰 변수로는 국왕의 건강문제도 있다. 현재 83세인 국왕은 건강이 좋지 않은데, 파킨슨병과 우울증에 시달리고 있다는 얘기가 있다. 또 유력한 후계자인 마하 와지라롱콘 왕자는 사생활이 문란하고 에이즈나 다른 심각한 질병에 걸릴 가능성이 있다는 의혹이 제기되는 등

태국 방콕에서 외국인이 많이 찾는 카오산로드의 밤 풍경.

후계자로서 국민의 지지를 받지 못하고 있는 상황이다.

결국 태국의 경제와 사회를 결정하는 최대 변수는 정치인 셈이다. 태국 전문가들은 2011년 7월 3일 총선 결과에 대해 "태국의 미래는 (왕실·군부·부유층 등) 전통적인 엘리트들(기득권층)이 국민의 목소리를 기꺼이 받아들이려고 할 것인가에 달려 있다"면서 미래를 불투명하게 진단하고 있는 실정이다.

A s i a n H i g h w a y

태국의 위상 - 동남아의 중심지 02

국경은 막혀도 경제는 흐른다

매솟(태국)과 미야와디(미얀마)는 므이(Moei)강을 두고 마주보고 있는 국경도시다. 국경선을 이루고 있는 폭 30~40m가량의 므이강은 남쪽에서 북쪽으로 흐르며, 미얀마 동쪽을 흐르는 딴르윈강(Thanlwin, 옛 살윈강)과 합쳐진 후 방향을 남쪽으로 돌려 인도양으로 흘러간다. 매솟과 미야와디는 '아시안하이웨이 1번 도로(AH 1)'에 속하는 '태국–미얀마 우정의 다리'로 연결돼 있다. 하지만 중국, 베트남, 캄보디아를 거쳐 태국까지 통과한 취재팀은 다리 앞에서 더 이상 전진할 수 없었다. 태국과 늘 갈등관계에 있던 미얀마가 2010년 7월 태국이 제방을 건설하려는 계획에 반발해 우정의 다리를 막아버렸기 때문이다.

'우정의 다리' 규모는 길이 430m, 폭 13m인 왕복 2차로다. 아시안하이웨이를 관할하는 유엔 아시아태평양경제사회이사회(ESCAP)가 추진해

태국-미얀마 국경인 므이강을 고무튜브로 건너려고 하는 미얀마인들.

1997년 완공됐다. 다리가 이처럼 늦게 건설된 것은 두 나라 간 뿌리 깊은 앙숙관계 때문이다. 부족국가 시절부터 경쟁관계였던 양국은 버마(미얀마 옛 이름)왕국이 태국 최전성기 왕국인 아유타야를 16세기와 18세기 두 차례 침공한 이후 적대관계가 굳어졌다(태국인들은 아유타야 왕국의 금불상과 첨탑 사원, 왕궁 등을 미얀마인들이 폐허로 만든 것에 대해 지금도 몹시 분개한다). 20세기 들어서는 국경지대 고산족과 미얀마 반군에 대한 태국의 지원 등의 문제로 갈등은 이어졌다.

깊은 적대관계에도 불구하고 AH 1을 완성하고자 하는 ESCAP 측 의지와 오래전부터 단일 생활권이었지만 다리가 없어 불편했던 양국 주민의 숙원을 해결할 필요가 있다는 태국과 미얀마 측 공감대 덕분에 다리는 완공됐다. 다리 건설을 위해 태국은 약 300만 달러를 부담했고, 미얀마는 노

미얀마인들이 고무튜브로 므이강을 건너고 있다.

동력을 제공했다.

하지만 다리는 2010년 7월부터 제 기능을 못하고 있다. 태국이 므이강에 제방 건설을 시작하자 미얀마는 이 제방이 자국 영토 내에서 침식작용을 일으킬 수 있다고 비판하며 국경을 막아버린 것. 다리를 통한 차량 이동과 미얀마인 출국은 아예 봉쇄됐다.

취재팀은 건너가지 못한 아쉬움을 달래고 강 건너 미얀마 모습을 조금이라도 가까이에서 보기 위해 강폭이 좁은 곳을 찾아 므이강 상류(남쪽)로 걸어갔다.

우정의 다리에서 남쪽으로 약 200m가량 떨어진 곳에 다다랐을 때 눈을 의심케 하는 광경이 펼쳐졌다. 굵은 로프 두 개가 강을 가로질러 놓여 있었고, 그 로프를 따라 커다란 고무튜브가 내려오고 있었다. 뱃사공으로 보이는 10대 후반 청년은 로프를 잡고 지름 3m가량인 튜브를 태국 쪽으

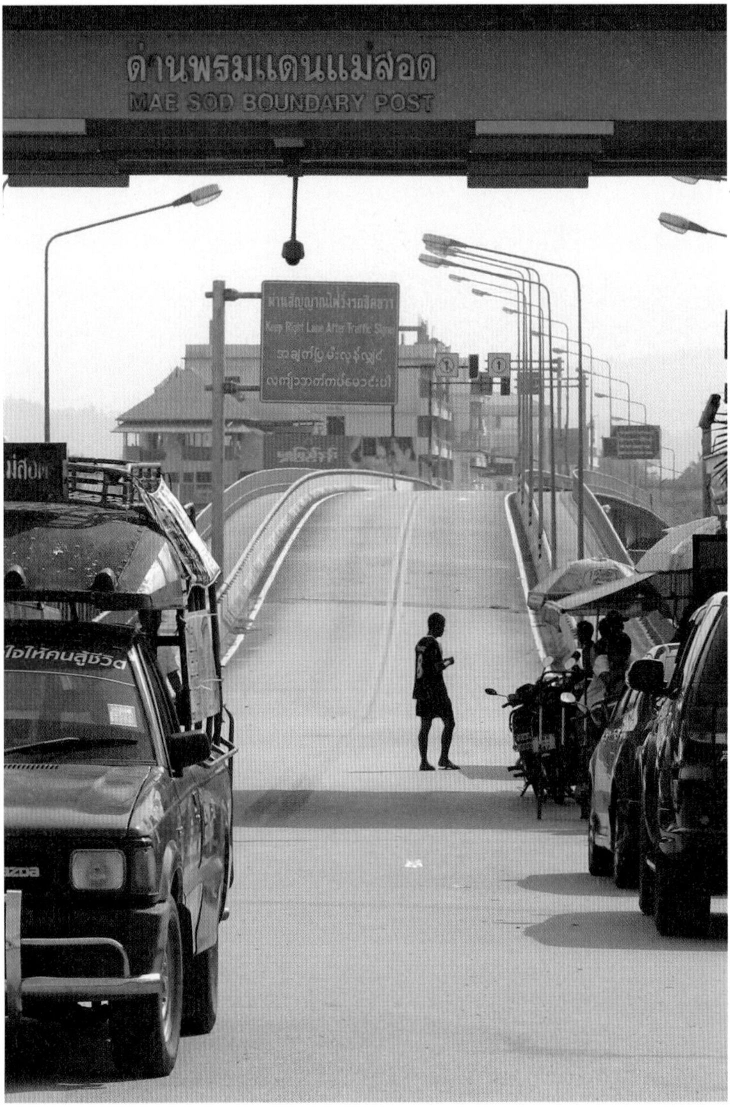

자동차 왕래가 거의 없는 태국-미얀마 우정의 다리.

로 몰고 왔다. 가슴에 자루와 가방 등을 안은 승객 8~9명은 서로 어깨에 의지해 강물에 흔들리는 튜브 위에서 중심을 잡았다. 태국으로 오는 '상행선'이었다. 튜브가 맞은편 강변에 도착하자 곧이어 또 다른 튜브가 사람들은 싣고 강물 위로 올라섰다. 굵은 로프를 놓쳤을 때는 헤엄을 쳐 태국 쪽으로 건너왔다. 상류 쪽에는 미얀마로 돌아가는 '하행선' 고무튜브가 강물 위에서 로프를 따라 움직였다. 역시 자루를 가슴 혹은 어깨에 멘 승객들이 타고 있었다.

고무튜브 출발 지점인 미얀마 쪽 강변에는 20여 명이 탑승 차례를 기다렸고, 그 뒤 강둑에서는 고무튜브 관리인으로 보이는 중년 남성이 사람들에게서 뭔가를 받았다. 통행료인 듯 보였다. 튜브를 통한 통행은 우정의 다리 북쪽에서도 똑같이 벌어지고 있었다.

튜브에서 내린 미얀마인들은 우정의 다리 근처 한곳에 모여 자루를 내려놓고 뭔가를 기다렸다. 그 옆 파라솔에는 태국 쪽 안내인으로 보이는 3명이 앉아 있었다. 5분쯤 뒤 미니버스 한 대가 오더니 자루를 모두 싣고 갔고, 이어 트럭이 나타나 미얀마인들을 태우고는 매솟 시내 쪽으로 이동했다.

안내인으로 보이는 태국인에게 물었더니 "미얀마인들이 쌀·담배 같은 것을 싣고 와서 팔아 연필·신발 등을 사서 돌아가거나 공사장 혹은 농장에서 잠시 일을 해 돈을 벌어간다"면서 "다리가 막혔어도 미얀마 사람들이 하루 200명 넘게 오간다"고 말했다. 미얀마는 1인당 소득이 500달러 내외로 태국에 비해 8분의 1 수준에 불과해 많은 미얀마 사람들이 태국에

일하러 온다.

그는 "옛날부터 미얀마 사람들이 배를 타고 오갔고, 다리가 막혔어도 지금도 계속 왕래한다. 늘 이웃처럼 살았기 때문이다. 봐라, 태국 군인이 저기 있지만 막지도 간섭하지도 않는다"고 설명했다. 강변에 위치한 림모에이 시장 내 식품점 주인도 "미얀마인들이 강을 자유롭게 건너와서 미리 준비한 물건을 팔거나 태국 물건을 사서 돌아간다"고 말했다.

실제로 널따란 시장을 둘러보니 태국인은 물론 미얀마인들을 겨냥한 듯한 각종 잡화류가 보였다. 정치적인 이유로 다리는 막혔지만 옛날부터 단일 생활권인 이곳 국경도시 사람들은 이동을 멈추지 않았다. 삶이 계속 이어지고 있는 모습을 므이강 고무튜브와 림모에이시장에서 엿볼 수 있었다.

• 미얀마의 꺼인족

태국과 접해 있는 미야와디는 미얀마의 꺼인(옛 카렌족) 자치주에 속한다. 꺼인 자치주는 면적이 3만 ㎢이며 140만 명가량 되는 자치주 인구의 70%가 꺼인족으로 되어 있다. 이들은 대부분 반정부 활동을 해왔으나, 최근에는 세력이 많이 약해져 있는 상황이다.

꺼인족들은 과거 선교사들의 영향을 받아 기독교도가 많으며, 버마족과 결혼하는 것을 극히 꺼려한다. 산지에 사는 사람들은 화전방식으로 농사를 짓거나 가축사육 등을 하며, 코끼리를 이용해 벌목을 하기도 한다. 미얀마 정부의 지원을 크게 받지 못하는 관계로 소득 수준이 낮다. 그래서인지 일을 하거나 물건을 팔기 위해 태국 국경을 넘어오는 일이 잦다.

매솟으로 가는 길에 들른 무소시장. 나들이를 나온 가족의 모습이 정겹다.

미얀마 가는 길, 21세기에 웬 산적?

매솟은 태국 방콕에서 자동차로 477㎞를 달려야 도착할 수 있는 국경도시다. 중서부 도시인 타크에서 첩첩산중으로 굽이굽이 이어진 고산지대 도로 86㎞를 거쳐야 한다. 출발 전부터 한국 교민과 주재원들에게 '가지 않았으면 좋겠다'는 권유를 받았다. 길이 험한데다 고산족 산적이 나타날 수 있으므로 타크까지만 다녀오라는 얘기였다.

현지에서 취재팀 차량을 운전하는 비야찬 너이 씨도 "비포장도로인데다 너무 위험하기 때문에 가지 않는 것이 좋겠다. 만약 간다면 위험수당을 달라"고 얘기했다.

방콕을 출발한 시간은 오전 7시 30분. 고속도로는 방콕 북쪽 60㎞ 지점

태국의 타크에서 갈라지는 아시안하이웨이 길. 왼쪽을 미얀마로 가는 길이 아시안하이웨이 1번 도로(AH 1)임을 알려주는 표지판이 보인다.

인 방빠인에서 아시안하이웨이 1번 도로(AH 1)와 2번 도로(AH 2)가 합쳐졌다. AH 2는 인도네시아에서 시작해 싱가포르, 말레이시아 쿠알라룸푸르를 거쳐 태국으로 이어진다. AH 2는 AH 1과 만나 330여㎞를 함께 올라간 뒤 타크에서 다시 갈라졌다.

오후 1시께 타크 남쪽 갈림길에 도착했다. 국경도시 매솟으로 가는 도로 상태는 매우 좋았다. 굽이굽이 도는 왕복 2차로 산길이었지만 포장도 깔끔하고 울퉁불퉁한 곳이 거의 없었다. 도로에는 대형 화물차와 오토바이 등 많은 차량이 오갔다.

30분쯤 달리자 검문소가 나타났다. 무장한 군인들이 차량 내부와 탑승자를 일일이 조사하고 있다. 매솟까지 가는데 이런 검문소를 네 군데나

거쳤다. 가만히 보니 여행자 검색보다 미얀마인들이 태국 쪽으로 넘어오는 것을 막기 위한 검문인 듯한 느낌이 들었다.

검문소를 지나니 '무소시장'이라는 재래시장이 보였다. 전통의상을 입은 고산족 여성들이 죽순, 아보카도, 호박 등 농산물과 고기, 옷 등을 팔고 있었다. 상점이 100개 가까이 되는 제법 규모가 큰 시장이었다. 고산족 여성들이 호기심 어린 눈으로 취재진을 바라봤다. 한 아가씨에게 20바트를 주고 멜론을 샀더니, 돈을 받으면서도 부끄러움을 많이 타는지 연방 입을 가린 채 수줍은 웃음을 지었다.

'무소시장'을 통과한 후에도 깔끔한 포장도로는 계속 이어졌다.

타크를 출발한 지 1시간 30여 분 만에 매솟에 들어섰다. 12만 명이 산다는 매솟은 생각보다 큰 도시로 호텔과 대형 상점 등이 눈에 띄었다. 태국~미얀마 국경선을 돌아보고 타크로 돌아와 현지 주민에게 물으니 매솟까지 이어지는 산악도로는 오후 6시면 통행이 제한된다고 설명했다. 과거에 비해 길이 좋아졌지만 가로등이 없어 밤에는 사고 위험이 있고, 가끔씩 고장이 나 길에 멈춰선 차량이 습격당하는 일도 있다는 것. 하지만 취재팀이 볼 때 타크와 매솟을 연결하는 길에 나타난다는 '산적 이야기'는 점차 희미한 기억 저편으로 사라져가는 느낌이었다.

아유타야의 역사적 교훈

태국을 형성한 타이민족의 기원에 대해서는 중국 기원설, 인도네시

아유타야의 목이 잘린 불상들.

아 기원설, 토착민족 기원설 등이 있다. 이 가운데 기원전 2세기경부터 중국 서남부 윈난(운남성)지역에 살던 타이족이 남쪽으로 내려와 태국 북부, 라오스, 미얀마 북동부 등에 정착했다는 게 유력하게 받아들여지고 있다. 실제로 태국과 라오스, 미얀마 샨족 등은 같거나 비슷한 종족으로 분류된다. 라오스는 아이라오(Ailao)란 족명으로, 태국은 중국에서 온 이주민들이 스스로를 자유인(타이족)으로 지칭한 데서 비롯됐다고 한다.

타이(Thai)족은 13세기경까지 소국가로 나뉘어 있었고, 지금 태국 땅 중 대부분은 캄보디아(크메르)의 영토였다. 그러다가 1238년 타이족 일파의 수장인 프라 루앙이 크메르왕국의 북서부거점인 수코타이(Sukhothai)를 정복하면서 독립된 타이왕조의 기틀을 다진다. 수코타이는 취재팀이 들렀던 타크 동쪽에 있으며 '행복의 시작'이란 의미를 지닌다. 수코타이 시대에는 타이문자를 만들고, 소승불교(상좌부불교)를 도입했으나 건국 140년 만인 1378년 아유타야 왕조에게 멸망당한다.

아유타야왕국은 몬왕국 지배 하의 타이계 유통(Uthong)국 왕자인 라마 티보디(Rama Thibodi)가 전염병을 피해 차오프라야강 하류 롭부리 지역에 정착해 1350년 세운 왕국이다. 불교를 공인하는 한편 주변국가를 복속시켜, 15세기에는 말레이반도와 벵갈지역까지 세력범위를 넓혔다. 1516년에는 포르투갈과 통상조약을 맺기도 했다.

어떤 포르투갈인은 이곳을 '세계 무역의 중심지'라고 표현한 적이 있다고 하는데, 400여 개의 사원과 55㎞나 되는 포장도로, 19개의 성곽을 가진 도시로서 융성한 것만은 사실이다.

하지만 아유타야는 점차 내부 혼란을 겪더니 1765년 버마군의 침공을 받고, 1767년 멸망했다. 당시 버마(현 미얀마)인들은 보름 동안이나 아유타야 지역에 불을 질러 약탈했고, 아유타야의 기(氣)를 없애기 위해 불상의 머리를 모조리 잘라버리는 만행을 저질렀다. 특히 아유타야에 있는 3개의 메인 탑은 금으로 입혀졌고, 긴 불당에는 1500년 라마티포디 2세(Ramathipodi ll) 때 전신 높이가 16m나 되는 거대한 입불상을 만들어 170㎏이나 되는 황금을 입혀놓았다고 하나 이 역시 버마에 약탈당했다.

아유타야는 멸망 후 18세기에 수도마저 방콕으로 옮겨지면서 옛날의 찬란한 영화를 뒤로 한 채 역사 속으로 사라졌다. 지금은 일부 유적만 왕궁터에 폐허처럼 쓸쓸히 남아 있다.

슬픈 역사를 갖고 있는 아유타야에 대해 취재팀 차량 운전사 비야찬 너이 씨는 "방콕으로 돌아가는 길에 꼭 들러보라. 거기를 가야 태국 역사를 알고, 왜 태국과 미얀마가 그렇게 적대적인 감정을 갖고 있는 지 알 수 있다"고 당부했다. 실제로 유적지를 가보니 제대로 남아 있는 불상은 거의 없고, 목이나 팔다리가 없는 보기흉한 모습들이 즐비했다. 주요 탑들은 콘크리트로 부분부분 복원돼 유적으로서 가치를 거의 상실한 모습이었다. 아유타야는 태국인들에게 다시는 되풀이 되어서는 안 될 역사의 산교과서인 듯 했다.

아우타야 유적지를 코끼리를 타고 돌아보는 외국인 가족.

M Y

VI

미얀마

MYANMAR

미얀마

- **국명**: 미얀마 연방공화국(the Republic of the Union of Myanmar)
- **면적**: 67만 6,577㎢
- **인구**: 5,800만 명 (2011년)
- **기후**: 열대 및 아열대 기후.
- **지형**: 긴꼬리를 가진 가오리 모양의 국토. 북쪽이 높고 남쪽이 낮은 형태로 57%가 산악지형임.
- **민족**: 135개 민족(주류인 버마족과 샨족, 꺼인족, 몬족 등 소수민족)
- **종교**: 불교, 기독교, 이슬람교
- **수도**: 네피도
- **화폐단위**: 챠트(Kyats, 달러당 800차트, 2012년)
- **국내총생산**: 419억 달러(2011년)
- **1인당 GDP**: 722달러(2011년)
- **시차**: 한국보다 2시간 30분 늦음
- **주요자원**: 천연가스, 석유, 철광석, 구리, 아연, 주석 등.
  세계 최대의 티크목 생산국이고, 루비·사파이어·비취·진주 등 보석류의 세계적인 산지임.

A s i a n H i g h w a y

01 자원부국, 인프라 빈국

국제공항도 정전된다

미얀마를 가기 위해서는 비행기를 타야 했다. 외국인은 국경선을 통한 입출국이 불가능하기 때문이다. 그나마 직항이 없어 방콕을 거쳤다.

'미얀마의 관문'이라고 하기에는 다소 초라한 양곤국제공항에 내린 시간은 저녁 6시 40분(한국 시간 9시 10분). 밖은 어두워진 가운데 30여 명의 외국인들과 함께 입국심사를 기다렸다. 그때 갑자기 정전이 되면서 공항 청사가 일순간 암흑으로 바뀌었다. 1분 정도 지나니 광고판의 불이 들어오고, 3분쯤 흘렀을 때 건물 내부 절반가량만 켜졌다. 전기 공급이 완전히 재개된 시점은 10여 분이 지나서였다.

입국심사관에게 이러한 정전이 자주 있는지 물어봤다. 그는 별것도 아닌데 왜 물어보냐는 듯 "전기가 부족하니 그렇다. 그래도 지금은 우기(5~10월)로 비가 많이 내리고 수력발전량이 많아 하루에 겨우 3번 정도

금과 온갖 보석으로 치장돼 미얀마에서 가장 유명한 쉐다공 파고다.

(?)밖에 단전이 안된다"고 말했다. 순간적으로 '앞으로 고생길이 훤하겠구나'라는 생각이 들었다.

경제가 제대로 굴러가기 위한 기반시설(인프라)로 흔히 전력, 통신, 도로가 꼽힌다. 유엔이 지정한 최빈국의 하나인 미얀마는 3가지 모두 열악하다.

미얀마의 발전용량은 2009년 기준 1,717Mw(한국의 3%) 수준. 미얀마는 산이 많은 북부와 동부지역에서 주로 수력발전을 이용해 전기를 생산한다. 그러다 보니 가뜩이나 부족한 전기생산량이 비가 거의 내리지 않는 건기에는 더욱 줄어든다. 전형적인 '하늘 전기'인 셈이다. 최근 중국이 자본과 기술을 공급해 여러 군데에 수력발전소를 지었으나, 그나마 중국이 건설 댓가로 생산전력의 70%를 가져가는 상황이어서 큰 도움이 되지 못하고 있다. 송배전설비가 낡은 것도 문제다. 전기를 보내는 와중에 사라져버리는 전력손실률이 30%(한국은 4%)를 넘는다.

그러다 보니 미얀마의 가정과 사업장 가운데 30% 만이 전기를 공급받는다. 수도 네피도만 24시간 전기 공급이 이뤄질 뿐, 최대 도시인 양곤에서조차 수시로 전기가 끊긴다. 지방은 더 열악해 소수민족 자치주에서는 낮 동안에는 전기 공급이 아예 이뤄지지 않는 곳이 허다하며, 농촌 마을 대부분은 전기를 구경조차 할 수 없다. 취재팀도 몽유와나 라시오 등 지방에서 수시로 정전을 경험했다. 미얀마의 호텔 식당, 고급주택 등의 필수 설비가 '발전기'인데 전력부족에 따른 결과물이다.

통신도 열악하기는 마찬가지다. 여행객의 현지 로밍은 아예 되지 않는다(취재팀은 12일 동안 거의 연락두절 상태로 지냈다). 현지에 사는 외국인도 아예 휴대폰 소유를 할 수 없어, 미얀마인의 명의를 빌려 사용하고 있는 실정이다. 휴대폰 값도 매우 비싸 한국 돈으로 150~300만 원에 이른다. 이러한 휴대폰도 무선 기지국이 제대로 설치되지 않아 도시를 약간이라도 벗어나면 무용지물이 된다. 현지에 사는 외교관과 주재원들이 "전화나 인터넷이 잘 안되거나 속도가 느려 본국에서 온 긴급 연락을 못 받아도 핑계거리가 된다. 여객기 직항도 없어 손님도 적다. 그 덕분에 '본국의 느슨한 통제'라는 즐거움을 맛보기도 한다"며 우스갯소리를 전했다.

현지 여행객들이 해외 전화를 할 수 있는 곳은 호텔 정도. 그나마 국제전화 서비스를 제공하지 않는 곳이 많고, 가능하더라도 통화요금이 1분당 5~9달러에 달한다. 5분간 국제전화를 하면 최대 5만 원을 내야하는 셈이다.

도로는 최근 개통된 '양곤–네피도–만달레이' 간 고속도로 외에는 모두 한국 국도보다 열악하다고 보면 된다(항만의 경우 미얀마 최대항구인 양곤항에 6만 5,000t 이상의 선박 입항이 불가능하다). 그나마 정부 통제 하에 외국인이 갈 수 없는 곳이 많다. 남부 미얀마의 경우 떠닌타리주와 몬주의 주요 도시를 제외한 나머지 지역은 모두 외국인 출입이 금지돼 있다. 북부 까친주와 서부 친주는 허가를 받으면 출입할 수 있으나 허가 자체가 잘 나오지 않는다. 동부 샨주의 국경도시도 가기가 어렵다. 국토의 절반 이상을 갈 수 없다고 보면 된다. 이들 지역은 미얀마 공권력이 미치지 못해 아직 반군이 활동하고, 외국인 안전이 보장되기 어려우며, 자원

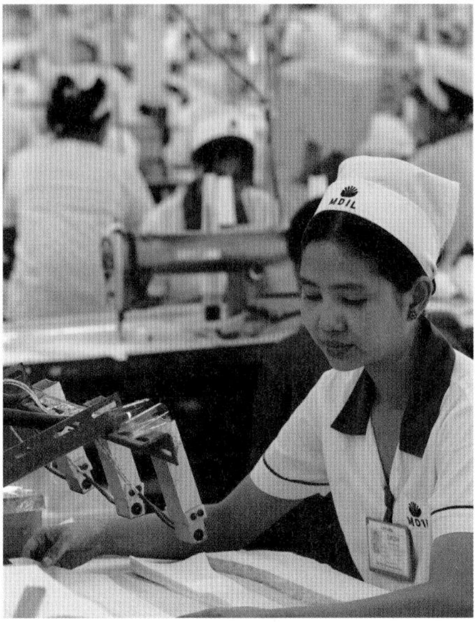

양곤 외각의 대우인터내셔날 봉제 공장에서 일하는 미얀마 아가씨.

개발과 관련해 중요한 지역이라는 특징이 있다.

법과 제도도 현지 투자의 걸림돌이다. 대표적인 제도가 수출세. 미얀마 정부는 수출 시 수출대금의 10%를 수출세라는 명목으로 징수한다. 수출이 늘어나면 국내시장에 물건이 부족해서 물가가 오르기 때문에 규제할 필요가 있다는 것. 수출지원을 아끼지 않는 다른 동남아 국가와는 매우 다른 독특한 논리다. 한 한국 기업 현지법인 관계자는 “원부자재 수입 시 수입세가 부과되고 완제품 수출 시 다시 수출세가 징수된다. 수출입세 총액이 매출의 25%가량 되니 아무리 인건비가 싸다고 해도 외국 기업들이 투자를 망설일 수밖에 없다”고 설명했다.

이처럼 모든 게 열악한 미얀마가 그래도 주목받는 것은 세계에서 보기 드문 '자원 부국'이기 때문이다. 일단 석유가 나오고 가스가 생산된다. MOGE(미얀마석유가스)의 2009년 1월 자료에 따르면 원유는 198억 배럴, 가스는 120조 6,200억 입방피트가 매장돼 있다. 예컨대 대우인터내셔널이 1998년 진출해 발견한 가스전은 추정 매장량이 5조 4000억~9조 1,000억 입방피트에 달하며 2013년 5월경 생산(하루 5억 입방피트)이 시작된다. 여기에 철광석, 구리, 주석, 납, 아연, 안티모니, 니켈, 석탄 등이 매장돼 있다. 금, 루비, 비취로 대표되는 보석은 미얀마의 자랑거리다. 미얀마는 세계 최대의 티크 목재 수출국이기도 하다.

미얀마는 인건비도 아주 싸다. 봉제업의 경우 세금이 미얀마 내에서 창출된 부가가치에만 붙고, 월급이 60달러(한화로 7만 원) 수준에 불과해 한국 기업 여러 곳이 진출해 있다. 대우인터내셔널 봉제공장을 찾았을 때 단정하게 작업복을 입은 여직원 3,000명가량이 일하는 모습이 참 인상적이었다.

미얀마는 1962년 들어선 군사정권이 50년 가까이 권력을 독점하면서 줄곧 폐쇄적인 모습을 보여 왔다. 그러다가 2011년 4월 떼인 세인을 대통령으로 하는 민선정부를 출범시켰다. 여전히 실권은 군부에 있고, 군 출신들이 정부 요직을 독점하고 있지만 형식이나마 조금의 변화를 줬다. 특히 떼인 세인 대통령은 취임사에서 "부정부패가 있다는 것을 안다. 이를 개선하겠다"고 밝혔다. 부패를 인정한 것 자체가 과거에 비해 크게 진보했다는 것. 갈 길은 아주 멀어 보이지만 '새로운 길로 가려는 노력의 징후' 정도는 보이고 있는 셈이다.

암달러상과 다양한 환율

미얀마 통화단위는 챠트(kyat)다. 외국인은 달러를 사용하는데, 이마저도 제법 규모가 있는 호텔 등에서나 사용된다. 신용카드는 대형 보석상점 등을 제외하면 아예 이용이 불가능하다. 아시안하이웨이 취재팀처럼 지방까지 가려면 양곤 같은 대도시에서 가져간 달러를 챠트로 넉넉하게 환전을 해야 한다.

미얀마는 '법정, 공정, 시장'으로 세분되는 3중 환율제도를 적용해 이해하기가 복잡하다. 고정환율제를 택한 미얀마 정부의 법정 환율은 달러당 5.4챠트인데 별다른 의미는 없다. 실제 환전이 법정 환율로 이뤄지는 경우는 없기 때문이다.

정부가 얘기하는 '공정환율'을 적용하는 공항 환전소에서는 1달러당 450챠트. 그런데 여기서 환전하는 사람은 거의 없다. 금은방, 보석상, 수퍼마켓 등 암달러 시장을 가야 제대로 된 시장환율을 적용받기 때문이다. 은행들은 환전업무를 하지 않는다. 한 국가의 경제를 보여주는 거울 역할을 하는 환율시스템이 애매모호함의 극치인 셈이다.

취재팀은 환전을 위해 미얀마의 남대문시장에 해당하는 보족아웅산 시장을 찾았다. 줄지어 늘어선 상점들을 지나 들른 곳은 조그마한 구멍가게. 생수, 과자, 비누, 치약 등 생활용품을 파는 곳이다. 하지만 이는 무늬일 뿐 진짜 업무는 환전이다. 안쪽으로 들어서니 50대로 보이는 가게 주인의 책상 서랍에 달러와 미얀마 통화인 '챠트'가 가득 들어있다.

양곤 보족아웅산시장에서 환전을 해주는 미얀마인.

이날 적용받은 환율은 달러당 770차트. 2~3일 전보다 더 올랐으니 운이 좋았다는 데 가게주인의 설명이었다. 재미있는 사실은 새로 발행돼 빳빳한 고액 달러화일수록 최고 환율을 적용받는다는 것. 지폐 액면가별로 적용되는 환율을 보면 빳빳한 100달러는 달러당 770차트, 조금 낡은 100달러 지폐는 달러당 750차트, 빳빳한 50달러짜리는 달러당 750차트, 빳빳한 10 혹은 20달러짜리는 달러당 730차트, 1달러짜리는 700차트가량이 적용된다. 낡거나 글씨가 쓰인 달러화는 액면가에 관계없이 환전을 해주지 않았다. 공식환율과 액면가별로 다른 시장환율이 마구 혼재하다보니 차트는 해외 어디에서도 환전이 안 된다.

미얀마 통화는 최근 강세다. 2007년에는 달러당 1,400차트까지 갔다가 1,185차트(2008년), 1,055차트(2009년), 970차트(2010년)로 환율이 하락

(차트 강세)했다. 2011년 6월 들어서는 800차트가 무너졌다.

국내총생산(GDP)이 2010년 공식적으로 317억 달러에 불과한 미얀마 통화가 강세인 것은 달러가 넘치기 때문. 보석박람회를 한 번 할 때마다 20억 달러 이상의 돈이 들어오는데다 최근에는 중국이 차관을 제공해 달러가 크게 늘었다. 가스나 목재를 판 대금도 달러로 들어오다 보니 2010년 무역흑자가 45억 달러에 달했다는 분석도 나온다. 한국 기업 관계자는 "정부에서 달러를 확보하기 위해 인위적으로 암시장의 환율을 조절하고 있다는 것은 다 알려진 사실"이라고 설명하기도 했다.

환전을 마치니 미얀마 돈을 뭉텅이로 줬다. 차트의 최고 액면이 5,000차트(한화로 약 7,000원)인데, 유통량이 많지 않아 100달러를 주고 1,000차트짜리 다발로 돈을 받다보니 '돈의 양'으로는 큰 부자가 된 느낌이었다.

추후 안 사실이지만 호텔에서도 달러 대신 차트으로 요금을 낼 때는 '달러당 750~900차트'으로 적용환율이 제각각 달라 환차손을 보지 않기 위해 매번 머리를 써야 했다.

자동차는 재산증식의 수단

미얀마 도로는 한국처럼 우측통행이다. 그렇다면 운전대는 어디에 있을까?

정답은 한국처럼 왼쪽이 아니라 '대부분 오른쪽'이다. 좌측통행을 하는

트럭을 타고 이동하는 미얀마 사람들.

일본·영국의 자동차와 같은 모습이다. 선뜻 이해되지 않는 현상이 발생한 것은 미얀마가 대부분 일본산 중고 자동차를 수입하기 때문이다. 양곤 시내의 자동차 중 80%는 일본 도요타이고 10%는 혼다, 스즈키 등 다른 일본 브랜드다. 나머지 10%는 다른 외국 자동차다. 미얀마에서는 많은 승합차가 도요타의 하이에이스(HIACE)다. 한국인들은 승합차를 과거 최고 인기차종에 빗대어 '봉고'라고 부르듯이, 여기는 승합차를 그냥 '하이에이스'라고 부를 정도다.

중고차라고 우습게 봐서는 안 된다. 가격이 매우 비싸기 때문이다. 예컨대 18년 된 도요타 하이에이스(HIACE) 승합차 가격은 4만 달러(한화로 4,400만 원)이며, 20년가량 된 도요타 캠리도 한화로 3,000만 원을 넘는다. 새차는 훨씬 비싸 현대 쏘나타 신형이 1억 원, 도요타 랜드크루저는 한화로 2억 5,000만 원에 이른다.

자동차 가격이 국민소득(1인당 500달러)에 비해 턱없이 높은 것은 수입제한과 세금 때문이다. 자동차 수입권한은 오로지 정부만 갖고 있으며, 재정수입을 위해 높은 세금을 물린다. 세금이 차값의 4~5배에 달한다. 당연히 미얀마에서 자동차는 큰 재산이다. 자동차가 귀하다보니 중고차라도 잘 굴러가기만 하면 연식이 오래돼도 가격이 오른다. 그러다 보니 자동차를 사서 손해 보는 경우도 없고, 재산증식의 수단이 된다. 양곤에서는 부동산 투자를 하듯이 수십 대의 자동차들을 보유하고 있는 경우가 많다.

중고차가 귀하다보니 30년은 지난 것처럼 보이는 폐차 직전의 자동차가 길에 널려 있다. 후드(본네트)가 없는 자동차, 엔진이 고장나 도로 중간에 멈춰 선 자동차, 에어컨은 고사하고 안전벨트도 없는 택시 등을 쉽게 접할 수 있다. 운행 중 고장을 일으키는 차가 하도 많다 보니 차가 도로에 멈춰 서면 주변 사람들이 으레 나서서 차를 밀어주는 아름다운 풍경도 심심치 않게 볼 수 있다. 택시요금도 정해진게 아니어서 어디를 가려면 미리 가격흥정을 한 후 타야 한다.

미얀마의 자동차 관련 산업도 최고위층인 군부와 친군부세력에서 장악하고 있다. 최대 도시 양곤의 렌터카 혹은 버스업체는 5개인데, 상이군경회, 재향군인회 등 군인관련 단체들이 운영한다. 당연히 큰돈을 버는 이권이 된다.

재미있는 사실은 미얀마도 자동차를 생산한다는 것. 이런저런 부품을 모아 자동차를 만드는데 현지인에게 물어보니 지방까지 합치면 약 10개 업체가량 된다고 했다. 다만 워낙 조악한 자동차라서 사자마자 나사와 볼트 등을 새로 교체해야 한다고 전해줬다. 그렇지 않으면 운행 중 지붕이 날라가거나 본네트가 떨어지는 황당한 일이 발생하기도 한다는 얘기였다.

미얀마의 상좌부 불교

미얀마는 인구의 90%가 불교도로 국교로 정해지지는 않았지만 미얀마의 종교라 불러도 손색이 없다. 403년 인도 승려 부다고사가 빨리어

경전을 들여오면서 불교 역사가 시작됐다. 개인적 수양을 통해 정신적 자유가 최고조에 이르는 해탈에 이르는 것을 목표로 하고 있으며, 석가모니가 가르치고 실천한 내용을 가능한 실천한다는 것이 골자를 이루고 있다. 그런 탓인지 지금도 초기 불교 형성 당시 만들어진 220가지의 계율을 유지하고 있다. 이런 엄격함 속에 사는 스님들을 대우하고 존경해야 하며 이들을 가장 높은 자리에 앉혀야 한다는 의미에서 상좌부라는 말이 나왔다.

불교가 생활과 정신세계까지 좌우하다보니 미얀마에서는 스님이 최고의 대우를 받는다. 시야가 가장 좋은 버스의 왼쪽 맨 앞자리는 스님만의 전용석이다. 강을 오가는 배에서도 일반 승객들은 모두 서 있는데, 스님들은 조타실에 들어가 편하게 눕거나 앉을 수 있다. 시골은 물론 도시에서도 매일 아침 거의 모든 집에서 스님을 위한 아침을 따로 준비해 둔다. 아침 7~9시 사이 스님들이 집집마다 들러 음식을 받아가기 때문이다. 태국, 캄보디아 등 다른 불교국가에서도 스님이 대우를 받지만 미얀마에서 스님의 위상은 다른 나라들을 능가한다. 심지어 세상이 제 것인 양 살아가는 미얀마의 권력자들도 스님 앞에서는 겸손하게 행동한다.

스님들도 계율을 엄격히 지키는데 크게 3가지가 기본이다. 3벌의 가사, 면도기, 바늘, 음식여과기(생명체의 식음 방지용), 혁대, 발우 등 8가지 지참물 외에는 어떤 것도 소지해서는 안 되고, 생명체를 해치지 않아야 하며, 금욕을 해야 한다는 것이다. 그 외에 낮 12시 이후에는

탁발에 나선 미얀마 승려들.

식사를 하지 않고(차나 음료수는 괜찮음), 여성들과 접촉을 하지 않으며, 잠은 1층에서만 자도록 하는 등 지켜야할 게 일일이 열거하기가 힘들다.

미얀마 불교계는 초기 불교의 순수하고 바른 경전을 엄격하게 계승했다고 주장하며, 1871년(만달레이)과 1954년(양곤) 세계불자대회를 개최하기도 했다. 미얀마에는 400~500만 개의 탑(파고다)이 있으며, 다이아몬드·루비·금 등이 파고다에 안치된 것을 볼 수 있는데 이는 미얀마인들이 가난하게 살아도 보시를 중시하기 때문이다.

미얀마 불교의 기본 교의는 '윤회'와 '업'이다. 윤회는 모든 생물이 '탄생–죽음–재탄생'의 과정을 끊임없이 반복한다는 것이며, 업은 내세의 삶이 현세의 생활양상에 의해 결정되는 논리에 기초한다. 결국 현세의 모든 존재는 일시적이며 허구적이라는 뜻과 일맥상통한다. 미얀마인들은 이런 믿음 때문에 계급 내지 계층의 구조를 그대로 인정하는 경향이 있다. 이런 기질로 인해 1962년 이후 계속된 군사정권을 그대로 인정하는 지도 모를 일이다.

쉬어가기

미얀마의 국명은 버마?

미얀마의 정식 국명은 미얀마 연방공화국이다. 그러나 상당수의 서양 언론이나 서양의 최신판 서적에는 여전히 버마라고 표기하는 경우가 많다. 1989년 이전까지는 버마 연방이라는 국명을 사용했다. 하지만 이후 미얀마 연방으로 이름이 바뀌었다. 당시 군사정부는 버마라는 이름은 주종족인 버마족만을 나타내기 때문에 다민족 국가의 이름으로는 적합하지 않다고 판단했다. 그래서 과거에서부터 광범위하게 사용돼 왔고 모든 종족을 포괄하는 이름인 미얀마를 국명으로 채택했다. 그리고 2010년에는 신헌법 제정을 기회로 미얀마 연방공화국으로 정식 국명을 정했다. 그러나 미얀마의 반정부단체나 개혁인사들은 군사정부의 일방적인 국명 변경이라는 이유로 버마라는 이름을 고집한다.

Asian Highway

쇄국주의와 소수민족 02

요새 같은 네피도, 미얀마는 그렇게 고립됐다

영국의 식민지 시절부터 있었던 '양곤(최대 도시)~만달레이(제2 도시)' 길은 미얀마 도로망의 주축이다. 길이가 760㎞이며 '아시안하이웨이 1번 도로(AH 1)'에 해당한다. 왕복 2차로로 좁은 데다 노면도 낡아 승차감이 매우 나쁘다. 국토 넓이가 한반도의 3배(66만 7,000 ㎢)에 달하는 나라의 주축도로라고 하기엔 너무 초라하다.

이처럼 '후진적인 도로망'을 가졌던 미얀마에 유일한 고속도로가 생겼다. 양곤~네피도~만달레이 왕복 4차로 길이 뚫린 것. 2005년 11월 행정수도를 양곤에서 네피도로 옮겼던 미얀마 군사정권의 작품이다. 2011년 현재 도로는 만달레이 입구 부문의 공사가 진행 중인 가운데 나머지 대부분은 완공됐다.

취재팀은 새로운 도로와 수도 네피도를 살펴보기 위해 옛길 대신 고속도로를 선택했다. 양곤에서 북쪽으로 올라가 흘레구라는 곳을 지나쳐 10분쯤 가면 길이 좌우로 갈린다. 오른쪽이 바고를 지나 만달레이로 가는 옛길(AH 1)이고, 왼쪽이 네피도로 가는 새로운 고속도로다. 들어서니 좌우에 거리를 나타내는 표석이 있는데 '0/3, 0/7, 1/4, 1/7'이라고 아라비아 숫자로 쓰여 있다. 계속 관찰해 보니 거리를 옛길과의 교차점부터 마일(1마일은 1,609m) 단위로 윗부분에 표시하고, 아래를 200m 단위로 구분해 놓는다는 것을 알 수 있었다(나중에 안 사실이지만 거리를 아라비아 숫자로 표기한 곳은 고속도로가 유일했고, 나머지 도로는 모두 미얀마 고유의 숫자로 표시돼 있었다).

톨게이트에 들어서니 차량 번호를 적고 통행료를 받는다. 도로는 모두 시멘트로 포장돼 있고, 중앙 분리대 부분도 널찍했다. 비가 많은 나라인지라 아스팔트는 쉽게 파손되기 때문에 시멘트를 사용했을 것으로 분석된다.

으리으리하면서도 외부인은 접근하지 못하게 하는 미얀마 대통령궁.

양곤에서 새로운 수도 네피도로 가는 고속도로 전경.

고속도로 초입부터 네피도까지 거리는 약 230마일(370㎞). 휴게소는 정확히 절반 지점에 딱 한 곳이 있으며 '115마일 레스토랑'이란 간판이 보여 웃음을 짓게 했다. 휴게소 운영자는 군사정권 실력자와 연계돼 있다는 얘기를 들었는데, '독점 성격의 휴게소'를 보고 이해가 갔다.

휴게소를 떠나 시속 90㎞로 2시간가량 달리다가 톨게이트를 빠져나가니 갑자기 신도시가 나타났다. 네피도다. 도시 입구부터 왕복 8차로의 넓은 도로가 시원스레 맞이했고, 길 옆으로는 유럽풍 고급 빌라단지가 눈에 들어왔다. 도심에 가까워지니 아파트 단지, 현대식 쇼핑몰과 함께 최고급 호텔들이 줄지어 나타났다.

정부 청사 건물만 있다는 '행정타운'을 가보니 약 500m, 1㎞ 간격으로 군데군데 간판만 보였다. 청사는 간판이 있는 길을 한참 들어가야 있다는 것. 외부에서는 전혀 볼 수 없어 마치 '군부대 주둔지'를 연상케 했다.

차를 돌려 대통령궁으로 들어가니 길이 오가는 차량이 거의 없는 왕복 16차로다. 군부대 사열 등의 행사가 벌어진다는 곳이다. 대통령궁 건물은 워낙 커서 마치 전제군주의 대형 왕궁을 연상케 했는데, 언뜻 봐도 용지 넓이가 여의도의 절반쯤은 된다는 느낌이 들었다. 정면에서 사진촬영을 하다가 들키면 바로 추방된다는 얘기에 제대로 다 보지도 못하고 차를 돌려야 했다.

네피도의 숙소로 돌아오는 길에 보니 도로는 매우 한산했고 어쩌다 고급 승용차만 지나갈 뿐이었다. 인도에도 사람이 없어 썰렁했다. 저녁이 되자 가로등에 환하게 불이 밝혀지는데, 그 모습이 오히려 을씨년스러웠다.

호텔 직원에게 물으니 "이곳은 다른 도시와 달리 24시간 전기가 들어오고 인터넷도 잘된다"고 자랑했다. 전기공급을 받는 사업체나 가정이 약 30%밖에 안 되는 나라에서 그 말을 들으니 '모든 혜택은 권력층에만 주어지는 구나'라는 느낌을 가질 수밖에 없었다.

'왕의 도시'라는 뜻을 지닌 네피도가 수도로 발표된 시기는 2005년 11월 7일. 어떤 예고도 공개적인 협의·토론도 없이 전격적으로 발표됐다. 그러면서 "발전을 하려면 수도가 미얀마 국토의 중앙에 위치해야 한다"고 천도 이유를 밝혔다. 2006년 초까지 관공서의 이전을 완료했고 수도 이전에 황당해하는 공무원들을 달래기 위해 이들의 임금을 10배 넘게 인상했다.

다소 황당하게 비치는 네피도 천도는 미얀마의 폐쇄성과 정치적 성격을 한눈에 보여준다. 미얀마는 1962년 3월 네윈이 군사쿠데타로 집권한 이후 50년째 군사정부 체제를 유지하고 있다. 네윈은 '버마식 사회주의'

라는 쇄국주의를 내세우면서 외국과의 교류를 멀리했다. 한때 외국인의 미얀마 체류비자를 달랑 하루만 준적도 있었다. 당연히 미얀마는 퇴보할 수밖에 없었다.

1988년 아웅산 수치로 대표되는 '랑군(양곤)의 봄' 시절 민주화 물결이 잠시 일었으나, 군부는 친위 쿠데타를 일으키면서 정권을 내놓지 않았다. 아직 실권은 탄 슈웨 전 국가평화발전위원회(SPDC) 의장(국방부 장관 겸 군 최고사령관) 등 군부가 갖고 있다. SPDC가 해체되고, 2011년 4월 민간정부가 출범하면서 테인 세인 대통령이 임기를 시작했지만 4인자로 실권이 약하다. 네피도 천도도 당연히 탄 슈웨 전 의장 등 실력자들의 작품이다.

지금 미국과 유럽은 미얀마에 대해 제재조치를 취하고 있다. 미얀마 정부와 국유 기업에 대한 융자와 투자 금지, 국제금융기구의 지원 반대, 기술적 지원 금지, 고위 인사 입국 금지 등이 주요 내용이다. 이러한 제재는 2014년 미얀마가 아세안 의장국이 되는 시점을 전후로 풀릴 것으로 전망되지만 여전히 미얀마는 고립 국가 중 하나다.

미얀마의 모든 권력이 집중돼 있는 네피도의 폐쇄적인 모습은 이처럼 국제사회에서 고립돼 있는 미얀마의 처지를 그대로 나타내는 듯했다. 또 국민과는 괴리된 미얀마 정부의 현실을 상징하는 느낌이었다.

미얀마에서 겪은 상식 밖의 이야기

미얀마는 50년째 군부세력이 통치하는 국가다. 줄곧 폐쇄적인 정책을 펼치다 보니 외부인의 눈에 '상식밖의 모습'이 많이 비쳐진다. 현지 분위기를 이해하는 데 상당한 시간이 필요할 수밖에 없다.

• 최대도시 양곤에 오토바이가 없다

동남아 대도시에서 여행객을 힘들게 하는 게 도로를 가득 메운 오토바이 행렬이다. 그런데 양곤에서는 오토바이를 볼 수 없었다. 내막은 이렇다. 1993년 미얀마 군사정부는 군퍼레이드를 장엄하면서도 화려하게 여는 시점에 오토바이 폭주족 몇 명이 행사를 방해했다는 것. 미얀마 최고 실권자인 탄 슈웨 국가평화발전위원회(SPDC) 전 의장은 양곤에서 오토바이 운행을 금지시켰고, 이 조치는 지금도 유효하다. 오토바이가 금지되면서 각종 배달업이 하루아침에 날벼락을 맞았다는 후문도 있다. 하지만 지방에서는 오토바이 운행이 가능해 제2도시 만달레이의 거리는 오토바이가 물결을 이룬다.

• 부자는 고급 아파트를 싫어한다

대도시 고급아파트는 다양한 부대시설과 범죄 예방 효과 등 장점이 많아 부자들이 선호한다. 하지만 미얀마에서는 다르다. 전력이 부족해 수시로 단전되는 탓에 부자들은 단독주택을 선호한다. 단전이 될 때 발전기를 돌려야하는데 아파트는 소음에 취약하기 때문이다. 부자들은 단독주택에서 발전기를 마음대로 돌려 24시간 전기를 쓴다는 얘기다.

• 지방도시에서 외국인은 잘 곳이 없다

취재팀이 야메띤이란 소도시를 지나칠 때 일이다. 저녁 8시가 되고 비도 내려서 하룻밤 묵어가기로 했다. 물어보니 국내 여인숙보다 약간 좋은 듯한 여관이 3군데 있었다. 공동욕실을 쓰는 곳을 찾아 방이 있냐고 물었더니 '방 1개에 4,000챠트(한화로 약 6,000원)'이라고 했다. 그러다가 취재팀이 한국말을 하니 '외국인은 재울 수 없다'며 한사코 거부하는 것이었다. 할 수 없이 3시간을 더 달려 네피도에 도착해, 간신히 숙소를 구할 수 있었다. 미얀마는 이처럼 대도시 호텔을 제외하고는 외국인 숙박을 금지한다. 지방도시의 게스트하우스(여관급)에서 재워주다가 정부 단속에 걸리면 문을 닫는 수가 있다. 민가도 외국인을 재워주다가 발각되면 크게 곤욕을 치러야한다.

• 식당에서 여자 종업원을 보기 힘들다

미얀마는 불교 국가로 여자가 안면이 없는 남자와 접촉하는 자체를 꺼리는 분위기가 있다. 그래서 식당에서도 종업원은 대개 남자들이 많다. 지방에서는 이런 경향이 더욱 강하다. 하지만 최근에는 외국인이 점차 늘면서 여자종업원을 고용한 식당들도 늘고 있다.

• 땡전 뉴스를 보는 듯

한국의 TV는 과거 군사독재시절 주요뉴스는 항상 대통령 동정소식으로 시작했다. 시계가 9시를 가리킴과 동시에 '전두환 대통령은 오늘…' 이란 뉴스가 나와 속칭 '땡전 뉴스'란 유행어가 나왔다. 미얀마도 비슷하다. 미얀마 주요 방송은 TV미얀마(MRTV)와 미야와디TV인데 소유주는 군부다. 당연히 대통령과 주요 장관 등 정권 실력자의 동정과 군대소식이 주요 뉴스를 차지한다. 아나운서는 딱딱한 표정으로 고개를 숙여가며 미리 쓰여진 원고를 읽는데, 마치 북한의 뉴스를 보는 듯한 착각이 들게 했다.

• 대학은 흩어 놓고, 의대 전문의 과정도 없다

미얀마 정부는 시위를 극도로 싫어한다. 그러다 보니 대학 캠퍼스도 갈갈이 분산시킨다. 대학생들이 모이지 못하게 하기 위해서다. 양곤대학도 시내에 교수연구실 등이 있다. 학부수업은 교외에 위치한 폐쇄된 캠퍼스에서 진행한다. 여기에 의대에는 전문의 과정이 없어 전문의가 되려면 해외로 공부하러 가야 한다. 대학 건물이나 구내에 외국인이 들어가기도 어렵고, 들어가더라도 사진촬영은 금지돼 있다.

• 백화점에도 짝퉁이 많다

미얀마에는 수퍼마켓만 있을 뿐 백화점은 없었다. 그러다가 2011년 1월 29일 양곤 시내에 또윈센터라는 백화점이 문을 열었다. 제대로 영업을 시작한 것은 2011년 5월경. 검색대를 통과해 1층에 들어서니 나름 명품으로 보이는 비싼 제품들이 보였다. 그러다가 2층에 올라가니 분위기가 확 달라졌다. 동네 가게들을 옹기종기 모아 놓은 듯 상품의 질이 크게 떨어진 것. 한 가게에 들렀더니 '루이비통'이라고 새겨진 지갑이 8,000차트(한화로 1만 2,000원)이었다.

소수민족을 봐야 미얀마가 이해된다

미얀마 행정구역은 7개의 따인(도, Division)과 7개의 삐네(자치주, State)로 구성된다. 따인은 버마족(전 국민의 70%)이 다수인 지역이고, 삐네는 해당 지역에 많이 사는 소수종족의 권리를 인정한다는 취지를 갖고 있다. 주류인 버마족 외에 135개의 소수민족을 지닌 미얀마의 특성이 행정구역에도 그대로 반영된다. 자치주를 형성하는 7개 종족으로 샨족, 몬족, 꺼인족, 꺼야족, 까친족, 라카인족, 친족 등이 있다.

행정구역 중 가장 큰 곳은 미얀마 동북부의 샨주다. 남한의 1.5배(15.5만 ㎢)인 이곳은 고원지대로 다양한 소수민족이 산다.

샨주의 작은 마을 인떼인. 풍광이 아름다운 인레(크기와 달리 작은 호수란 뜻) 호수변에 위치한 이곳을 방문했을 때는 큰 장이 선 날이었다. 인레호수가의 7개 마을에서는 하루씩 돌아가면서 장이 열린다. 장터에는 수백 개의 좌판이 벌어졌고 과일·쌀·튀김 등 먹거리에서, 광주리·밀집모자·목각인형과 전통문양이 새겨진 가방 같은 토산품 등이 놓여 있었다.

비가 오는 날이었지만 장터에는 족히 500명 이상의 사람들이 모였다. 특히 장터 한편에서 큰 주사위를 굴린 후 그림을 맞추면 돈을 2배로 받고 그렇지 않으면 잃는 도박장이 있어 눈길을 끌었다.

장터에는 여러 소수민족이 보였다. 검은 옷을 입고 원색의 줄무늬가 들어간 모자를 쓴 빠오족, 빨강색과 파랑색이 알록달록 섞인 상의를 입은 빨라웅족, '호수의 아들'이란 뜻을 지니며 어업과 수경재배를 하는 인따족, 목에 링을 걸어 목을 길게 빼고 다니는 버다웅족 등. 소수민족들은 복장뿐만 아니라 언어도 달라 서로 의사소통이 어려운 경우도 있다.

샨주에는 총 33개 소수민족이 터전을 잡고 있다. 대표적인 게 샨족으로 약 400만 명 정도로 추정되는데 언어학적으로 태국과 관계가 깊으며 버마족과는 종족·언어적으로 유사성이 거의 없다. 이들은 태국·라오스와 접격지대인 소위 '황금의 삼각지대(Golden Triangle)'에서 마약 생산의 한 축을 담당하고 있기도 하다.

인레호수의 경우 빠오족과 빨라웅족 등은 산 위에서 산다. 인떼인 장터에서 산길을 따라 집으로 가는 한 빠오족 남성에게 집에까지 얼마나 걸리느냐고 물었더니 "나는 1시간 30분가량 가면 된다. 근데 저 앞에 가는 사람은 3시간 정도 걸어야 한다"고 웃으면서 답변했다.

미얀마의 소수 민족들은 주로 동부, 북부, 서부의 산악지대에 주로 거주해 고산족이라고도 불린다. 미얀마에서 이들은 차별과 갈등의 대상이다. 단적으로 소수민족 지역에는 전기가 길어야 서너 시간밖에 들어오지 않는다. 미얀마 정부는 소수민족 지역에서 티크 목재, 철광석, 석유, 천

미얀마의 소수민족들.

연가스 등을 가져가지만 인프라 건설은 제대로 하지 않아 버마족 지역에 비해 도로 상태가 열악하다. 소수민족의 일부는 미얀마 정부군과 '내전'을 벌이고 있다. 동부의 샨 자치주 국경지역, 서부 친 자치주 전역, 남부 꺼인 자치주와 북부 까친 자치주 국경지역은 소수민족 반군이 출몰하는 지역이다. 최근 까친주에서 카친독립군(KIA)이 정부군과 산발적인 교전을 벌였고 이 때문에 2,000여 명의 소수민족이 피난길에 오르는 일이 발생했다.

그렇지만 스스로 미얀마의 일원이라는 생각을 하는 소수민족도 많다. 샨주 라시오의 식당에서 만난 모모(24)라는 여성에게 소속 종족을 물었더니 "미얀마 사람이예요. 굳이 따지면 샨족으로 분류되지만요"라는 답변이 돌아왔다.

인레호수의 수경재배지, 쭌묘

미얀마의 샨자치주의 고원지대에는 인레호수가 있다. 해발 875m에 높이에 자리 잡은 호수로 우기 때에는 길이가 22㎞, 폭11㎞에 이르고 수심이 10m 가까이 된다. 인레호수는 관광지로도 유명하지만 주변에 흩어져 살고 있는 소수민족들의 생활 터전이기도 하다.

인레호수에서 가장 눈길을 잡는 것은 물위에 떠 있는 밭인 '쭌묘'다. 인레호수와 그 주변 지역은 온통 산으로 둘러싸여 있는 탓에 평지가 많지 않다. 그만큼 농사를 지을 땅이 적은 것이다. 또 미얀마의 다른 지역에 비

파고다가 즐비한 인레호수 옆에 위치한 인떼인 마을.

해 기온이 낮아 연중 서늘한 기운이 있어 벼농사도 적합하지 않다.

이런 환경에서 소수민족들은 묘책을 생각해 냈다. 바로 물 위에서 밭농사를 짓는 것이다. 쭌묘의 구조는 단순하다. 여러 개의 대나무를 평평하게 엮어 밭고랑처럼 만든 뒤, 그 위에 수초와 호수바닥 흙을 쌓아 밭을 만든다. 그리고는 양배추, 토마토, 오이, 토란 등 물을 많이 필요로 하는 각종 야채를 심어 재배한다. 야채의 뿌리가 절반은 흙에 박혀 있고, 절반은 물에 잠겨 있다. 일종의 수경재배인 셈이다. 실제로 인레호수 옆에 거대한 들판이 펼쳐져 있었으나 알고 보니 수경재배를 하는 공간이어서 호수 위의 밭이었다(취재팀이 저녁식사를 하는데 여기에 나온 수경재배를 한 조그마한 고추가 있기에 맛을 봤다. 그랬더니 얼마나 맵던지 혀가 얼얼해 한동안 다른 음식을 먹을 수가 없었다).

인레호수에서 수경재배를 통해 자라고 있는 방울토마토. 한 인따족 아가씨가 조그마한 보트를 탄 채 밭을 다듬고 있다.

인레호수 사람들은 이런 쭌묘를 호숫가에 좁고 길게 만든 뒤 토마토를 심고는 쪽배를 타고 다니며 농사를 짓는다. 인레호수에서 생산한 야채는 비싼 값에 미얀마 전역으로 팔려나가고 있고 이 때문에 쭌묘 농사를 많이 짓는 인따족은 다른 소수민족보다 생활이 넉넉하다고 한다.

재미있는 사실은 아메리카대륙의 고지대에 살던 잉카인과 아즈텍인들도 수경재배를 했다는 것. 아즈텍인들은 현재 멕시코의 수도인 멕시코시티에 터전을 잡고 살았는데 과거 이곳은 큰 호수였다. 아즈텍인들은 호수 위에 '테노치티틀란(신이 머무는 곳이란 뜻)'이라는 인구 20~30만 명에 이르는 거대한 도시를 건설했으며, 수경재배 방식을 통해 옥수수를 심어 식량을 조달했다고 한다. 지금 호수는 모두 메워져 멕시코시티의 중심가를 이루고 있다.

멕시코시티의 위치는 북위 19도, 해발 2,240m 높이에 위치해 있다. 인레호수도 북위 20도, 해발 875m의 고원지대에 있다. 태평양을 사이에 두고 한 곳은 아시아, 한 곳은 아메리카 등 정 반대편에 있지만, 위도가 비슷하고 고원지대 호수라는 환경이 비슷한 곳에서 모두 수경재배를 할 줄 알았다는 사실에서 왠지 모를 '문명의 유사점'을 느끼게 된다.

한편 인따족은 물레와 베틀을 이용한 수작업으로 무명·비단 직조물을 만드는데 미얀마 각지에서 거래될 만큼 유명하다. 또 인따족은 '외다리 노젓기'로도 잘 알려져 있는데, 이는 앉아서 노를 저으면 호수에서 방향을 잃어버릴 수 있어 선 자세로 방향을 잡아가면서 행선지를 찾아가기 위한 방편이라고 한다.

남자는 꿍야, 여자는 떠낫카

미얀마 거리를 걷다보면 인도나 도로 군데군데 빨간색 자국이 나있는 것을 볼 수 있다. 흡사 페인트가 묻은 것 같기도 하다. 미얀마에는 '꿍야' 라는 기호식품이 있다. 담배나 커피처럼 약간의 피로 회복과 긴장을 해소시키는 각성 작용을 하는 '꿍'이라는 열매에 석회를 발라 꿍잎에 싼 것이 '꿍야'다. 입냄새를 감추고 마취적인 효과도 있어 치통이 있는 사람에게 좋다. 미얀마 남자들은 이를 하루 종일 씹어대는데, 씹을 때 빨간색 물이 새어 나온다. 거리의 얼룩은 바로 꿍야를 씹고 아무데다 뱉어내기 때문에 생긴 것이다. 꿍야를 장기간 씹으면 치아가 부식되며 붉게 때가

미얀마 남자들이 즐겨 씹는 꿍야.

끼고 눈도 충혈되기 때문에 혐오감을 준다. 하지만 미얀마 남자들은 중독성이 있는 꿍야를 담배처럼 쉽게 끊지 못한다. 미얀마인들은 꿍야가 고유의 민족성을 유지할 수 있도록 도움을 줬다고 얘기한다. 과거 왕실과 각 가정에서는 손님 접대용으로 꿍야통을 준비해두기도 했다. 요즘은 풍습이 많이 바뀌어 제법 여유 있는 집은 손님에게 꿍야 대신 차를 건넨다.

꿍야가 미얀마 남자를 상징한다면 여자를 상징하는 것은 '떠낫카'다. 떠낫카 나무 줄기를 갈아 나온 액을 물에 타서 얼굴과 피부에 바르는데 마치 노란색의 연지를 찍어놓은 형상으로 누구나 애용한다. 은은한 향은

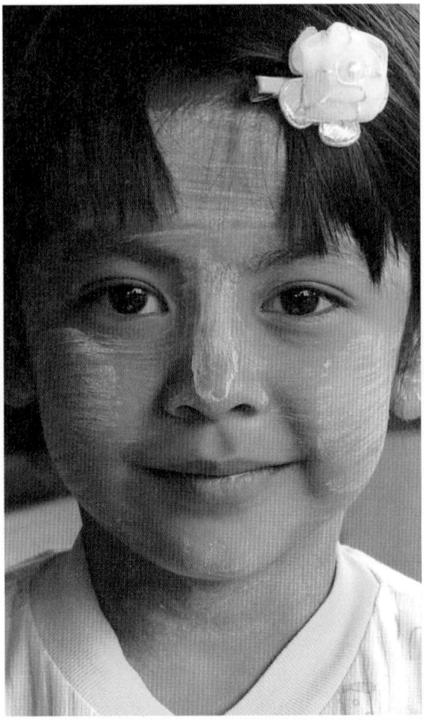

떠낫카를 얼굴에 칠한 미얀마의 어린 소녀.

향수로 이용되고, 강한 자외선으로부터 피부를 보호하는 효과가 좋다는 천연화장품이다. 얼굴 외에 몸에 필요한 곳에는 어디든지 바를 수 있다. 미얀마 어디서나 어머니들이 어린 아들딸들의 얼굴을 온통 떠낫카로 바른 후 데리고 다니는 모습을 볼 수 있다. 문헌에 보면 2000년 전부터 화장품으로 애지중지했다는 기록이 나온다.

A s i a n H i g h w a y

03 인도양으로 가는 차이나 파워

중국이 공짜로 다리놔주는 까닭은

미얀마 불교를 대표하는 유적지 바간에서 북쪽으로 20여㎞ 떨어진 레판치보. '손바닥발바닥'이란 뜻을 지닌 이 마을은 미얀마의 젖줄인 이라와디 강변에 위치해 있으며 2년 전만 해도 한적했었다. 강 건너편의 도시 파코쿠로 오가는 바지선이나 통통배의 접안 마을일 뿐이었다. 하지만 지금은 거대한 토목공사로 분주하다. 중국의 자본과 기술에 의해 '파코쿠대교'가 놓이고 있기 때문이다.

2010년 3월부터 시작된 다리 공사는 지금 강 중간까지 진행된 상태다. 완공 목표시한은 2013년 5월이다. 취재팀은 파코쿠로 건너가기 위해 1만 차트(한화로 약 1만 3,000원)를 내고 바지선을 탔다. 바지선은 화물차, 유조차, 승합차, 승용차, 버스 등 온갖 차량에 승객까지 강을 건너려는 모든 사람과 자동차들이 이용해야 하는 필수 운송수단이다.

바지선은 레판치보를 출발해 파코쿠대교 교각 사이를 지나 하류쪽으로 내려가더니 무려 35분이 걸려 파코쿠에 도착했다. 강폭이 워낙 넓고, 우기라서 물살이 센 관계로 속도를 내지 못한 탓이다. 강을 건너면서 세어 보니 수면 위에 설치된 교각만 무려 30개다.

인천공항으로 가는 영종대교처럼 2층으로 지어지는 대교의 길이는 수면 위 부분만 약 2.3㎞, 높이는 35m, 폭은 15m가량이었다. 파코쿠를 건너가 보니 다리를 건넌 도로 중 하나는 철로로, 하나는 도로로 이어지고 있어 파코쿠대교가 '도로·철도' 겸용임을 알 수 있었다. 강을 건널 당시 일요일이었지만 철교 위에 40여 명, 양쪽 강변에 자리 잡은 인부 숙소와 조립장에 어림잡아 100여 명의 인부들이 분주히 오갔다.

중국은 미얀마에 제재를 가하는 미국·유럽과 다른 태도를 보여 왔다. '미얀마 민주화'에 대해서도 '그건 내정 문제'라며 중립적 입장을 취한다. 경제적·안보적 혜택이 워낙 크기 때문이다. 무역을 하고 무기를 수출하며, 긴밀한 관계의 대가로 2008년 말 미얀마 천연가스 구매권을 따기도 했다.

미얀마는 모든 나라가 탐낼만한 자원부국이다. 대륙붕은 물론 중부 내륙지방에서도 천연가스와 원유가 매장돼 있다. 천연가스는 전 세계 매장량의 1.1%를 보유하고 있고 원유도 전 세계 매장량의 0.25%를 차지한다. 중국이 성장하는 데 필요한 첫째 요건이 에너지원 확보인데, 미얀마도 당연히 그 대상이 된다.

미얀마는 중국의 에너지 안보와 물류망에도 중요하다. 중국이 수입하는 원유의 77%는 말라카해협을 통과한다. 미국이 인도양에 제5함대를

에야와디강을 건너려는 미얀마인들. 뒤편으로 중국의 인도양 진출 경로인 파코쿠대교 건설현장이 보인다.

주둔시키는 상황에서 지나친 말라카해협 의존도는 늘 불안요인이 된다. 2013년까지 총 25억 달러가 투입되는 미얀마를 통한 송유관·가스관 건설은 그런 불안을 줄일 수 있다.

미얀마 입장에서도 이해관계가 맞아떨어진다. 1997년 아시아 외환위기가 터지고 미국과 유럽연합(EU)이 경제제재에 나서며 줄곧 어려움을 겪어 왔다.

윤강현 주미얀마 한국대사관 공사참사관은 "의지할 곳 없는 미얀마가 기댈 곳은 중국뿐이다. 중국은 과거 원오션 정책(태평양 진출 정책)에서 투오션 정책(태평양·인도양 동시 진출 정책)으로 입장을 바꿔서 미얀마 항구 개발에 열을 올리고 있다"고 설명했다.

실제 취재팀이 파코쿠대교를 취재하던 그날 저녁 미얀마TV는 테인 세인 대통령이 파코쿠대교 현장을 방문해 중국인 현장소장으로부터 브리

핑을 받는 모습을 방영했다. 미얀마는 중국이 시트웨에 군사기지를 건설하는 것도 허용했다.

중국의 미얀마 진출은 통계에서도 나타난다. 미얀마투자위원회(MIC)가 밝힌 2007년 5월 말 기준 외국인투자 순위(누적 기준)에 따르면 태국(73억 8,000만 달러), 영국(18억 6,000만 달러), 싱가포르 , 말레이시아, 홍콩(5억 달러), 중국(4억 7,000만 달러), 프랑스, 미국, 한국(2억 4,000만 달러), 인도네시아 순이었다.

4년이 지난 2011년 3월 말에는 투자지형(승인기준)이 확 바뀐다. 중국(96억 달러)이 1위로 올라서고 태국(95억 7,000만 달러), 홍콩(63억 1,000만 달러), 한국(29억 2,000만 달러), 영국(26억 6,000만 달러), 싱가포르(18억 2,000만 달러), 말레이시아(9억 7,000만 달러), 프랑스(4억 7,000만 달러), 미국(2억 4,000만 달러), 인도네시아(2억 4,000만 달러) 순서가 된다. 홍콩도 중국에 포함된다고 볼 때 무려 159억 달러의 중국 자본이 미얀마에 들어가 있는 셈이다(흥미로운 사실은 일본의 미얀마 진출이 거의 없다).

그렇다고 미얀마가 마음속으로까지 중국을 반기는 것은 아니다. 미얀마인들은 '태국–인도–중국' 순으로 싫어하는 경향이 있다. 접경국가로서 갈등과 반목의 역사가 많은 탓이다. 취재팀은 레판치보에서 파코쿠대교 공사와 관련된 일을 하는 와이(36)라는 여성을 만났다. 대교에 대해 물으니 "중국은 인부, 장비, 부품, 자재 등을 모두 중국에서 들여오고 자기들끼리 합숙생활하며 지낸다. 주변 마을에 도움을 주는 게 하나도 없다"며 노골적으로 불만을 드러냈다.

윤강현 주미얀마대사관 공사참사관은 "미얀마가 중국의 진출을 받아들이고는 있지만 역사적으로 갈등관계에 있어 늘 중국의 대안을 갖고 싶어 한다. 한국은 그 대안이 될 수 있다"고 강조했다. 기술력과 투자여력을 갖고 있는 데다 국경을 맞댄 중국·인도와 달리 미얀마 안보에 영향을 주지 않기 때문에 미얀마로서는 부담이 없다는 것이다. 특히 수년 전부터 드라마·영화·가요 등을 통해 한류가 어떤 동남아국가보다 강하게 불어 한국과 한국인에 대한 인식이 매우 좋다.

KOTRA(대한무역투자진흥공사) 양곤비즈니스센터에 근무하는 셰엔셰툰 씨도 "미국과 유럽 기업은 국가 차원의 제재 조치로 진출이 거의 없다. 이런 제재가 향후 2~3년 내에 풀릴 수 있는 만큼 지금이 최적 기회"라고 설명했다.

중국으로 통하는 길, 신 버마로드

동남아는 '인도차이나'로 불린다. 인도와 중국의 영향을 많이 받은 게 지명에도 남아 있는 셈이다. 실제로 미얀마·태국·캄보디아는 인도에서 전래된 불교를 믿고 있으며, 인도의 산스크리트어에 기원을 둔 언어를 사용한다. 베트남은 중국 유교문화의 영향을 강하게 받았고, 한자에서 온 단어가 압도적으로 많다.

동남아에서 직접적으로 인도와 중국이 교차하는 곳은 만달레이다. 미얀마의 옛 수도였던 만달레이에서 동북쪽으로 가면 중국이, 서쪽으로 가면 인도가 나오기 때문이다.

취재팀은 '중국의 미얀마 진출'을 보기 위해 동북쪽으로 향했다. 만달레이~핑우린(메묘)~티보~라시오~무세(중국 접경도시)로 이어지는 길이다.

만달레이에서 67㎞ 떨어진 핑우린을 향하자 곧바로 산길이 나타났다. 샨고원지대의 삥우린은 해발 1,070m에 위치해 있으며, 영국 식민지 시절 피서지로 조성된 곳이다. 여기에는 미얀마 군부세력의 요람인 국방사관학교가 자리 잡고 있으며, 국방부 산하 휴양소도 있다(미얀마군은 45만여 명인데 육군이 43만 명으로 매우 강하고, 공군이 약 9,000명가량 있으며, 해군은 1만 6,000명 정도인데 연안경비정 위주로 편성돼 있다).

가다보니 길가에 자리 잡은 간이휴게소(조그마한 상점들이 모인 곳)마다 크고 작은 화물차와 버스·승용차들이 멈춰 있다. 운전사들은 고무호스를 잡고 엔진과 바퀴에 열심히 물을 뿌리고 있다. 고갯길을 올라오면서 '열을 받은' 자동차를 식히는 중이다. 중고차가 대부분이므로 자주 쉬어주지 않으면 낡은 엔진이 과열돼 험한 산길에서 멈춰 설 수 있기 때문이다. 실제로 도로 곳곳에서 멈춰선 자동차들을 많이 볼 수 있었다. 삥우린에 도착할 때까지 매 휴게소마다 자동차들이 10여 대씩 몰려 있는 광경이 인상적이었다.

핑우린에 들어서자 'AH 14(아시안하이웨이 14번 도로)'라는 표지판이 보였다. 아시안하이웨이 14번 도로라는 표시였다. 이는 만달레이~무세 길이 아시안하이웨이 지선임을 보여준다. 제2차 세계대전 당시 이 길은

만달레이에서 중국 가는 길에 들린 삥우린의 도로.

영국과 미국이 중국을 원조하던 '버마 로드'였다. 'AH 14' 상태는 일단 걱정했던 것보다는 양호했다. 중앙선 표시는 없었지만 왕복 2차선의 폭을 갖추고 있어 웬만하면 시속 70㎞ 이상을 낼 수 있다.

교통량도 많았다. 취재팀이 삥우린을 지나 사설 주유소에서 기름을 넣으면서 교통량을 측정해 봤다. 5분 동안 대형 화물차와 유조차 16대, 소형 트럭과 승용차 9대, 오토바이 11대가 지나갔다. 티보 인근에서 휴게소를 운영하는 라치판 씨는 "대형 화물차들은 국경까지 가서 중국에서 넘어온 물건들을 싣고 돌아온다. 최근 몇 년 사이 화물차가 많이 늘었고 길도 눈에 띄게 좋아졌다"고 말했다.

삥우린에서 라시오까지는 약 200㎞인데 5시간여 만에 도착했다(중간에 협곡을 지나며 시간이 지체됐고, 타이어가 곧 터질 것 같아 교체해야 했다). 인구 13만여 명의 라시오는 중국과의 무역에서 배후 중심도시 역

라시오의 묘마시장에서 장사를 하는 미얀마 여인들.

할을 하는 곳이다. 중국에서 건너온 물건들이 여기서 미얀마 곳곳으로 퍼져 나간다.

라시오의 핵심은 '라시오 묘마시장(뤠요시장)'이다. 라시오 중심부의 헨드거리와 람마도란거리 주변에 자리 잡은 묘마시장에는 거의 모든 간판이 미얀마어와 함께 한자로 병기돼 있어 이곳이 중국과 연결되는 관문임을 보여줬다. '안경점(清明眼鏡商店)', '금은방(金榮金鋪)', '시계방(徐氏表行)', '치과(牙科)', '약재상(藥材商)', '영화관(定恭豪華影院)', '전자제품상점(專賣各種電器鋪)', '은행(佑瑪銀行)' 등의 한자가 눈길을 끈다. 제품들은 모두 '메이드 인 차이나'이고, 일부 과일과 식료품만 미얀마산이다. 삼성과 LG제품도 보였는데 대부분 짝퉁이었다. 로고만 삼성 LG라고 붙어있을 뿐 TV 1대에 20~30만 원가량밖에 안되니 쉽게 중국에서 만든 짝퉁임을 알아볼 수 있다. 주유소에서는 중국산 주유기가 그대로 설치된 탓에 기름 값이 위안화로 표시돼 주유소 직원들은 이를 차트로 환산해 요금을 부과했다.

라시오에 사는 30대 후반의 여성 오와 씨에게 물으니 "묘마시장 혹은 뤠요시장이라고 부르는데 점포 숫자는 잘 모르겠어요. 1,000개는 훨씬 넘는 것 같은데…. 외지인들이 와서 물건을 많이 사가는데, 거래는 대부분 챠트로 하지만 위안화도 사용됩니다. 무역을 하러 오는 사람들의 상당수는 중국에 사는 샨족이에요. 샨주에 속하는 이곳 사람들과 인종이 같아 의사소통이 잘 되거든요"라고 설명했다. 서울 남대문시장의 점포가 9,000여 개인데 묘마시장의 크기가 남대문시장의 3분의 1은 넘는다는 사

미얀마에서 중국 국경도시인 무세로 가는 길에 지나친 구불구불한 고갯길.

실을 감안할 때 3,000개 내외는 되는 것으로 여겨졌다.

외지인이 워낙 많이 오가고 무역이 번성한 만큼 문화도 다양했다. 미얀마는 인구의 90% 이상이 불교도인 나라이지만 라시오에서는 이슬람사원, 힌두교사원, 시크교 성전, 기독교 감리교회, 천주교 성당 등이 곳곳에 보였다. 여러 인종이 어우러져 살고 있음을 보여주는 방증이다. 여기에 1959년에 문을 연 18홀짜리 골프장(라시오골프클럽)도 있어 꽤 번영하고 있는 도시임을 보여줬다.

라시오를 떠나 국경도시 무세로 향했다. 무세는 중국 국경도시 뤠리와 맞대고 있으며, 중국인과 미얀마인들이 교역을 하는 곳이다. 하지만 외국인의 출입은 제한되고 있다. 취재팀의 차량도 라시오와 무세 사이에 설치된 통제소에서 막히고 말았다. 라쇼 북쪽으로 37㎞ 지점, 무세를 80㎞ 앞

둔 곳이다. 통행 허가증이 없다는 이유였다. 통제소는 정부의 통행 허가증이나 중국 기업과의 계약서 등을 갖고 있는 사람, 혹은 국경지역 거주자들만이 오갈 수 있다. 통제소 직원은 "무세까지 갈 수는 있지만 허가증이 없어 돌아오는 길에 미얀마 정부군이나 샨족 방위군에게 적발돼 검거될 경우 무슨 일이 벌어질지 모른다. 외국 스파이로 몰릴 수 있다"고 경고했다.

통제소에서는 워낙 감시의 눈길이 심해 사진촬영도 몰래 해야 했다. 아직까지 중국~미얀마 간에 물건은 자유롭게 오가지만 사람 왕래는 제한적인 현실을 절감해야 하는 순간이었다.

미얀마의 젖줄, 에야와디강

이라와디강(Irrawaddy River)은 미얀마 중앙을 흐르는 '젖줄' 같은 존재다. 현지에서는 에야와디강(Ayeyarwady River)으로도 부른다. 어원은 산스크리트어로 '코끼리의 강'을 의미하는 'Airavati'로부터 왔다고 추정된다. 미얀마 정부는 1989년 강의 영어 표기를 옛 버마어의 발음에 유래하는 'Irrawaddy'로부터, 현대 버마어의 발음에 가까운 'Ayeyarwady'로 개칭했다. 강으로부터 이름을 붙인 이라와디돌고래라는 종이 있으며, 강에서 잡힌 물고기는 미얀마인들의 중요한 먹거리 중 하나다.

히말라야 산맥의 남단에서 발원한 느마이 강과 말리 강이 카친 주에서 합류해 형성된다. 이후 미얀마를 북쪽에서 남쪽으로 종단하고, 9개로 나

민달레이 옆을 흐르는 에야와디강에서 아이의 머리를 감겨주는 어머니.

뉘어 광대한 삼각주 지대를 형성하며 안다만 해로 흘러든다. 전체 길이는 2,170㎞(1,350마일)로 41만 1,000㎢의 유역면적을 자랑한다. 바간, 만달레이, 사가잉, 몽유아 등 미얀마의 많은 도시가 강변에 자리 잡고 있다. 수량이 많아 많은 하항을 가진 수운 통로로 활용된다. 최대의 지류는 이라와디 삼각주 중앙부에서 합류하는 친드윈강이다.

에야와디강은 철도나 도로가 정비되기 전의 식민지 시대에 '만달레이로의 길'로 불렸다. 지금도 미얀마의 낙후된 철도와 도로로 인해 중요한 운송 통로로 활용된다. 예컨대 만달레이 항구의 경우 무려 3㎞ 가까운 강변이 모두 부두 역할을 하면서 사람과 물자를 내륙이나 해안 쪽으로 보내고 있다. 미얀마 북부의 산악지대에서 벌채된 티크의 경우 강줄기를 따라

바간에서 바라본 에야와디강. 강변에 황금빛 파고다가 보인다.

양곤항까지 보내지기도 한다.

에야와디강을 따라 크루즈도 운행된다. 양곤항에서 '에아라바타 크루즈'사의 파우칸(Paukan)호를 들릴 기회가 있었다. 이 배는 호텔 같은 침실을 갖추고 있는 1,180t짜리 선박이다. 미얀마에서 2007년 건조됐으며 길이가 55.78m에 10노트(시속 18.5㎞)의 속력을 자랑한다. 55명의 승객을 태울 수 있는데 배 안에 라운지, 바, 식당, 마사지실 등을 갖추고 있다. 요금은 2박 3일 일정에 300달러 남짓으로 숙식이 모두 해결된다.

파우칸호 매니저는 "에야와디강이 지나치게 얕아지는 기간을 빼면 바간과 만달레이까지 운항이 가능하다. 특히 우기가 끝나는 시점인 8~9월에는 친드윈강을 따라 인도 국경과 가까운 몰라익까지 갈 수 있다"고 설명했다.

· 탑의 도시, 바간 ·

미얀마 제2의 도시 만달레이 남서쪽 200㎞ 지점에 자리 잡은 바간에 가면 왜 미얀마가 불교의 나라인지 알 수 있다. 캄보디아 앙코르와트, 인도네시아 보로부두르와 함께 세계 3대 불교유적지로 꼽히는 바간(버강)에는 크고 작은 불상을 담은 불탑와 사원이 도시 곳곳에 무려 3,000여 개나 있다. 작은 것은 높이가 5~6m, 큰 것은 60~70m에 이르기도 한다.

바간은 1044년 미얀마 최초의 통일 왕조인 바간 왕조을 세운 아노야타 왕이 건설한 고대 도시다. 당시에도 400만 불 탑의 도시라고 알려졌으며, 11~13세기 번성기를 누렸지만 1287년 몽골의 침략으로 멸망했다.

바간은 구바간과 신바간으로 나뉜다. 신바간은 구바간의 유적지를 보호하기 위해 사람들을 이주시키면서 형성된 도시다. 따라서 불탑은 구바간을 중심으로 퍼져 있다. 워낙 탑이 많아 일일이 소개하고 얘기한다는 게 불가능할 정도다.

많은 불탑 중에 가장 인상적인 곳은 아난다 퍼야(불탑)이다. 바간에서 가장 잘 보존된 불탑으로 1091년 만들어졌으며 북인도와 몬양식으로 되어 있다. 허리가 잘록해 여성미를 풍기는 높이 9.5m의 불상이 4개의 통로 각 방면에 자리 잡고 있다. 동쪽과 서쪽 불상은 도둑을 맞아 모조품이 놓여 있으며, 북쪽과 남쪽의 불상은 창건 당시 그대로인데 부처의 미소

바간에 위치한 수많은 파고다 전경.

가 압권이다. 멀리서 보면 부처는 인자하게 미소 짓는 모습을 하고 있지만 가까이 다가가 올려다보면 엄격하고 약간은 화가 난 모습을 하고 있다. 불상 가까이서 기도하는 수도승들에게는 엄격하게 대하고, 멀리 떨어져 기도하는 일반 신자에게는 자애롭게 보살핀다는 생존 당시 부처의 생각을 담았다고 한다.

바간은 에야와디강을 끼고 있어 열기구를 타면 파고다와 강을 한꺼번에 조망할 수 있다. 하지만 그보다는 탑들이 겹쳐 보이도록 적당한 높이에서 바간을 바라보는 것도 좋다. 여기에 석양이 되면 에야와디강변에 있는 식당에서 저녁을 들면서 일몰을 감상하는 것도 잊지 못할 추억이 될 것이다.

A s i a n H i g h w a y

인도로 가는 길 04

험난한 도로에 반군까지…, 너무 멀었다

미얀마의 제2도시 만달레이에서 인도는 서쪽에 위치한다. 만달레이~사가잉~몽유와~팔레~강고~칼레묘~터무로 이어지는 '아시안하이웨이 1번 도로(AH 1)'를 통해 인도의 임팔로 들어가게 된다. 만달레이에서 인도 국경까지 총 길이는 608㎞. 숫자로는 결코 멀다고 할 수 없는 거리다. 하지만 실제로는 정말 '멀고 험한 길'이면서 완주가 불가능한 길이었다. '좌절의 길'이라고나 할까?

만달레이에서 몽유와까지 100㎞ 남짓한 길은 나름 상태가 좋았다. 사가잉과 몽유와는 불교 유적이 많은 도시이면서 에야와디강(이라와디강)에 인접해 있어 주민들도 많기 때문에 왕래하는 차량도 많았다. 몽유와를 지나면서 길은 나빠지기 시작했다. 도로변에 참깨 밭이 펼쳐지는 가운데, 마을은 드문드문 나타났다(미얀마 서북부는 건조한 곳이라 밭농사를 많이 하며 참깨는 주요 농산물 중 하나다).

팔레가 가까워지면서 오가는 차량도 거의 보이지 않았다. 중앙선은 없었지만 나름 왕복 2차선이던 도로가 어느 순간 1차선으로 줄었다. AH 1 표지판도 보이지 않았다. 반대편에 자동차가 나타나면 조심스럽게 피해 가야 하는 상황이 이어졌고, 울퉁불퉁한 노면으로 인해 자동차는 계속 덜컹거렸다. 시속 30㎞ 이상을 내는 게 어려웠다.

잠시 열을 받은 자동차를 식히면서 노선 변경을 생각해 봤다. 어차피 팔레를 지난 뒤 더 갈 수도 없는 상황이었기 때문이다. 강고를 지나면 미얀마의 7개 소수민족자치주 가운데 하나인 친주를 지나야 하는데, 친주가 외국인의 출입이 제한된 지역이라는 것. 지금도 친주 반군과 미얀마 정부군 간 교전이 벌어지는 위험한 곳인 탓이다. 친주에는 무려 53개의 소수민족이 거주하고 있고 이 가운데 상당수는 미얀마 정부와 적당히 우호관계를 유지하고 있지만 인도 국경 부근에서는 여전히 독립을 요구하는 소수민족의 반군들이 활동 중이다.

한참을 고민한 끝에 결국 다른 경로를 통해 칼레묘와 터무로 가기로 했다. 몽유와를 지나 AH 1보다는 북쪽으로 가는 길이다. 내전 지역을 통과하지 않으므로 일단 안전에는 문제가 없어서 선택한 방법이었다. 몽유와에서 현지 주민에게 물어보니 "칼레묘까지 대체도로로 170마일(270㎞)인데 9시간 이상 걸릴 것"이라고 답해줬다.

"설마?"하면서 길을 달리는데 곧 현지 주민의 말이 맞다는 것을 깨달았다. 몽유와를 벗어나 40분 정도 북서쪽 방향으로 달리니 길은 거의 1차선

오토바이에 기름을 넣기 위해 기다리는 미얀마인들.

으로 줄었고, 노면은 곳곳이 파여 있었다. 시속 30㎞ 이상 내기가 힘들었다. 곳곳에 다리가 놓여 있지 않은 개천들도 나타났다. 다행히 물이 적어 차량이 통과할 수 있었지만, 만일 비가 조금만 오면 되돌아오기가 불가능한 상황이었다.

도로 사정이 열악한 탓인지 도로를 달리는 차량도 AH 1 노선과 마찬가지로 매우 적었다. 간간이 오토바이와 사람과 봇짐이 뒤엉켜 실린 낡은 트럭들만이 오갔다. 그만큼 미얀마와 인도의 경제적인 교류나 인적 교류가 빈약하다는 것을 방증하는 것으로 보였다.

20여 분을 더 달리니 길은 더욱 나빠졌다. 아스팔트가 절반 정도 떨어져 나갔는가 하면 도로를 개선한다며 돌을 깔아놓은 곳도 많았다. 차량의

인도로 가는 길에 만난 미얀마인 부부.

속도는 시속 10㎞ 미만으로 떨어졌다. 자동차의 타이어가 모두 찢겨나갈 수 있는 상황이었다. 취재팀 차량은 생산된 지 18년이 지난 승합차여서 엔진이나 모든 부품이 언제든지 고장날 수 있는 상태였다.

결국 인도에 접해 있는 국경도시 터무를 300여㎞ 남겨둔 지점에서 전진을 멈췄다. 오토바이를 타고 지나가는 미얀마 젊은이에게 물어보니 "터무로 갈 때 주로 비행기를 타지 도로로 가는 사람은 없다. 게다가 여기서 터무 전에 위치한 칼레묘까지 140마일 정도다. 60마일가량 더 가면 검문소가 있는데 외국인들은 그 이상 가도록 허용하지 않는다"고 설명했다.

아쉬운 마음을 달래고 있는데 소달구지를 타고 지나는 미얀마인 부부가 나타났다. 두 마리의 소가 이끄는 달구지에는 몽유와에서 구입한 듯한 물건들을 담은 봇짐이 실려 있었다. 부인인 마우 씨(56)는 “마을까지 가려면 30마일(48㎞) 정도 더 가야 된다. 늘 이렇게 소달구지를 타고 오간다”고 말했다. 달구지의 속도는 시속 5㎞도 안 돼 보였다.

'인도로 가는 길'이 험하 듯이 미얀마에서 아직 인도의 존재는 미미했다. 친드윈강의 주요 거점 도시인 몽유와의 시장에 들렀을 때 대부분의 상품은 '메이드 인 차이나'였고, 인도 물건은 약품 등 극소수에 불과했다. 미얀마 주요 투자국 순위에서도 인도는 접경국가인데도 불구하고 10위권 내에 이름이 없다.

인도는 1988년 민주화 시위 진압 이후 미얀마 군부정권을 강하게 비판해 왔다. 그렇지만 냉랭한 관계가 계속 지속된 것만은 아니다.

인도는 중국의 세력 확장을 견제하고, 국경(1,463㎞) 관리가 필요하며, 낙후된 동북 4개주(아삼 지방) 주민의 삶의 질을 높여야 하는 등 현실적인 문제가 생기자 '국익 우선'이라는 생각으로 동방정책을 폈다. 양국 관계가 개선되면서 2010년 7월 미얀마 최고실력자인 탄 슈웨 전 국가평화발전위원회 의장이 인도를 방문하기도 했다.

인도는 현재 만달레이~터무 구간의 도로 개보수를 추진 중이며 6,000만 달러의 차관을 제공키로 했다. 터무~시트웨(미얀마 항구도시) 간 도로 건설도 추진 중이다. 여기에 미얀마의 IT(정보기술)와 공업발전, 인프라 건설 등을 지원키로 했다. 인도는 특히 도로(AH 1)와 수운(친드윈강)을 통한 복합운송(Multimodal Transport)시스템 구축을 도모하고 있다. 하지만 만달레이~터무 간 도로를 달려본 결과, 인도의 미얀마 진출은 중국의 미얀마 공략과 비교할 때 초보적인 수준에 그치고 있다는 게 솔직한 느낌이었다.

태국, 영원한 적국은 없다

태국의 고도인 아유타야를 가면 목이나 팔이 잘린 불상을 많이 보게 된다. 과거 미얀마인들이 쳐들어와 남겨놓고 간 흔적이다. 태국인들은 역사를 회상하면서 가장 싫어하는 나라로 미얀마를 꼽는다. 미얀마인들도 마찬가지로 태국인을 매우 싫어한다. 한일 관계 이상으로 적대감이 팽배한 게 미얀마와 태국의 관계다. 소수민족 문제로 인해 2002년 국경에서 충돌하기도 했다.

이러한 역사도 '국가적 이익' 앞에서는 뒷전으로 밀리기 마련. 태국은 미얀마 전체 수출의 50%, 수입의 20% 내외를 차지할 정도로 미얀마의 최대 교역국이다. 태국 총 전력의 약 20%를 미얀마 천연가스에 의존하고 있는 실정이다.

태국과 미얀마의 관계 개선을 극명하게 보여주는 게 '방콕–더웨이 프로젝트'다. 더웨이(Dawei)는 미얀마 남부에 길게 뻗어 있는 떠닌다리주의 항구도시다. 바다가 깊어 역사적으로 미얀마와 태국이 서로 차지하려고 빈번하게 전쟁을 벌였던 곳이다. 태국은 이 항구를 경유하게 되면 싱가폴 쪽을 돌지 않아도 되므로 시간·비용 측면에서 크게 이득을 보게 된다. 미얀마로서도 항구 개발을 통해 낙후된 남부의 경제를 되살릴 수

태국 방콕~미얀마 더웨이 도로공사.

있다.

총 투자비가 140억 달러에 달하는 해당 프로젝트는 3단계 공사가운데 현재 1단계가 진행 중인데 여기에는 미얀마 최초의 특별경제구역이 들어설 예정이다. 프로젝트 내용은, 5만급 선박 25척이 동시에 정박할 수 있는 심해항구 개발, 하루 100만 ㎥ 이상의 능력을 갖춘 정수시설과 발전소(4만 Mw) 건설, 중화학공단 등 5개 공업단지를 포함한 산업단지(250㎢) 건설, 칸찬나부리(태국)~더웨이 간에 고속도로(왕복 8차선)와 철도 건설, 석유·천연가스·파이프라인 건설 등이다. 심해항구가 완공되면 연간 1억의 화물이 처리될 수 있다. 태국·방콕에서 인도양까지 370㎞ 거리를 육로로 6시간에 도달할 수 있는 물류혁명이 가능해진다. 싱가포르 앞바다로

만달레이항에서 배에 물건을 싣고 있는 광경.

돌아갈 때보다 10일 이상을 절약할 수 있다는 분석도 있다.

태국의 미얀마 투자는 2011년 3월 말까지 누적기준으로 96억 달러. 여기에 '방콕~더웨이 프로젝트'를 포함하면 투자금액은 160억 달러까지 늘어나게 된다. 중국이 인도양 진출을 위해 미얀마 투자를 급속히 늘리는 가운데, 태국도 인도양으로 직접 통하는 새로운 '물류의 길'을 만들어 가고 있는 상황이다.

미얀마의 한류

미얀마 주요 방송은 TV미얀마(MRTV)와 미야와디TV다. 군부가 소유하고 있으며, 대통령과 주요 장관 등 정권 실력자의 동정과 군대소식을 전하는 게 대부분이다. 가끔 오락프로그램 같은 것을 틀어주나 아직 수준이 낮아서인지 별로 재미는 없어 보였다. 그래서인지 미얀마인들은 두 방송을 즐겨 보지 않는다.

TV미얀마와 미야와디TV가 이러한 상황을 인식한 듯, 뉴스 중간에 시청자를 붙잡아두기 위해 드라마를 내보낸다. 드라마는 대부분 한국 드라마다. 흥미로운 사실은 한국 드라마가 한국어 그대로 방송되고, 밑에 미얀마어로 자막이 나온다는 것. 그래서인지 미얀마 젊은이들은 간단한 인사말 정도는 한국어로 할 줄 안다. 중국이 짓는 파코쿠대교 밑을 바지선을 타고 건널 때 자신이 24살이라는 미얀마 청년이 어설픈 한국어로 인사를 해왔고, 야메틴이라는 도시의 식당에 갔을 때 여종업원이 "안녕하세요"라고 인사하면서 반가워했다.

한국 드라마가 인기를 끌다 보니 불법복제된 한국 드라마 CD도 잘 팔린다. 라시오의 묘마마켓에 들렀을 때 보니, 조그마한 좌판에 〈대물〉, 〈아엠샘〉, 〈시크릿 가든〉, 〈주홍글씨〉, 〈내게 거짓말을 해봐〉, 〈황진이〉, 〈아테나, 전쟁의 신〉, 〈황금물고기〉 등 최근에 방영된 한국 드라마를 복제한 CD들이 즐비하게 진열돼 있었다. 그만큼 미얀마에서는 한국과 한국인에 대한 인식이 좋은 편이다.

NEW RICH ROAD

아시안하이웨이 1

초판 1쇄 2012년 6월 10일

지은이 매일경제 아시안하이웨이팀
펴낸이 윤영걸 **담당PD** 이윤경 **펴낸곳** 매경출판(주)
등 록 2003년 4월 24일(No. 2-3759)
주 소 우)100-728 서울 중구 필동1가 30번지 매경미디어센터 9층
전 화 02)2000-2610(편집팀) 02)2000-2636(영업팀)
팩 스 02)2000-2609 **이메일** publish@mk.co.kr
인쇄 · 제본 (주)M-print 031)8071-0961

ISBN 978-89-7442-829-7

값 18,000원